Marco Leuenberger und Loretta Seglias (Hrsg.)

Versorgt und vergessen

Marco Leuenberger und Loretta Seglias (Hrsg.)

Versorgt und vergessen

Ehemalige Verdingkinder erzählen

Vorwort von Elisabeth Wenger

Mit einem Epilog von Franz Hohler

Fotos von Paul Senn

Rotpunktverlag

Herausgeber und Verlag danken folgenden Stiftungen und Institutionen für die finanzielle Unterstützung des Forschungsprojektes »Verdingkinder, Schwabengänger, Spazzacamini und andere Formen der Fremdplatzierung und Kinderarbeit in der Schweiz im 19. und 20. Jahrhundert« und des vorliegenden Buches:

Pro Helvetia, Schweizer Kulturstiftung
Stiftung der Schweizerischen Landesausstellung 1939
Bundesamt für Kultur
Burgergemeinde Bern
Familien-Vontobel-Stiftung
Fonds zur Förderung von Lehre und Forschung der Freiwilligen Akademischen Gesellschaft, Basel
Hatt-Bucher-Stiftung
Jubiläumsstiftung der Basellandschaftlichen Kantonalbank
Kulturförderung Kanton St.Gallen und Swisslos
Kunstmuseum Bern
Lotteriefonds Appenzell Ausserrhoden finanziert durch Swisslos
Lotteriefonds des Kantons Bern
Lotteriefonds des Kantons Baselland
Lotteriefonds des Kantons Solothurn
Prof. Dr. Fritz Peter Hager Stiftung
Pro Senectute Schweiz
Raiffeisen Jubiläumsstiftung
Schweizerische Gemeinnützige Gesellschaft
Schweizerischer Nationalfonds zur Förderung der wissenschaftlichen Forschung
UBS Kulturstiftung

sowie allen weiteren Spendern.

www.rotpunktverlag.ch

Umschlagfoto: Paul Senn, Verdingmädchen beim Besuch des Armeninspektors, Kanton Bern, 1940 (s. auch S. 309). FFV, Kunstmuseum Bern, Dep. GKS. © GKS.
Druck und Bindung: CPI – Clausen & Bosse, Leck
ISBN 978-3-85869-382-2
3. Auflage 2009

Inhaltsverzeichnis

Vorwort

Im vorliegenden Werk sprechen vierzig Zeitzeuginnen und Zeitzeugen über ihr Schicksal als Verding- und Pflegekind. Sie sind das Sprachrohr für Hunderttausende von Leidensgenossen, die über Jahrhunderte hinweg als billige Arbeitskräfte ausgebeutet, geschlagen und nicht selten sexuell missbraucht wurden. Verdingte Kinder, das waren junge Menschen, die viel zu oft ein liebloses und tristes Dasein fristeten, ohne jegliche menschliche Wärme und Anteilnahme. Diese Kinder standen, verachtet und geächtet, an letzter Stelle der gesellschaftlichen Rangliste.

Heimleiter und Pflegefamilien sahen sich als sozial engagierte Menschen. Dies war ein krasser Widerspruch zu den weit verbreiteten Misshandlungen an den ihnen anvertrauten Kindern, doch das sah selten jemand, wollte niemand sehen. Lehrer schwiegen, obwohl sie wie alle übrigen Dorfbewohner das Unrecht sahen. Die Kirche schwieg und unterstützte dadurch diese fragwürdigen Machenschaften. Das Bodenpersonal Gottes stellte sich auf die Seite der Behörden und Pflegeeltern, obwohl die geistlichen Würdenträger die tatsächlichen Verhältnisse und Begebenheiten kannten.

Es gab auch Pflegefamilien, die ihre Schützlinge gut behandelten, das muss fairerweise gesagt sein. Dennoch: Statt einer helfenden Hand, einem Menschen, der ihnen zugetan war und sie begleitete, erlebten viele Kinder einen Alltag voller Schläge und Angst. Für die erlittene Schmach wurde von ihnen auch noch Dankbarkeit erwartet. Sie kannten nur Diskriminierung, Spott und den Schmerz, den ihre kleinen Seelen Tag für Tag erlitten. Den Kindern wurden so lange Schuldgefühle eingebläut, bis sie sich für das erlittene Unrecht tatsächlich schuldig fühlten; bis sie davon überzeugt waren, eine normale Kindheit nicht verdient zu haben.

Gesprochen über das erlebte Unrecht wurde nicht, denn man schämte sich. Kinder, die von ihrem Leid erzählten, wurden als Lügner hingestellt. So schwiegen sie und verloren mit der Zeit das Vertrauen in ihre Umwelt. Ihnen blieb oft keine andere Wahl, als bis zum Schulaustritt und manchmal bis zur Volljährigkeit bei ihren Peinigern auszuharren. Wenn sie Glück hatten, waren sie danach frei. Wenn nicht, wurden sie weiterhin entmündigt oder gar weggesperrt. Wen kümmerte es? Noch heute traut sich die Mehrzahl der Betroffenen nicht, zu reden. Einige haben ihren Mut zusammengenommen und über ihr Schicksal gesprochen. Immer wieder verlangten dann aber die Familien, dass die Aussagen nicht veröffentlicht werden, und zwar aus Rücksicht auf die Familie. Wer aber nahm und nimmt Rücksicht auf die Betroffenen?

Wer die Kinder- und Jugendzeit ohne Liebe und Wärme und ohne soziale Kontakte durchlitten hat, wer misshandelt, missbraucht, geschlagen wurde, der fällt als junger Erwachsener in ein tiefes Loch, da er nie gelernt hat, Konflikte und Probleme zu lösen. Wie auch? Er war ja stets der Schuldige und er wird auch als Erwachsener so lange schuldig sein, bis er sich die nötige Achtung verschafft und eine gehörige Portion Selbstwertgefühl entwickelt. Es braucht jedoch viel Kraft und Mut, um Verdrängtes an die Oberfläche kommen zu lassen und zu verarbeiten.

Mangelnde Liebe und Wärme, gepaart mit unmenschlicher Behandlung in der Kindheit, ließ viele Betroffene an ihrem Schicksal scheitern. Unzählige sahen später keine Zukunftsperspektiven und nahmen sich das Leben. Vielen fehlte im Erwachsenenalter die Kraft und der Wille, sich zur Wehr zu setzen und sich von ihren Peinigern zu distanzieren.

Man möge mir die harten Worte und den Sarkasmus nachsehen und verstehen, was in mir vorgeht, wenn ich höre und sehe, wie herzlos und berechnend mit Menschen umgegangen wurde. Ich erlaube mir diese klaren Worte, da ich selber ein Pflegekind war, das von den Pflegeeltern an Bauern weiterverdingt wurde. Auch ich habe für meinen Lebensunterhalt hart gearbeitet. Auch ich bin misshandelt und sexuell missbraucht worden und habe als erwachsene Frau Licht ins Dunkel zu bringen versucht. Doch mir wurde – wie vielen meiner Leidensgenossinnen und -genossen – die Einsicht der Akten mit fadenscheinigen Ausreden verwehrt. Viele Gemeinden ließen diese Unterlagen einfach verschwinden. Immer noch gibt es Gemeinden, die die Zeichen der Zeit nicht erkannt haben und nicht eingestehen, dass jahrhundertelang großes Unrecht an Kindern verübt wurde. Es geht nicht darum, einzelnen Menschen eine Schuld zuzuweisen. Die Peiniger leben nicht mehr, und ihre Nachkommen schämen sich oft für das, was uns angetan wurde. Wir können aber auch nicht schönreden, was damals war.

Man mag mir entgegenhalten, es sei eine andere Zeit gewesen. Das mag wohl stimmen, aber wir sprechen hier von Menschen, ihrer Würde, und von Respekt. Alle Kinder verdienen es, mit Respekt, Achtung und Ehrfurcht behandelt zu werden, und das gilt ganz besonders für die heutige Zeit. Vonseiten der Bundesbehörden kam bis zum heutigen Tag nicht ein einziges Wort der Entschuldigung an die Betroffenen für das erlittene Unrecht. Eine Entschuldigung wäre eine Geste des guten Willens und ein Eingeständnis des begangenen Unrechts. Sie würde den verstorbenen und noch lebenden Verdingkindern ihre Würde zurückgeben.

Wir können dieses soziale Drama der letzten Jahrhunderte nicht ungeschehen machen, aber es ist unser aller Pflicht, dafür zu sorgen, dass sich solche Grausamkeiten nicht wiederholen. Wir sind alle aufgerufen, der Realität ins Auge zu blicken. Jede und jeder von uns ist angehalten, Missstände zu melden und anzuprangern. Wo sind die Menschen, die hinsehen und etwas unternehmen? Frauen und Männer, die sich einsetzen, sind nach wie vor rar. Wegsehen ist auch heute noch bequemer, denn Zivilcourage erfordert Mut und kann unbequem sein. Es gilt hinzusehen und den Finger auf den wunden Punkt zu legen.

Bis heute fehlt eine umfassende Gesetzgebung und Kontrolle zum Schutz fremdplatzierter Kinder in der Schweiz. An der Vergangenheit können wir nichts mehr ändern, doch wir können die Zukunft gestalten. Möge der Tag kommen – und das ist mein größter Herzenswunsch – an dem alle Kinder dieser Welt zusammen mit ihren Eltern in Liebe, Wärme und Geborgenheit aufwachsen dürfen.

Ich danke den Historikerinnen und Historikern der Arbeitsgruppe des Forschungsprojekts. Dank großem Einsatz von Frauen und Männern, die die Aussagen der Betroffenen gesammelt haben, und dank Forscherinnen und Forschern, die nicht lockerließen, konnte dieses Werk entstehen. Dieses Buch ist für all diejenigen, die die Würde des Menschen als unantastbar betrachten.

Ich freue mich, dass ich als Betroffene die Ehre hatte, das Vorwort zu diesem einzigartigen Werk zu schreiben. Ich möchte mich für das mir entgegengebrachte Vertrauen herzlich bedanken.

Elisabeth Wenger

Einleitung

Marco Leuenberger

»Versorgt und vergessen« – mit diesen Worten sind nicht etwa Gegenstände gemeint, die – aus Unachtsamkeit oder bewusst – irgendwo verlegt worden sind, sondern es geht um Individuen. Menschen, die vielleicht, ohne dass wir es wissen, in unmittelbarer Nachbarschaft oder in der eigenen Familie zu finden sind. Ihr persönliches Schicksal sieht man ihnen nicht an, obwohl es – bedingt durch eine schweizerische Besonderheit – Hunderttausende von Betroffenen gibt, die in der Schweizer Geschichte bedauerlicherweise bisher kaum Erwähnung gefunden haben: Die Rede ist von den Verdingkindern.

Es brauchte die Neugier einer britischen Journalistin, welche im Sommer 1999 über das Verdingkinderwesen in der Schweiz recherchierte.[1] Einer damals in London wohnhaften ehemaligen Schweizer Radiokorrespondentin fiel der entsprechende Artikel auf, der sie nach ihrer Rückkehr in die Schweiz zu eigenen Nachforschungen anregte. Ihr Beitrag im *Magazin* des *Tages Anzeigers*[2] weckte das Interesse einer breiten Öffentlichkeit an diesem Themenbereich, der in der Folge ab Ende 2003 über Monate hinweg in den Schweizer Medien prominent vertreten war.

Zeitgleich trafen sich im Bahnhofbuffet in Olten in unregelmäßigen Abständen Historikerinnen und Historiker und interessierte Personen, welche die Absicht bekundeten, sich diesem unaufgearbeiteten Stück Schweizergeschichte anzunehmen. Ein aus diesem Kreis unter der Leitung der Professoren Ueli Mäder und Heiko Haumann eingereichtes Nationalfondsprojekt ist im Dezember 2004 teilweise bewilligt worden.[3] Im Rahmen dieses Projektes wurden in den Jahren 2005 bis 2008 die mündlichen Lebensberichte von über 270 ehemaligen Verding- und Heimkindern gesammelt, die sich auf entsprechende

Aufrufe in verschiedenen Medien hin gemeldet und bereit erklärt hatten, ihre Lebensgeschichte zu erzählen. Die gesammelten Lebensberichte reichen von der Jahrhundertwende des 20. Jahrhunderts bis in die 1970er-Jahre.

Eine Auswahl aus diesen Gesprächen liegt hier nun vor. Dabei geht es den Autorinnen und Autoren nicht darum, besonders krasse Missbrauchsfälle an die Öffentlichkeit zu bringen, sondern einem breiten Spektrum von Verdingkinderschicksalen Raum zu geben und in den Kontext der damaligen Lebensverhältnisse und Geisteshaltung zu stellen. Auch wenn die genaue Anzahl der fremdplatzierten Kinder in der Schweiz nie mehr ermittelt werden kann, muss davon ausgegangen werden, dass bis über die Mitte des 20. Jahrhunderts hinaus jährlich Zehntausende von Kindern nicht bei den eigenen Eltern aufwachsen konnten.

Unzählige Waisen- und Scheidungskinder, aber auch uneheliche und sogenannte milieugeschädigte Kinder wurden von den Behörden oft einfach abgeholt und ungefragt vorwiegend auf Bauernhöfe verteilt, oder von verzweifelten, verarmten Eltern weggegeben. Bei einem großen Teil dieser fremdplatzierten Kinder stand deren Arbeitsleistung im Vordergrund. Fremdplatzierte Kinder, die sozusagen als Dienstboten betrachtet und als Arbeitskraft eingesetzt wurden, werden unter anderem als Verdingkinder bezeichnet.[4]

Das Ausmaß der Arbeitsleistung und seine soziale Stellung unterscheiden denn auch ein verdingtes Kind von einem Pflegekind. In der Diskussion über die Fremdplatzierung gilt es daher zu unterscheiden, welche Absicht dahinter stand und aus welchen Motiven Pflegefamilien ein Kind aufgenommen haben. Im vorliegenden Buch geht es in erster Linie um Kinder, die sich Kost und Logis vorwiegend mit ihrer Arbeitsleistung verdienen mussten. Auf spezielle Ausprägungen des Verdingkinderwesens, wie sie im Raum Ostschweiz/Österreich mit den sogenannten Schwabengängern und Tessin/Oberitalien mit den *Spazzacamini* anzutreffen waren, wird hier nicht eingegangen.

Dieses Buch versteht sich als Würdigung einer bisher in der Geschichtsschreibung der Schweiz weitgehend ignorierten und verschwiegenen Minderheit. Es geht darin vor allem um Einzelschicksale; das Buch ist aber auch der Versuch, sich einigen thematischen, immer wiederkehrenden Aspekten der Fremdplatzierung sowie den damaligen (Lebens)Gewohnheiten in der Schweiz zu nähern. Ein Teil der Lebensberichte ist auf Wunsch der Betroffenen mit einem – teilweise selbst gewählten – verfremdeten und speziell gekennzeichneten Namen (*) versehen. Neben Name und Jahrgang ist dem Titel der jeweiligen Lebensberichte zu entnehmen, in welchem/n Kanton/en die Fremdplatzierungen erfolgten. Das Vorwort stammt aus der Feder einer betroffenen Person, Elisabeth Wenger. Das Buch schließt mit einem Epilog von Franz Hohler.

Lesende werden bei den vierzig ausgewählten Lebensberichten auf Analogien und wiederkehrende Themen stoßen. Jeweils fünf Lebensberichte werden von einem Hintergrundtext begleitet, wobei die behandelte Materie freilich in weiteren Lebensberichten und Hintergrundtexten wiederzufinden ist. Marco Leuenberger, Liselotte Lüscher und Ueli Mäder stellen in den Kapiteln 1, 2 und 7 in den Bereichen Armut, Kinderarbeit, Schule, Berufsbildung und Macht(missbrauch) die Fremdplatzierung in den Kontext der damaligen Lebensverhältnisse sowie des heutigen Forschungsstandes.

Die Lebensberichte illustrieren die damalige (All)Macht der Behörden und das Gefühl des Ausgeliefertseins seitens der Kinder und deren Familien. Die Kapitel 3 und 4 von Mirjam Häsler und Katharina Moser erläutern die damals geltenden gesetzlichen Vorschriften und Handlungsweisen sowie Normen und Sitten in der Schweiz.

Aus den Schilderungen von Verdingkindern ergeben sich stereotype Leidensmuster. In den verschiedenen Biografien treten viele Missstände oder gar Ungeheuerlichkeiten zutage, die aufmerksamen Zeitgenossen bekannt waren. Loretta Seglias und Sabine Bitter widmen sich in den Kapiteln 5, 6 und 8 den verschiedenen Ausprägungen von Erniedrigung und den Folgen von Entwurzelung und Isolation.

Die Erzählungen geben die Sicht von Betroffenen wieder, wie sie rückblickend ihre Fremdplatzierung erlebt haben. Die befragten Personen haben von sich aus den Wunsch geäußert, ihre Lebensgeschichte mitzuteilen. Bei der Lektüre und bei der Interpretation von lebensgeschichtlichen Erzählungen sind verschiedene Aspekte zu beachten. Heiko Haumann und Ueli Mäder widmen sich im Kapitel 9 dieser Thematik. Die nun ausgewählten Lebensberichte sind nicht repräsentativ, weil sich die Betroffenen freiwillig gemeldet haben und es sich dabei insbesondere um Personen handelt, die sich wissentlich mit ihrer Vergangenheit auseinandergesetzt und ihr Schicksal/Leben gemeistert haben.

Diese Feststellung ist umso beachtenswerter, als Verdingkinder vielfach aus bedürftigen Familien stammten und durch mangelhafte Schul- und Berufsbildung von vornherein nur eine kleine Chance hatten, in ihrem Leben aus dieser Bedürftigkeit auszubrechen. Obwohl viele Kinder die wohl angeborene Fähigkeit besitzen, schwierige Lebenssituationen unbeschadet zu überstehen, ist gleichzeitig bekannt, dass viele ehemalige Verding- und Heimkinder in ihrem Leben gescheitert sind oder dieses wegen abscheulicher Kindheitserlebnisse sogar vorzeitig freiwillig verlassen haben. Die Lebensberichte solcher Personen fehlen gezwungenermaßen.

Die Autorinnen und Autoren wollen mit diesem Buch einen Einblick in eine bisher weitgehend unbeachtete Schweiz leisten und wollen deutlich machen, dass eine fundierte historische Aufarbeitung dringend nötig ist. Damit verknüpft ist die Hoffnung, endlich ein wenig Licht ins Dunkel der Geschichte einer bisher schweigenden und verschwiegenen Minderheit zu bringen. Dieses Buch richtet sich mithin an direkt Betroffene, deren Nachfahren und weitere Interessierte, will aber auch auf die Lücken auf dem Wissensgebiet der Fremdplatzierung aufmerksam machen. So gibt es bis heute keinen einzigen Kanton, in welchem die Geschichte der Fremdplatzierung historisch aufgearbeitet ist. Leider.

Zu großem Dank verpflichtet sind wir neben all denjenigen Personen, welche bereitwillig aus ihrem Leben erzählt haben, den Professoren Ueli Mäder und Heiko Haumann sowie für die tatkräftige Mithilfe von vielen Studierenden der Universität Basel und weiteren Interessierten, ohne die dieses Buch nicht zustande gekommen wäre. Die Porträts stammen denn auch von vielen verschiedenen Verfassern, welche sich mit diesem Thema auseinandergesetzt und persönlichen Kontakt mit Betroffenen gehabt haben. Ebenso bedanken wir uns bei den verschiedenen Geldgebern, welche das Forschungsprojekt und diese Publikation finanziell unterstützt haben. Das Kunstmuseum Bern hat uns ermöglicht, das Buch mit Bildern von Paul Senn zu illustrieren. Dessen Bilder von Benachteiligten und Randständigen – auch von Verdingkindern – sind bereits über die Schweiz hinaus bekannt.[5]

Armut und Kinderarbeit in der Schweiz

Marco Leuenberger

Zeiten der Not

Das Verdingkinderwesen in der Schweiz ist eng mit dem Begriff der Armut verknüpft. Im Kontext der Zeit ist damit die ungenügende Versorgung mit lebenswichtigen Gütern wie Essen, Obdach oder Kleidung zu verstehen, im Gegensatz zur neuen Armut, worunter Mangel an Lebensqualität verstanden wird.

Tatsächlich führten viele Menschen in der Schweiz auch im 20. Jahrhundert ein sehr kärgliches und entbehrungsreiches Leben. Die Furcht vor elementarem Mangel prägte das Lebensgefühl weiter Bevölkerungskreise in der Stadt und auf dem Land.[1] Während des Ersten Weltkrieges und speziell in den beiden letzten Kriegsjahren 1917/18 führten durch Militärdienst bedingte Erwerbsausfälle sowie Teuerung und Inflation zu großer Not. So mussten im Juni 1918 über fünfzehn Prozent der Schweizer Bevölkerung behördlich unterstützt werden.[2] Der Strukturwandel in der Landwirtschaft, die großen Wirtschaftskrisen der Zwischenkriegszeit (1921/22 und 1932 bis 1939) sowie der Zweite Weltkrieg ließen in breiten Kreisen der Bevölkerung Not und Armut anwachsen.

Ärmere Handwerker-, Arbeiter- und Bauernfamilien lebten in bescheidenen Verhältnissen. Elektrizität oder fließendes Wasser wurden in der ersten Hälfte des 20. Jahrhunderts erst nach und nach installiert. Der Wohnraum war bei den oft vielköpfigen Familien knapp, und nicht selten schliefen die Kinder zu zweit oder zu dritt im selben Bett in ungeheizten Zimmern. Die Möglichkeiten bezüglich Ernährung, Bildung oder Hygiene waren eingeschränkt. Kinder armer Eltern blieben häufig von bestimmten sozialen Aktivitäten ausgeschlossen und konnten kaum am öffentlichen Leben teilnehmen. Die Verarmung war bisweilen derart gravierend, dass selbst die Grundbedürfnisse knapp befriedigt werden konnten.[3] Tausende bewegten sich an der Grenze des Existenzminimums oder sogar darunter. So erstaunt es nicht, dass es Lebensberichte von Zeitzeugen gibt, die in den Krisenjahren der 1920er- und 1930er-Jahre von ihren Eltern zum Betteln ausgeschickt wurden oder wie Ernst Wessner, Werner Bieri und Armin Stutz zuhause Hunger litten.

Gelegenheiten, um Rücklagen für Notzeiten zu machen, gab es angesichts der knappen Ressourcen selten. Eine Krankheit, ein Unfall oder ein anderes unerwartetes finanziell belastendes Ereignis konnten das fragile ökonomische Gleichgewicht einer Familie schnell aus dem Lot bringen. Deshalb wurde beispielsweise ein Arztbesuch manchmal möglichst hinausgezögert, bis es zuweilen zu spät war oder ein lebenslanges Leiden resultierte. Verschärfend kam für Bedürftige hinzu, dass einzelne Armutsrisiken wie Krankheit, Unfall oder auch Arbeitslosigkeit noch kaum mit Versicherungen minimiert waren und namentlich die Alters- und Hinterbliebenenversicherung (AHV/IV) erst 1948 eingeführt wurde. Nicht von ungefähr führten Unfall oder Tod eines oder beider Elternteile – neben der unehelichen Geburt zwei der Hauptgründe für die Verdingung von Kindern – regelmäßig zum Auseinanderbrechen der Familiengemeinschaft. Die bürgerliche Familie mit dem Familienvater als alleinigem Ernährer war das Ideal einer oberen Mittelschicht, welches für einen Großteil der Bevölkerung nicht zutraf.

Die Familie als Arbeitsgemeinschaft

Vergleichbar mit heutigen Entwicklungsländern, zwang unsagbare Not auch in der Schweiz viele Eltern, ihre Kinder frühzeitig in den Arbeitsprozess einzugliedern. Die Kinder waren für das Funktionieren der familiären Produktionsgemeinschaft unentbehrlich. Die Arbeit wurde je nach Alter und Stärke zugeteilt. Die Kinder ermöglichten damit der Familie ein zusätzliches und oft dringend notwendiges Einkommen. Kinder armer Familien wurden auch häufig tagsüber auf Bauernhöfen beschäftigt, um sie zumindest »ab der Kost« zu haben. Bis weit ins 20. Jahrhundert hinein hatten daher Kinder aus bedürftigen Familien »mit vier, fünf Jahren bei den Feldarbeiten mitzuhelfen«[4].

Kinderarbeit war somit nicht die Ausnahme, sondern die Regel. Eine Alternative gab es nicht. Symptomatisch lautet denn auch eine immer wiederkehrende Aussage: »Es isch früecher haut eifach e so gsi!« (Es war früher eben einfach so). So war es durchaus nichts Außergewöhnliches, wenn – Ernst Wessner und Hans Unglück bringen es ebenfalls zum Ausdruck – die Kinder ohne Lehre gleich nach der obligatorischen Schulpflicht in der Landwirtschaft oder in einer Fabrik eine Stelle antraten und ihre Einkünfte bis zur Volljährigkeit (mehr oder weniger freiwillig) ihren Eltern überließen. Je ärmer die Familie war, umso größer und wichtiger war der Beitrag der eigenen Kinder.

Daraus darf indessen nicht automatisch der Schluss gezogen werden, dass alle in solchen Verhältnissen aufgewachsenen Kinder unglücklich waren. Eltern konnten durch Zuwendung, Wärme und durch die Vermittlung eines Zusammengehörigkeitsgefühls gewisse Aspekte der Armut durchaus kompensieren. Viele Betroffene erinnern sich trotz aller Armut an eine glückliche Kindheit.

Unzureichende Vorschriften

Das im Jahr 1877 erlassene eidgenössische Fabrikgesetz brachte zwar unter anderem das generelle Verbot von Kinderarbeit unter vierzehn Jahren in der Industrie. In der Landwirtschaft hingegen, wo eine Großzahl der Verdingkinder und Kinder bedürftiger Eltern eingesetzt wurden, wurde die Arbeit nie gesetzlich geregelt. Erst mit der Revision des Kindesrechts von 1978 hätte der gesetzliche Schutz auch für die Verdingkinder gegolten. (Siehe auch »Gesetzliche Entwicklung«, S. 81.)

Beschwerden über allzu lange Arbeitszeiten für Kinder waren zwar häufig: Immer wieder wurde geklagt, dass die im Vergleich zur Fabrikarbeit prinzipiell gesündere Beschäftigung in der Landwirtschaft durch die lange Arbeitszeit gerade ins Gegenteil verkehrt werde.[5] Bestrebungen zur Arbeitszeitregelung in der Landwirtschaft setzten indessen erst spät ein.[6] All die Vorstöße blieben Makulatur, zu verschieden waren die Interessen, zu groß war der Widerstand in landwirtschaftlichen und hausindustriellen Kreisen gegen einen solchen Eingriff in ihre persönliche Freiheit. Eine Regelung scheiterte nicht zuletzt auch an der föderalistischen Einrichtung der obligatorischen Schulpflicht.

Erschwerend kam für Verdingkinder hinzu, dass Fürsorgekreise seit der Reformation harte Arbeit für arme Kinder propagierten. Nicht das Wohlergehen des Kindes, des Individuums, stand im Vordergrund, sondern das Wohlergehen des Staates. Arbeitsamkeit, Fleiß und Tüchtigkeit galten bis ins 20. Jahrhundert als erstrebenswerte Erziehungsziele, insbesondere für fremdplatzierte Kinder. Die im 19. Jahrhundert gängige Vorstellung der selbstverschuldeten, genetischen oder durch Faulheit bedingten Armut ist auch im 20. Jahrhundert im Umgang mit Verdingkindern noch stark spürbar.[7] Fürsorgekreise sahen in der Sozialdisziplinierung ein Mittel, um bei Unterschichten bürgerliche Verhaltensweisen und Arbeitsdisziplin durchzusetzen.[8] Die Arbeit war das Mittel, mit dem sich das arme Kind in die bürgerliche Gesellschaft integrieren sollte. Man ging vom Grundsatz aus, dass die Kinder so viel wie möglich zu ihrem Unterhalt beitragen sollten. Mit seiner Arbeitsleistung erbrachte es einen aktiven Beitrag zum Funktionieren dieser Gesellschaft, es zahlte der Gesellschaft gleichsam die Aufwendungen zurück, die sie für seine Ausbildung leisten musste. Viele Pflegeverhältnisse waren daher von rückständigen Erziehungs-, Moral- und Strafvorstellungen geprägt.

Während heutzutage bei der Bekämpfung der Armut sogenannte kompensatorische Maßnahmen ins Auge gefasst werden, indem zum

Beispiel die schulische Leistung der in Armut aufwachsenden Kinder gefördert wird, trat dieser Aspekt bei den Verdingkindern klar in den Hintergrund. Erst im Laufe des 20. Jahrhunderts standen nicht mehr nur rein finanzielle Aspekte im Blickfeld, sondern man begann sich zunehmend um das leibliche und geistige Wohl des Kindes zu kümmern.

Der Arbeitseinsatz in der Landwirtschaft von Kindern im Allgemeinen und von Verdingkindern im Besondern scheint erst dann bedrohliche Formen angenommen zu haben, als die Landwirtschaft durch die Abwanderung von Arbeitskräften unter dem zunehmenden Dienstbotenmangel zu leiden begann.[9] Wiederkehrende Klagen lassen darauf schließen, dass mit der Verknappung von Arbeitskräften in der Landwirtschaft bereits seit anfangs des 19. Jahrhunderts die Anforderungen an die Kinder stiegen und die Kinderarbeit in diesem Erwerbszweig ein nie erreichtes Ausmaß annahm. Die Schicht der Verdingkinder stellte dabei seit der zweiten Hälfte des 19. Jahrhunderts sowohl für die Behörden als auch für landwirtschaftliche Kreise jenes Reservoir dar, aus dem die Lücken im Dienstbotenstand aufgefüllt werden sollten. Landwirtschaftliche Kreise interessierten sich stark für die armengenössigen Kinder. Dies hatte aber weniger mit Wohltätigkeit als mit dem Bedarf an Hilfskräften in der Landwirtschaft zu tun.

Das Leben auf dem Hof

Wurde nun also ein Verdingkind in eine Handwerker- oder – weit häufiger – in eine Bauernfamilie platziert, so war ihm diese Welt oft nicht völlig fremd. Auch die angetroffenen Wohn- und Lebensverhältnisse waren für viele Verdingkinder durchaus mit denjenigen zuhause vergleichbar. Trotzdem gibt es viele Anzeichen, die auf die Härten dieses Übergangs hinweisen. Beklagt wurden dabei nicht die verlangte Arbeitsleistung, sondern physische und insbesondere psychische Misshandlungen. Nicht von ungefähr zieht sich die mangelnde oder fehlende Zuwendung wie ein roter Faden durch die Gespräche mit ehemaligen Verdingkindern. Zu oft fanden sich die Betroffenen in der neuen Familiengemeinschaft auf der untersten sozialen Stufe wieder: Arm sein hieß für sie nicht nur, materiellen Mangel zu leiden, sondern bedeutete auch, keine Macht zu haben und rechtlos zu sein.

Das Verdingkind musste sich unterordnen, es konnte von allen Familienmitgliedern eingesetzt werden und hatte dauernd verfügbar zu sein. Deswegen wurde es wohl auch öfter identitätsneutral »Bub« oder »Meitschi« gerufen. Schwierig wurde es für die Verdingkinder insbesondere dann, wenn sie andere Verhältnisse gewohnt waren oder in einzelnen Bereichen unzureichend versorgt oder gar überanstrengt und misshandelt wurden. Wie den Lebensberichten zu entnehmen ist, war das Spektrum groß: So gab es Verdingkinder, die den Wohnbereich überhaupt nicht betreten, sich lediglich im Stall sowie in der Küche aufhalten durften oder aufs Schlimmste misshandelt und ausgebeutet wurden. Andere wurden von ihren Pflegeeltern wie eigene Kinder behandelt und aufgezogen.

Verdingkinder wurden nicht selten mit der wohlmeinenden Absicht in einen landwirtschaftlichen Betrieb fremdplatziert, um dort wenigstens mit genügend und abwechslungsreicher Nahrung versorgt zu sein. Zudem sollten sie – um einer Entfremdung gegenüber den eigenen Familienangehörigen entgegenzuwirken – in ähnlichen Verhältnissen wie zuhause aufwachsen können. Die Realität sah indessen häufig anders aus. Dementsprechend standen Butter, Eier oder Fleisch, wenn überhaupt, auch dort nur an Sonn- oder an Feiertagen auf dem Tisch. Immer wieder erinnern sich Zeitzeugen daran, wie aus der Not heraus selbst ekelerregende Speisen – zum Beispiel mit Maden durchsetztes Fleisch – auf den Tisch kamen und verspeist wurden oder werden mussten. Ein Ausdruck dafür, dass auch die Pflegefamilien oft selbst in schwierigen ökonomischen Verhältnissen lebten und darauf angewiesen waren, möglichst sparsam zu leben. Dieser Umstand und die einseitige Ernährung, die hauptsächlich aus Rösti, Milch und Brot bestand, führte immer wieder dazu, dass Verdingkinder auch dort mangelernährt waren und wie Hans Crivelli gar Hunger leiden mussten. Und auch hier wurde bei der Bekleidung oder bei Arztbesuchen gespart.

Auch wenn aufgrund fehlender entsprechender Untersuchungen keine gesicherten Daten vorliegen, scheinen die Verdingkinder zumindest im 20. Jahrhundert vorwiegend in kleineren oder mittleren Bauernbetrieben platziert worden zu sein, in welchen die eigenen Kinder entweder noch zu klein und nicht arbeitsfähig waren oder diese den Hof bereits verlassen hatten. Dabei hatten sich die Verdingkinder den Rhythmen der bäuerlichen Lebenswelt unterzuordnen. Waren sie noch klein, so wurden sie zum Viehhüten, zu leichteren Feldarbeiten und zu Hütediensten von Kleinkindern angehalten. Wurden sie größer, ersetzten sie in der Regel einen Knecht oder eine Magd.

In zahlreichen Berichten ehemaliger Verdingkinder wird denn auch überlangen, harten Arbeitstagen Ausdruck verliehen, bei welchen die Arbeit zwischen vier, fünf Uhr morgens oder noch früher begann und nach der Schule bis acht oder zehn Uhr abends dauerte. Das hing insbesondere auch damit zusammen, dass die Mechanisierung der Landwirtschaft erst nach dem Zweiten Weltkrieg flächendeckend einsetzte und vorher praktisch alle Arbeiten von Hand verrichtet wurden. Folglich mussten die Verdingkinder während der Erntezeit dem Hof zur Verfügung stehen. Schulferien waren den arbeitsintensivsten Zeiten des Bauernjahres angepasst und waren somit zum Arbeiten da. Verdingkinder hatten daher im Allgemeinen einen viel zu kurzen und wenig erholsamen Schlaf, und ihre Arbeitszeit ging weit über die damaligen Empfehlungen der Behörden hinaus.[10] Neuere Studien belegen, dass arme und überanstrengte Kinder psychisch und physisch in der Regel weniger gesund sind als ihre wohlhabenderen Altersgenossen.[11]

Freizeit gab es dementsprechend für Verdingkinder kaum. Deshalb waren sie vom Ausschluss an sozialen Kontakten und Aktivitäten nochmals stärker betroffen, als sie es in der eigenen Familie ohnehin schon gewesen sind. Eine Reise zu Familienangehörigen war aus finanziellen und zeitlichen Gründen vielfach nicht möglich, weswegen viele Verdingkinder ein isoliertes Dasein fristeten. Sie waren im bäuerlichen Betrieb in erster Linie billige Arbeitskräfte. Dadurch hatte das Verdingkinderwesen insbesondere für den Kanton Bern, in welchem sich rund ein Viertel sämtlicher Verdingkinder der Schweiz aufhielt, eine wirtschaftliche Seite, die nicht zu unterschätzen ist und einer grundlegenden Änderung in der Versorgung der Verdingkinder möglicherweise im Wege stand.

Die eidgenössische Betriebszählung von 1929 sprach von »großen Beständen an Kinderarbeitskräften« insbesondere in kleineren Betrieben im Kanton Bern,[12] wo Kinder unter fünfzehn Jahren knapp zwanzig Prozent aller ständigen Arbeitskräfte in der Landwirtschaft ausmachten. Selbst wenn man dazu auch die Kinder der Bauernfamilien zählt, kann man die hohe Zahl an Verdingkindern in der Landwirtschaft erahnen. Die Situation hatte sich zehn Jahre später nur unwesentlich verändert.[13] Vielmehr stieg in den folgenden Jahren durch den Zweiten Weltkrieg der Bedarf an möglichst kostenlosen Arbeitskräften noch einmal an. Verschiedene Todesfälle und Skandale 1945/46 führten schließlich zu einer ersten Wahrnehmung in der Bevölkerung.[14] Eine direkte Folge davon war die Gründung der Pflegekinder-Aktion Zürich 1948 und zwei Jahre später der schweizerischen Pflegekinder-Aktion.

Armin Stutz*, 1927, Luzern

»Und einfach immer dieser Hunger, dieser Hunger«

Armin Stutz ist zusammen mit mehreren Dutzend Kindern in einem Waisenhaus im Kanton Luzern aufgewachsen. Verschiedene Erlebnisse haben ihn tief geprägt und belasten ihn heute noch. Im Waisenhaus herrschte Zucht und Ordnung. Schläge wurden zur Gewohnheit, und gleichzeitig wurde jeden Abend der Rosenkranz gebetet. Armin Stutz erinnert sich genau daran, wie am Morgen das Gesicht der Kinder, die nachts das Bett nässten, mit den nassen Leintüchern eingerieben wurde. Über das Essen im Waisenhaus mag er gar nicht sprechen, so schlecht war dieses.

Betreut wurden die Kinder von Ingenbohl-Schwestern. Eine davon ließ sich von den Knaben befriedigen; der sexuelle Missbrauch gehörte zur Tagesordnung. »Eine junge, eine ganz junge [Schwester]. Sie hat uns, wenn wir einzeln im Zimmer waren, in den Bettchen, am Schwänzchen gesaugt. Und wir mussten ihr unter den Ding fassen. Sie hat die hellen Strumpfhosen herunter gezogen. An das kann ich mich noch gut erinnern.« Am Sonntag kam jeweils der Pfarrer mit dem Fahrrad oder der Kutsche, um die Messe zu lesen. »Er hat sich im Zimmer der Schwestern umgezogen und wir sind schauen gegangen, wenn die Nonnen und der Pfarrer nackt im Zimmer waren. Mehr sage ich nicht.«

Da das Waisenhaus gleichzeitig als Bürgerheim diente, lebten auch zahlreiche pflegebedürftige Erwachsene dort. Zudem wurden auch verarmte Personen, die im Kanton Luzern beheimatet waren, aus der ganzen Schweiz in dieses Haus abgeschoben. Die in der Fremde arbeitslos gewordenen Personen wurden von der Polizei gefesselt abgeliefert.

Die Kinder mussten mitanhören, wenn der Meisterknecht verstorbene Insaßen an den Füßen die Treppe hinunterschleifte und bis zur Beerdigung ins Leichenhäuschen brachte: »Der Meisterknecht hat fast jede Woche einmal oder zweimal einen von oben hinunter geschleift, an den Beinen. Es hat jeweils ›täg-täg‹ gemacht, mit dem Kopf, wenn [der/die Verstorbene auf den Stufen] aufschlug.« Im Sommer wurden die Kinder in den Erntezeiten barfuß auf die Stoppelfelder geschickt, um Ähren zu sammeln. Die Kinder, die am meisten sammelten, wurden mit einem angefaulten Apfel belohnt.

Nach der ersten Klasse, als er nach weitläufiger Meinung alt genug war, um zu arbeiten, kam Armin Stutz zu einem mausarmen Bauern, der selbst mehrere Kinder hatte. Er erinnert sich, dass in der Region jeder Bauer, der etwa vier oder fünf Kühe hatte, einen Verdingknaben oder ein Verdingmädchen aus einer armen Familie hatte. Der Bauer besaß nur ein paar Kühe und wenige Obstbäume, sonst nichts. Alles war Handarbeit, und Armin Stutz stand bereits um fünf Uhr auf und erledigte vor der Schule verschiedene Arbeiten. Der Hof war so abgelegen, dass der Knabe im Winter über Mittag in der Schule bleiben durfte und dort eine Milchsuppe erhielt. Das Brot, das dort übrig blieb, musste er jeweils den Kindern des Bauern mitbringen.

Armin Stutz spielte hier regelmäßig den Postboten für das Betreibungsamt. Der Bauer konnte nicht einmal das Futter für die Hühner bezahlen, sodass der Geflügelhalter diese konfiszierte. Auch Armin Stutz war gezwungen, sich das Essen heimlich zu beschaffen und hin und wieder etwas zu stehlen.

Nach ein paar Jahren wurde Armin Stutz einem anderen Bauern zugeteilt, bei dem er es noch schlimmer traf. Auch hier litt er Hunger, obwohl diese Familie alles andere als arm war: Der Pflegevater war als Groß- und Gemeinderat eine angesehene Person. Trotzdem wurde an allen Ecken und Enden gespart. Armin Stutz musste beispielsweise am Sonntag vor der Kirche die Zigarrenstummel der männlichen Kirchgänger einsammeln, woraus in der Pflegefamilie der Pfeifentabak gewonnen wurde. Der Knabe erlebte dort die Kriegsjahre, die zusätzliche Entbehrungen brachten. Während er das Vieh hütete, suchte er Eicheln, die auf dem Ofen getrocknet und aus denen eine Art Kaffee gebraut wurde. Zum Glück für ihn lebte noch ein ehemaliges Verdingmädchen aus einer armen Familie als Magd auf dem Hof. Sie versorgte ihn heimlich mit Schweinekartoffeln oder Kastanien. »Und einfach immer dieser Hunger, dieser Hunger. Wir mussten immer dem Essen nachrennen. Manchmal ging ich, was ich [mich fast nicht zu sagen getraue], wenn [das Mädchen] die Schweine gefüttert hat, zum Schweinetrog hinunter und habe eine Hand voll Ware hinausgenommen.« Auch mit den hygienischen Verhältnissen stand es dort nicht zum Besten. Armin Stutz erinnert sich: »Auf dem Küchentisch, an dem alle zusammen gegessen haben, hatte es dicke Spalten, und man sah jeweils die Maden herumkriechen.« Armin Stutz ekelte sich auch, wenn auf dem Ofen die Apfelschnitze zwischen den verschwitzten Socken getrocknet wurden.

Seine Pflegemutter habe ihm genügend zu essen gegeben, doch ihre Söhne bezeichneten Armin Stutz immer als »Zuchthäusler«, »Waisenhäusler« oder »Armenhäusler« und verweigerten ihm genügend Nahrung. Für alles Mögliche benutzten sie ihn als Sündenbock. Wenn etwa eine Arbeit nicht rechtzeitig zu Ende gebracht werden konnte oder ein totes Reh die Mähmaschine blockierte, wurde die Wut an Armin Stutz ausgelassen und er wurde mit der Peitsche geschlagen. »Wenn es regnete und wir mit der Ladung Gras nicht mehr hinauskamen, musste ich jeweils stoßen. Und wenn wir nicht vorwärts kamen, hat er mich mit der Peitsche geschlagen. Ich hatte Striemen über den ganzen Rücken.« Die Söhne, insbesondere der Jüngste, machten sich einen Spaß daraus, Armin Stutz zu plagen. Wenn der Schnapsbrenner auf dem Hof war, zwangen sie ihn, übermäßig Schnaps zu trinken. Wenn er betrunken war, schleiften sie ihn in den Stall und ließen ihn dort liegen. Eine Lieblingsbeschäftigung des jüngsten Sohnes war die Jagd mit dem Gewehr auf Ratten und Krähen, die er Armin Stutz, teilweise halb lebendig, unters Bett legte. Armin Stutz war andauernd Opfer von allerlei Schabernack und Erniedrigungen, denen er wehrlos ausgeliefert war.

Einen Beamten, der einmal zum Rechten geschaut hätte, hat er nie gesehen. Das Übel war, dass sich der Pflegevater als Waisenvogt eigentlich persönlich um das Wohl der Verdingkinder in der Gemeinde hätte kümmern müssen. Den übrigen Verdingkindern, die in der Region auf abgelegenen Höfen ihr Dasein fristeten, erging es ähnlich wie Armin Stutz. Als er sich einmal darüber beklagte, dass ihm einer der Söhne immer wieder den Pullover mit Sägemehl füllte und versteckte, erhielt er als Antwort lediglich Schläge. Die nicht mehr auf dem Hof lebenden erwachsenen Kinder der Pflegefamilie, die ab und an zu Besuch kamen, interessierten sich ebenso wenig für sein Wohlergehen. Dafür gab es in der Familie gewalttätige Streitereien. Armin Stutz erinnert sich an einige Vorfälle, bei welchen der Sohn mit dem Sturmgewehr auf den Vater gewartet hatte und ihn erschießen wollte.

Das Leben von Armin Stutz war geprägt von harter, endloser Arbeit. Um vier oder halb fünf Uhr morgens wurde er von einem Sohn unsanft geweckt, indem ihm dieser die Matratze umdrehte. Armin Stutz musste Gras mähen oder rechen, im Stall helfen und die Milch in die Käserei bringen. Während des Krieges, als die Männer im Militärdienst waren, übernahm er zusätzlich deren Arbeit.

Auch die Schulkameraden plagten ihn und nahmen ihm beispielsweise seine Butterbrote ab, die er vom Waisenhaus für gewisse Dienstleistungen erhielt. Und wenn das nicht mehr möglich war, bekam er als ehemaliger »Waisenhäusler« einfach eine Tracht Prügel. Armin Stutz hatte es auch in der Schule nicht einfach. Da er nie Aufgaben machen konnte, saß er nach vier Jahren immer noch in der Reihe der Erstklässler. Er wurde gar nie gefördert. Während des Unterrichts schickte ihn der Lehrer regelmäßig nach draußen, um sein Fahrrad zu putzen. Als Lohn erhielt der Knabe einen Bleistift. Andererseits wurde er für jede Kleinigkeit mit aller Härte bestraft, indem er mit dem Rohrstock auf die Hände geschlagen wurde oder draußen mit ausgestreckten Armen während Minuten bewegungslos knien musste. »Und die anderen haben geklatscht und hatten Freude.«

Der nächste Lehrer war fürsorglicher. Dieser hatte erkannt, dass Armin Stutz zu wenig Schlaf bekam und ließ ihn während des Unterrichts schlafen. Eines Tages, im Winter, bezahlte ihm dieser Lehrer sogar ein Paar Holzschuhe, weil Armin Stutz barfuß in die Schule kam. Diese Schuhe musste er vor seinen Pflegeeltern verstecken. Er hatte lediglich ein Paar Holzschuhe für die Stallarbeit, die jedoch schon fast durchgescheuert waren. Die restliche Arbeit – etwa Viehhüten bei kalter Witterung im Herbst – wurde barfuß verrichtet, sodass, »sobald eine Kuh gepinkelt hat, [ich] die Füße hingehalten [habe].« Armin Stutz behalf sich auch mit alten Lumpen; Socken hatte er nämlich auch keine.

Im Dorf war wohlbekannt, unter welchen Umständen er und das Mädchen auf dem Hof lebten, doch niemand stand ihnen bei. Armin Stutz konnte sich auch nie jemandem mitteilen. Ein einziges Mal tat er es, als er nach den Schulferien vom Lehrer aufgefordert wurde, seine Ferienerlebnisse in einem Aufsatz niederzuschreiben. Nach anfänglichem Zögern beschrieb Armin Stutz seinen harten Arbeitsalltag und die Misshandlungen. Daraufhin konfrontierte der Lehrer die Familie damit, worauf der älteste Sohn den Knaben halb tot schlug. Er züchtigte ihn mit dem Lederriemen derart heftig, dass er eine Wunde davontrug, die sich bis heute immer wieder öffnet. Jahre später – bei der Rekrutierung – vermutete man, er habe einmal eine Schussverletzung erlitten. Geändert hat sich nach diesem Vorfall nichts, aber Armin Stutz schwieg fortan. Als das ehemalige Verdingmädchen von einem der Söhne geschwängert wurde, versetzte der Pflegevater sie stillschweigend in einen anderen Kanton.

Die Hartherzigkeit der Familie zeigte sich auch in anderen Episoden, die Armin Stutz nicht vergessen hat: Der Pflegevater war Beistand oder Vormund von mehreren betagten Bewohnern des Bürgerheims. Am Sonntagnachmittag machten sie sich manchmal auf den Weg zum Hof, um ein paar Franken abzuholen, welche sie sich beispielsweise mit irgendeiner Arbeit verdient hatten. Armin Stutz musste sich hinter einer Wand verstecken und diesen Leuten mit einer Klistierspritze, die für Kühe verwendet wurde, durch die Ritzen Wasser ins Gesicht spritzen, »damit sie heulend davonliefen. Und dann hatten sie drinnen Freude, wenn wieder eine geschrien hat.« Gegen außen zeigte sich die Familie streng religiös und besuchte regelmäßig den Gottesdienst. Zuhause mussten alle täglich den Rosenkranz beten. Mit der Religion hat Armin Stutz später aufgrund seiner Erfahrungen gebrochen.

Freizeit, Ferien oder Feiertage wie Weihnachten oder Geburtstage kannte Armin Stutz nicht. Einzig zur Firmung erhielt er von seinem Firmpaten eine Uhr geschenkt. Die musste er aber sogleich einem Sohn der Pflegefamilie abgeben, mit der Begründung, der Vater benötige sie für die Großratssitzung. Er sah seine Uhr nie wieder. Geld sah er nie oder musste es sofort abliefern, wenn ihm jemand etwas zusteckte.

Armin Stutz wurde eines Tages aus ihm nicht bekannten Gründen umplatziert. In der letzten Familie fand er das erste Mal in seinem Leben Familienanschluss und eine gewisse Geborgenheit. Mit diesen Menschen blieb er sein ganzes Leben in Kontakt. Der Pflegevater unterstützte ihn später auch in einem Erbschaftsstreit.

Einen Abschluss hat Armin Stutz nie machen können. Zur Schule ging er insgesamt nur etwa viereinhalb Jahre. Als er die Rekrutenschule begann, hatte er weder von Zeit noch von Geld eine Ahnung. Die einzige Ausbildung, die Armin Stutz machte, war die Lastwagenprüfung in der Rekrutenschule. Aber auch im Militär holte ihn seine Vergangenheit ein. Er wurde nachts mehrfach von einrückenden betrunkenen Kameraden mit schwarzer Schuhcreme eingerieben. Er schlief fortan in einem Versteck im Materiallager. Selbst bei den Wiederholungskursen wurde er hämisch begrüßt und sein Fahrzeug wurde bereits am ersten Tag manipuliert, sodass er nicht mehr fahren konnte.

Armin Stutz wusste lange Zeit nicht, wer seine Eltern waren. Nur die Mutter konnte er als erwachsener Mann ausfindig machen. Er hatte anscheinend siebzehn Geschwister, doch die Mutter konnte ihm nichts über deren Verbleib sagen. Armin Stutz hat bis heute keines seiner Geschwister getroffen, und über seinen Vater hat er nie etwas in Erfahrung bringen können.

Armin Stutz ist seit über vierzig Jahren mit seiner dritten Frau verheiratet. Seine erste Frau ist bei der Geburt des zweiten Kindes an Leukämie gestorben, und die zweite Frau hat ihn mit vier kleinen Kindern verlassen. Trotz seiner schlechten Ausbildung sorgte er ein Leben lang für seine Kinder, auch mit vielen Nachtschichten. Allen ermöglichte er eine Ausbildung. Manchmal hatte er gleichzeitig verschiedene Arbeitsstellen. Über sechzig Jahre seines Lebens war er als Hauswart tätig.

Nach vielen Jahrzehnten hat Armin Stutz einen Knaben namens Otto Graber*, mit dem er zusammen im Waisenhaus lebte, wiedergefunden. Otto Graber, der verstorben ist, bestätigte die Beobachtungen und Erlebnisse von Armin Stutz in schriftlichen Aufzeichnungen. Er hatte es nach dem Waisenhaus noch schlechter getroffen und wurde vom seinem Pflegevater wiederholt bis zur Bewusstlosigkeit geschlagen. Otto Graber war für Armin Stutz eine moralische Stütze, ebenso wie seine Frau. Das Erlebte kann es bis heute nicht vergessen und es holt ihn immer wieder ein.

Loretta Seglias, Marco Leuenberger

Christoph Grädel*, 1938, Bern

»Der kleinen Schwalbe geht es wie uns, uns haben sie auch aus dem Nest geworfen«

Als Christoph Grädel im Kanton Bern das Licht der Welt erblickte, war die Freude bei den Eltern groß. Er sollte einmal den elterlichen Hof übernehmen. Die Eltern mussten das *Heimetli* aber später aufgeben, weil das Geld fehlte, um die anderen Erben auszuzahlen. Die Familie zog darauf in ein altes baufälliges Haus. Der Vater verdiente als Taglöhner bei einem Bauern fünf Franken im Tag. Zwei Franken fünfzig kostete allein schon die Milch, welche die mittlerweile sechsköpfige Familie benötigte. Klar, dass das Geld nirgends hinreichte. Die Familie war gezwungen, erneut die Wohnung zu wechseln. Trotzdem musste ein Kind nach dem anderen die Familie verlassen.

Im Jahr 1945, nach Kriegsende, war die Reihe an Christoph Grädel. Er sagt heute: »Da fing dann für mich der Krieg an.« Am Tag X musste er sich waschen und andere Kleider anziehen. Am Nachmittag holte der zukünftige Pflegevater den damals siebenjährigen Knaben mit einem *Bärnerwägeli* ab. Bei der Ankunft auf dem Bauernhof der Pflegeeltern in einem Dorf der Umgebung zeigte ihm die Pflegemutter seine Kammer. Als Christoph Grädel seine verlöcherte Werktagshose anzog, fing die Pflegemutter sogleich an, über seine Mutter herzuziehen. Das verletzte den Knaben sehr. Spätestens jetzt realisierte er, was ihm widerfuhr. Nach dem Zvieri holte ihn sein ganzes Elend ein. Auf dem obersten Tritt der Treppe, die zu seiner Kammer führte, weinte er sich aus. Die Pflegeeltern sahen so nur die Beine des Knaben und bemerkten nicht, dass er weinte. Hier saß er oft und weinte, wenn ihn das Heimweh überkam.

Christoph Grädel ersetzte auf dem Hof einen Verdingbuben, welcher wenige Monate später aus der Schule kam, und musste ein *Ämtli* um das andere übernehmen. »Es war einfach so, dass man nicht mehr Kind sein konnte, man hatte immer eine Arbeit, die man verrichten musste.« Christoph Grädel war nur noch der Verdingbub, der kaum noch die Schulaufgaben machen konnte. Er hatte dafür – wenn überhaupt – erst spät am Abend Zeit, und in der Stube gab es nur spärliches Licht. Wenn die Leute im Dorf von ihm sprachen, hieß es einfach: »Das ist H.'s Verdingbub«. Eigentlich wusste Christoph Grädel gar nicht, was ein Verdingbub ist, bis der Lehrer in der Schule die Geschichte des Verdingbuben Jeremiassli aus Gotthelfs »Bauernspiegel« vorlas. Ein Schüler fragte den Lehrer, was denn ein Verdingkind sei. Worauf dieser antwortete: »Seht, der Christoph ist doch ein Verdingkind.« Christoph Grädel musste darauf die Blicke der ganzen Klasse ertragen, alle drehten sich nach ihm um und starrten ihn an.

Der Knabe musste immer wieder erfahren, wie er als Verdingbub benachteiligt wurde. So wurden das fleckige Geschirr oder das kaputte Besteck dauernd ihm zugeteilt. Er kam immer zuletzt an die Reihe und nahm auf dem Hof eine untergeordnete Rolle ein. Er erhielt zum Beispiel fast nie etwas Süßes, wusste sich aber zu helfen: Da er den Aufbewahrungsort der Büchse mit den Bretzeln kannte, entnahm er ab und zu ein *Bretzeli* daraus, »nicht zu viele, damit es nicht auffiel«.

Auch in der Schule hatten er und die unehelichen Kinder einen geringeren Stellenwert als die Kinder aus geordneten Verhältnissen. In der Pause gab es im Winter Schuläpfel. Es traf sich immer so, dass diese Kinder den kleinsten oder einen wurmstichigen Apfel bekamen. Stark getroffen haben ihn auch die Worte der Mutter seines *Schuelschätzeli* zu ihrer Tochter: »Das musst du dir aus dem Kopf schlagen. Wenn du einen solchen willst, dann gibt es aus dir ein armes Fraueli.«

Christoph Grädel denkt, dass die Leute eigentlich gewusst hätten, wie es den Verdingkindern ergeht, wenn sie es hätten wissen wollen. »Aber da durfte ja niemand etwas sagen. Weil man sonst ja irgendwie bestraft worden wäre.« Die Pflegeeltern betonten zwar immer wieder, dass sie ihn wie ein eigenes Kind halten würden. Obwohl die Gemeinde für ihn ein Pflegegeld bezahlte, kauften ihm die Pflegeeltern fast nie neue Kleider, und Christoph Grädel schämte sich zuweilen für seine Kleidung. Auf die Teilnahme an den Schulreisen verzichtete Christoph Grädel schließlich von sich aus, weil das Diskussionen um die Kosten gab. Er war es leid, dies jedes Mal über sich ergehen lassen zu müssen.

Besonders deutlich wurde seine Stellung innerhalb der Familie schließlich, als zuerst ein Sohn des Bauern und später die Tochter heirateten. Christoph Grädel wurde nicht zur Hochzeit eingeladen. Er musste zuhause bleiben und zu den Tieren schauen.

Die Nöte des Knaben äußerten sich darin, dass er das Bett nässte. Die Pflegeeltern behaupteten, das komme davon, dass er zu viele Zwetschgen und Äpfel esse oder barfuß umherlaufe, oder weil er ein bisschen ein *Träll* sei. Er hörte aber einmal, wie die Tochter des Hauses, die auswärts wohnte und einen sozialen Beruf erlernt hatte, ihren Eltern ins Gewissen redete: »Der Mensch lebt nicht nur vom Brot allein. Das Bettnässen ist eine seelische Angelegenheit.«

Immer wieder flüchtete er sich in Traumwelten: »Ich lag oft im Gras und träumte, ich könne wieder nach Hause zurück.« Geholfen haben Christoph Grädel auch die Tiere. Er hatte Freude am Pferd und an den Kälbern. Die Katzen kamen zu ihm ins Bett. Einmal bekam eine sogar ihre Jungen in seinem Bett. Ein Erlebnis war ihm besonders in Erinnerung geblieben: Christoph Grädel und der damals noch auf dem Hof lebende ältere Verdingknabe W. hatten eines Tages beobachtet, wie eine junge Schwalbe von einem Schwalbenpaar aus dem Nest geworfen wurde. W. sagte darauf zu Christoph Grädel: »Der kleinen Schwalbe geht es wie uns, wir hatten auch keinen Platz mehr zuhause. Uns haben sie auch aus dem Nest geworfen.« Sie freuten sich dann darüber, dass sie die junge Schwalbe in einem anderen Nest platzieren konnten, wo sie angenommen und gefüttert wurde.

Als Christoph Grädel aus der Schule kam, musste er zuerst einmal die eigentlich vom Pflegegeld bezahlten Konfirmandenkleider abverdienen, und danach wollte man ihn als billigen Knecht behalten. Man versuchte ihm einzureden, dass er nicht fähig sei, eine Lehre zu machen. Christoph Grädel meldete sich selber bei einem Berufsberater an und fand eine Lehrstelle als *Wagner*. Dort war die Meistersfrau sehr gut zu ihm. Christoph Grädel sagt: »Sie war der beste Mensch, den ich bis zu diesem Zeitpunkt kennengelernt habe.«

Christoph Grädel hat jahrelang nie an den Klassenzusammenkünften teilgenommen. Als er sich schließlich doch dazu bewegen ließ, traf er dort den mittlerweile über neunzigjährigen ehemaligen Lehrer. Nach einem Gespräch bat ihn dieser unerwartet um Verzeihung. Christoph Grädel antwortete ihm, dass er ihm schon lange vergeben hätte. »Ich habe halt immer gedacht, ich als Verdingbub habe es nicht anders verdient. Und es sei sein Recht gewesen, mich anders zu behandeln.«

Christoph Grädel lebt heute im Berner Oberland, ist verheiratet, hat zwei Kinder und vier Enkelkinder. Die ständige Furcht, es könnte ihm etwas zustoßen, begleitete ihn sein Leben lang. Besorgt fragte er sich jeweils, was dann aus den Kindern würde. Er wollte ihnen ein Schicksal wie seines ersparen und war froh, als die Kinder auf eigenen Füßen standen.

Als Verdingbub musste er sich ducken. Er konnte das aber gut und stellte keine Ansprüche. Christoph Grädel hat das auch mit auf den Lebensweg genommen. Bis dann später doch einmal jemand zu ihm sagte: »Christoph, du bist jetzt alt genug, um dich zu wehren. Sonst kommst du immer unter die Räder.«

Da immer andere über ihn bestimmten, hatte er Zeit seines Lebens Mühe, Entscheidungen zu treffen. Christoph Grädel arbeitete immer hart und viel und bewirtschaftete zusammen mit der Familie neben seinem Beruf als Postangestellter den Hof seiner Schwiegereltern. Seine Kinder sagen ihm noch heute, dass er zu wenig Zeit mit ihnen verbracht hätte. Christoph Grädel streitet das nicht ab: »Das ist so, ich hatte zu wenig Zeit für sie. Ich musste Geld verdienen und schauen, dass alles gut geht, damit meine Kinder nicht in die gleiche Situation kommen wie ich.«

Nach der Pensionierung hat Christoph Grädel das Land des kleinen Hofes verpachtet. Er verbringt mit dem Hund viel Zeit in den Bergen. Zusammen mit seiner Frau besucht er gerne volkstümliche Musikanlässe. Den Kontakt zur Pflegefamilie brach er ab, als er seinem Pflegevater zum 80. Geburtstag gratulieren wollte und auf dem Hof die ganze Familie versammelt war, ohne dass er davon erfahren hatte. Christoph Grädel sagt: »Grundsätzlich kann ich die Leute nicht schlechtmachen. Sie kämpften auch ums Überleben. Aber ich konnte nie ein Kind sein. Diesen Abschnitt meines Lebens habe ich verpasst.«

Trudi Schmied

Hans Unglück*, 1931, Bern, Thurgau

»Den Lohn musste ich zuhause abgeben, das war damals üblich«

Im Frühling 1931 kam Hans Unglück im Baselbiet zur Welt. Im gleichen Sommer starb seine Mutter. Die zwei älteren Schwestern gab der Vater an Verwandte weiter. Der drei Monate alte Hans Unglück kam für ein Jahr in ein Kinderheim. Seine Stiefmutter sagte ihm später: »Es war scheußlich da.« Die nächsten zwei Jahre verbrachte Hans Unglück bei zwei verschiedenen Pflegeelternpaaren. Bei beiden wurde er gut behandelt und blieb mit ihnen in Kontakt, bis sie starben.

Als Dreijähriger kehrte Hans Unglück zu seinem Vater zurück. Dieser war wieder verheiratet und hatte mit seiner zweiten Frau einen kleinen Sohn, Hans Unglücks Stiefbruder. Über das raue Klima zuhause sagt er: »Ja, wir sind mit Schlägen aufgewachsen. Wenn etwas schief lief, wurde einfach dreingeschlagen. Dann der jüngere Bruder war der Hahn im Korb, das ist klar. Und wenn er mich wütend machte oder irgendetwas war, da war ich halt immer schuld und schon war es wieder passiert.«

Weil der Vater als Maurer keine Arbeit fand, zog die Familie vom Baselbiet in den Kanton Thurgau. Dort arbeitete der Vater auf einem landwirtschaftlichen Großbetrieb. Aber das Einkommen reichte nicht. 1942, als Elfjähriger, wurde Hans Unglück auf einen Bauernhof im Berner Seeland gebracht, wo auch ein Verdingmädchen in seinem Alter lebte. »Dann hat man mich eben da ins Bernbiet verfrachtet. Und ich war sogar froh am Anfang [...] Ich hoffte, ich würde da nicht geschlagen wie daheim.«

Aber als Verdingbub erhielt er auch dort Schläge. Dazu kam die strenge Arbeit, die Schule war nur Nebensache. Am Morgen vor der Schule arbeitete Hans Unglück im Stall. Am Mittag und am Abend erledigte er Arbeiten auf dem Feld, sieben Tage die Woche. Da blieb keine Zeit für die Hausaufgaben oder gar für Freizeit und Spiel. Eineinhalb Jahre arbeitete der Knabe auf dem Hof, ohne einmal zuhause gewesen zu sein; an einen Besuch seiner Eltern erinnert er sich nicht.

Zur Bauernfamilie gehörte Hans Unglück nicht wirklich. Nur am Sonntagnachmittag durfte er in die Stube, wo sich die Familie aufhielt. Sein Platz war sonst in seinem Zimmer oder im Stall bei den Tieren. Waschen musste er sich sowohl im Sommer als auch im Winter draußen am Brunnen; die Familie wusch sich drinnen mit warmem Wasser. Weil sein Heimweh immer stärker wurde, holten ihn die Eltern nach eineinhalb Jahren wieder ab. Die Bauersfrau hatte ihm Kleider zur Verfügung gestellt, aber als er nach Hause ging, musste er diese wieder zurückgeben. So kehrte er in den alten Lumpen, in denen er auf den Hof gekommen war, zurück nach Hause.

Der Vater suchte für ihn eine neue Arbeit. Hans Unglück, jetzt vierzehnjährig, wohnte und arbeitete nun bei einem Bauern in derselben Gemeinde, aber ziemlich weit entfernt von seinen Eltern. Rückblickend findet Hans Unglück, dass er es dort gut hatte. Er erhielt einen Lohn von siebzig Franken monatlich und wurde nicht mehr geschlagen. Nebenher ging er in die letzte Klasse. Er war ein schlechter Schüler. Niemand hatte ihn bei den zahlreichen Schulwechseln unterstützt.

Nach der Schule zog Hans Unglück wieder zu seinen Eltern, die in der Zwischenzeit in den Kanton Zürich gezogen waren. Er half seinem Vater eine Weile bei einem Baugeschäft, um Geld zu verdienen, »und dann musste ich den Lohn zuhause abgeben [...]. Das war damals üblich.« Hans Unglück bekam ein Taschengeld.

Sein größter Wunsch war es, Automechaniker oder Elektriker zu werden. Aber er fand keine Lehrstelle, weil seine Zeugnisse zu schlecht waren. Der Berufsberater riet ihm zu einer Bäckerlehre. Hans Unglück blieb nicht anderes übrig, als diesem Rat zu folgen. Während der gesamten Lehre hatte er lediglich einen *Fünfliber* Taschengeld pro Woche. Er absolvierte die Lehre im Kanton St. Gallen unter schwierigen Umständen und schloss dennoch erfolgreich ab. Aber der Beruf gefiel ihm nicht, außer, wenn er Maschinen warten oder flicken konnte. Als er die Gelegenheit bekam, in einer Garage zu arbeiten, sagte er sofort zu. Er wurde ein guter Automechaniker, allerdings ohne die Berufsschule zu besuchen und ohne einen Abschluss zu machen. Als er später als Lastwagenfahrer im In- und Ausland unterwegs war, nützten ihm seine Fähigkeiten als Automechaniker.

Hans Unglück sagt heute, die unstabile Kinder- und Jugendzeit habe ihn für sein ganzes Leben geprägt. Er war ängstlich, konnte sich nicht wehren, hatte überhaupt kein Selbstvertrauen. Als Jugendlicher wurde er aggressiv und jähzornig. Er konnte sich nicht beherrschen. Als Zwanzigjähriger prügelte er in einem Streit beinahe seinen Stiefbruder zu Tode, wenn nicht der Vater dazwischen gegangen wäre und ihn wiederum mit Prügel zur Besinnung gebracht hätte. Das waren die letzten Schläge, die Hans Unglück von seinem Vater bezog. Zutiefst erschrocken über seine eigene Gewalttätigkeit, nahm er sich vor, in Zukunft nicht mehr handgreiflich zu werden. Er heiratete und hatte zwei Kinder. Seine Kinder wollte er ohne körperliche Züchtigung erziehen, was ihm fast immer gelang.

Im Erwachsenenleben blieb Hans Unglück nicht von Schicksalsschlägen verschont. Beim Abladen eines Lastwagens verletzte er sich an der Hand so schwer, dass er invalid wurde. Nach einer Umschulung zum einhändigen Schreibmaschinenschreiben fand er in einem öffentlichen Amt eine neue Arbeit. 1976 wurde sein achtzehnjähriger Sohn auf dem Schulweg von einem Auto überfahren. Er stand kurz vor der Matur und wollte Arzt werden. Hans Unglücks Frau erkrankte daraufhin und erholte sich nie wieder von diesem Schicksalsschlag. Hans Unglück ließ sich mit 63 Jahren pensionieren. Mit seiner Frau wollte er nun das Leben genießen und gemeinsame Ferien machen. Im ersten Jahr nach der Pensionierung konnten sie tatsächlich gemeinsam verreisen, doch danach konnte seine Frau aus gesundheitlichen Gründen das Haus kaum mehr verlassen. Sie starb 2004.

Hans Unglücks Leben war geprägt von schwierigen Situationen und Schicksalsschlägen. Er hat aber immer wieder aus eigener Kraft Auswege aus den Krisen gefunden. Er hat sich im Schützenverein und im Invalidenverein engagiert. Seine Ehefrau hat er in all den Jahren ihrer Krankheit begleitet. Heute versucht er, sich im Kanton Basel-Landschaft neu einzurichten und wieder am gesellschaftlichen Leben teilzunehmen.

Priska Arnold

Werner Bieri*, 1942, Bern

»Es verfolgt mich bis heute. Es wurde nie mehr gut«

Werner Bieri wurde als zweiter von fünf Söhnen im Kanton Bern geboren. Die Eltern hatten sich vor dem Krieg auf einem Bauernhof kennengelernt, wo die Mutter als Magd und der Vater als Fuhrmann angestellt waren. Die junge Familie sah den Vater wenig, da er auswärts auf dem Bau arbeitete und höchstens alle vierzehn Tage nach Hause kam. Wenn er dann da war, duldete die Mutter nicht, dass er ins Wirtshaus ging. Es kam zu Streit und noch während der Kriegszeit zur Scheidung. Werner Bieri hat nur eine Erinnerung an den Vater: Als Vierjähriger brachte er ihm bei, mit dem Luftgewehr zu schießen. Später hatte er keinen Kontakt mehr zu seinem Vater. »Von ihm sprechen wir gar nicht mehr, das hat keinen Wert.«

Die Mutter wohnte nun mit den Knaben, zu deren Schar später noch ein Halbbruder dazukam, in einer kleinen Wohnung. Den Mietzins bezahlte die Wohngemeinde der Familie, ansonsten gab es keine zusätzliche finanzielle Unterstützung. Der Vater hätte nach der Scheidung Alimente bezahlen müssen, kam aber seiner Pflicht nicht nach. So arbeitete die Mutter zwei Tage pro Woche als Putzfrau und half einem Nachbarn beim Gras mähen, wofür sie einige Kartoffeln und etwas Gemüse erhielt. Werner Bieris drei Jahre älterer Bruder musste während der schulfreien Zeit bei einem Bauern aushelfen. Doch auch das reichte nicht aus. Werner Bieri und seine Geschwister litten Hunger. »Ich erinnere mich an das eine Mal, als wir furchtbar Hunger hatten. Der Metzger hatte einen Stierenkopf, den kochten wir etwa vier Monate lang aus. Sie können sich ja vorstellen, wie viel Geschmack diese Suppe noch hatte. Das war alles, was wir bekamen. Wir haben die Erdhäufchen gefressen, die die Würmer aus dem Boden stossen, um den Hunger nicht zu spüren. Das Dumme war bloß, dass dort Wurmeier drin waren, die wir dann im Magen hatten.«

Auch der siebenjährige Werner Bieri hatte seine Pflichten: Wenn die Mutter daheim war, half er bei einem Bauern aus, wo er immer gehänselt wurde. In Abwesenheit der Mutter musste der Erstklässler zuhause den Jüngsten, der noch ein Kleinkind war, füttern und wickeln. Weil er oft lieber mit den anderen Kindern spielte, weckte das schreiende, unbeaufsichtigte Kind die Aufmerksamkeit der Nachbarn, die schließlich die Gemeinde benachrichtigten.

Während eines vierstündigen Besuchs von drei Amtspersonen sollte die Mutter überzeugt werden, dass sie in ihrer Situation die Buben weggeben und bei Bauern platzieren sollte. Werner Bieri sollte zu jenem Bauern kommen, bei dem er bereits arbeitete. Auf Anweisung der Mutter gelang es ihm und seinem ältesten Bruder, zu Bekannten zu flüchten. Die Mutter kam mit den zwei jüngsten Söhnen nach. Die zwei anderen Söhne hatte sie der Gemeinde überlassen. Zweimal fanden sie vorübergehend bei Bekannten Unterschlupf, mussten aber Hals über Kopf und unter dramatischen Umständen wieder flüchten. Trotzdem wurden nach und nach alle Brüder einzeln verdingt. Einer kam in eine Anstalt, der Älteste kam vorübergehend bei seinem *Götti* unter, der Jüngste traf es ebenfalls gut.

Die unbeständige Situation nahm für Werner Bieri kein Ende: Innerhalb weniger Monate wurde er in zwei verschiedenen Familien platziert. Kurz vor Beginn der zweiten Klasse kam er auf einen Kleinbauernbetrieb im Guggisbergerland. Dort blieb er schließlich bis zum Ende der obligatorischen Schulzeit. »Statt dass ich dort ein Heim angetroffen hätte, war es die Hölle. Einem Vater, den ich nie gesehen hatte, musste ich Vater sagen, und einer Mutter, die ich nie gesehen hatte, musste ich Mutter sagen. Schon das war eine Katastrophe, das überlebte ich fast nicht.« Die Pflegemutter und der Pflegevater beschimpften Werner Bieri regelmäßig ohne Grund, »wie wenn ich eben ein Verbrecher gewesen wäre«. Die Pflegeeltern hielten Werner Bieri ständig kleine Vergehen vor und sahen darin die Bestätigung, dass das Kind »ein Gauner« war, und drohten ihm mit der Einlieferung in eine Anstalt. »Wenn man Ihnen jeden Tag, nachdem Sie etwas getan haben, das nicht richtig war, [dieses] immer wieder von Neuem vor Augen führt, da gehen Sie psychisch fast drauf. Und nicht nur während zwei, drei Wochen – monatelang!« Mit der Tochter der Pflegeeltern freundete er sich im Laufe der Zeit an. Noch heute stehen die zwei in gutem Kontakt. Da sie jedoch acht Jahre älter war und heiratete, ging sie bereits zwei, drei Jahre nach seiner Ankunft fort.

Werner Bieri musste als knapp Achtjähriger um sechs Uhr morgens aufstehen, den Stall misten und die Milch in die Käserei bringen. Danach gab es Frühstück. Bevor er zur Schule ging, fegte er den Vorplatz. Mittags nach dem Unterricht zog er sofort wieder die Arbeitskleidung an und arbeitete je nach Jahreszeit auf dem Feld, in der Scheune oder im Wald. Er musste Holz hacken und bündeln, denn man kochte und heizte ausschließlich mit Holz. Seine Mithilfe war auch im Gemüsegarten gefragt. Mit zehn Jahren verließ er sein Bett im kalten Küchenstübli bereits um fünf Uhr und molk zusätzlich die Kühe. Zwar hatte er immer genug und gut zu essen, er verrichtete aber die Arbeit eines Knechts. Zeit für Hausaufgaben fand er immer erst vor dem Zubettgehen gegen halb neun Uhr abends. In der Schule hatte er Schwierigkeiten. Außerdem mochte er die Lehrerin in der zweiten Klasse überhaupt nicht. Sie bestrafte ihn für Taten, die er nicht verübt hatte, und ließ ihn nachsitzen. Zuhause wurde er wegen der Verspätung mit einer Ohrfeige bestraft.

Werner Bieri hatte zudem Mühe, in der Schulbank ruhig zu sitzen. Daraufhin organisierte die Mutter einen Arzt aus Luzern, der den Knaben erfolgreich behandelte, und seine Unruhe verschwand. »Aber eben nie vollständig. Das blieb immer. Und das war immer eine innere Angst. Und die hat mich bis zum heutigen Tag verfolgt, die ist nie vollständig verschwunden.« Eine wiederkehrende medizinische Behandlung war wegen Geldmangels nicht möglich. »Einfach wieder das liebe Geld. Der Vater, der hat sich ja nicht darum gekümmert. Der wusste nicht einmal, wo wir waren.«

Werner Bieri musste das zweite Schuljahr wiederholen. Bis zur vierten Klasse wurde er von einer Lehrerin unterrichtet, die er sehr gerne mochte. Über die Schulbibliothek lernte er die faszinierende Welt der Technik und Maschinen kennen und las Abenteuergeschichten. Später weckten auch Zeitungen sein Interesse.

Freunde oder Spielkameraden hatte er nie. »Eben, ich musste immer schwer arbeiten.« Er kam außerhalb der Schule fast nur mit Erwachsenen in Kontakt. Die Pflegefamilie war nicht gesellig. Kontakte zu Nachbarn oder Verwandten ergaben sich nur, wenn es um praktische Dinge wie das Ausleihen von Werkzeugen ging. Werner Bieri hatte nur am Sonntagnachmittag frei. Dann spielte er entweder mit verschlissenen Spielsachen im *Estrich* oder verschwand verbotenerweise mit einem alten Gewehr im Wald.

Als Werner Bieri älter wurde, begehrte er immer öfter auf und erledigte nicht mehr alles wie befohlen. Manchmal wurde er mit Essensentzug bestraft, bediente sich dann aber heimlich in der Speisekammer. Niemand setzte sich für ihn ein, nur einmal biss der Käsereihund seine Pflegemutter, als diese ihm eine Ohrfeige verpasste.

Nachdem den leiblichen Eltern das Sorgerecht entzogen worden war, sprach die Jugendanwaltschaft Bern Werner Bieri einen Vormund zu. »Ja, einmal jährlich *zusammengestaucht* hat er mich, nicht besucht. Und nachgeschaut, ob etwas auf meinem Bankbüchlein liege.« Werner Bieri fing nämlich Mäuse und verdiente pro Maus zwanzig Rappen.

Als Werner Bieri elf Jahre alt war, nahm die Familie auch einen seiner jüngeren Brüder auf. »Das ist sehr schade, dass er nicht mehr lebt. Er hat sich leider erschossen. Das war mein bester Freund. Wir zwei, wenn wir ein Problem hatten, redeten wir zusammen. Und dann, das war interessant: Er fand eine Lösung für mich oder ich fand eine Lösung für ihn.« Am Sonntag lasen sie Bücher, die sie auf dem *Estrich* fanden. Sie mussten für manches als schwarze Schafe herhalten. »Im ganzen Dorf hieß es, ›G.'s Buebe‹ seien die Übeltäter. So wurden wir zu Unrecht bestraft.« Die Knaben wurden zwar selten geschlagen, aber wenn der Pflegevater zuschlug, dann mit aller Härte. Verletzungen wurden nicht gepflegt.

Werner Bieri fand bei den Tieren Zuneigung und Trost. Wenn er traurig war, legte er sich einer Kuh zwischen die Vorderbeine und ließ sich ablecken. Dort war es weich und warm.

Im Tearoom der Bäckerei des Dorfes trafen die Brüder ein- bis zweimal pro Jahr ihre Mutter. Klagen der Buben, die über die Mutter an den Armenvater gelangten, wurden in den Wind geschlagen.

Werner Bieri erkrankte in seiner Kindheit zweimal ernsthaft. Er hatte Scharlach und lag einen Monat lang isoliert im Spital. Nach einer doppelten Lungenentzündung mit vierzehn Jahren durfte er aus finanziellen Gründen nicht zur Kur gehen. Dies hatte ein chronisches Bronchialleiden zur Folge.

Ab der fünften Klasse war Werner Bieri bei einem Lehrer, mit dem er sich nicht verstand. Im letzten Schuljahr kam es zu einem folgenschweren Zwischenfall. Werner Bieri wurde vom Lehrer vor der Klasse derart bloßgestellt und zur Weißglut gebracht, dass er diesen mit einer Schere bedrohte. Der anschließende Besuch des Lehrers bei der Pflegefamilie führte eine unerwartete Wende herbei: Der Lehrer befasste sich erstmals richtig mit seiner Situation und zeigte Verständnis. Er erkannte, dass Werner Bieri erwachsen geworden war. Werner Bieri lernte während der verbleibenden Zeit des Schuljahres ohne Druck und erzielte gute Noten. Ab diesem Moment behandelten ihn auch die Pflegeeltern mit Respekt.

Nach der obligatorischen Schulzeit arbeitete Werner Bieri zuerst als Knecht im *Welschland*, während ein weiterer Bruder zur Pflegefamilie kam. Nach einer körperlich sehr anstrengenden Anstellung in der Landwirtschaft fand Werner Bieris Vormund für ihn eine Lehrstelle in seinem Wunschberuf als Bau- und Maschinenschlosser. Diese

Lehre musste Werner Bieri aber nach drei Monaten abbrechen, weil niemand für Kost und Logis aufkommen wollte. Mit seinem kleinen Lohn konnte er das nicht selbst bezahlen. Werner Bieri nahm nun sein Leben in die eigene Hand. Er suchte sich eine Lehrstelle als Maurer und konnte wieder bei seinen Pflegeeltern wohnen. Der Pflegevater wollte ihn sogar adoptieren, aber die Mutter gab ihr Einverständnis nicht. Mit Verzögerungen und über Umwege – die Lehrabschlussprüfung fiel in die Zeit der Rekrutenschule, der praktische Teil war ungenügend, ein neuer Lehrmeister betreute ihn für die Prüfungswiederholung – schloss Werner Bieri seine Lehre ab. Er musste gleichwohl heftig dafür kämpfen, damit ihn sein Vormund nach der Volljährigkeit mit zwanzig Jahren freigab. Auf seinem weiteren beruflichen Weg ließ er sich aus gesundheitlichen Gründen umschulen. Als Chauffeur arbeitete er vorwiegend auf dem Bau. Arbeitsunfälle führten später zur Invalidität.

Werner Bieri hat eine Tochter aus erster, geschiedener Ehe. Mit Anspielung auf seinen eigenen Vater hält er fest: »Aber ich habe meine Alimente bezahlt.« Die Tochter hat nach der Matura eine Sekretariatsausbildung absolviert. Er sieht sie ein- bis dreimal pro Jahr. Mit Bekannten hat er kaum über seine Kindheit und Jugend gesprochen. Die Leute interessierten sich nicht dafür; andere Themen waren wichtiger. Werner Bieri lebt heute im Kanton Bern, so gut er kann. »Ich musste viel Trauriges erdulden, [ich war] wirklich am Rande des Abgrunds. Und das verfolgt mich bis heute. Es wurde nie mehr gut.«

Sabina Mauron

Ernst Wessner, 1930, St. Gallen

»Damals war man froh, wenn einer weniger am Tisch saß«

Ernst Wessner wurde 1930 als viertes Kind nach drei Mädchen geboren. Seine Eltern führten im Kanton St. Gallen einen Molkereibetrieb mit Schweinezucht. Ihr Stall wurde in jener Zeit von einer Schweine-Epidemie betroffen. Alle Tiere mussten geschlachtet werden. Ohne einen Erlös oder eine Entschädigung war die Familie nahe am finanziellen Ruin. Im oberen Stockwerk von Großvaters Gasthaus im Toggenburg fand die Familie vorübergehend Unterschlupf.

Diese Wohnung wurde zu klein, als der fünf Jahre jüngere Bruder von Ernst Wessner zur Welt kam. Die Familie zog in eine einfache Wohnung in einem anderen Quartier. Weil der Vater arbeitslos war, versuchte er seine Familie mit Gelegenheitsarbeiten durchzubringen. Ernst Wessner war bereits alt und kräftig genug, um als *Kegelbub* etwas Geld zu verdienen. Pro *Babeli* erhielt er fünf Rappen. Auch Holz sammeln im Wald und Schnee schaufeln im Winter brachte ein bisschen Geld ein. Der Vater fand schließlich eine feste Anstellung in einer Möbelschreinerei, wo er dem Polierstaub und den Lackdämpfen ungeschützt ausgeliefert war.

Die Zeiten waren schwierig, das Essen wurde rationiert. Die Familie musste in ein kaum menschenwürdiges Haus umziehen. Ein Nachbar bot die Möglichkeit zur Mitarbeit in seinem Landwirtschaftsbetrieb an, und Ernst Wessner half dort tatkräftig mit. Er lernte den Umgang mit Werkzeugen und mähte früh morgens mit der Sense das Gras. So gab es anstelle von hartem Brot und dünner Grießsuppe wenigstens ab und zu etwas *Währschaftes* zu essen. »Ich habe oft vor Hunger geweint«, sagt Ernst Wessner rückblickend. Der Milchmann, ein gutmütiger Mensch, gab der Familie gelegentlich einen halben

Liter Milch ohne Rationierungsmarke. Deswegen sperrte man ihn später ein, und die Familie von Ernst Wessner erhielt eine Buße von hundertzwanzig Franken.

Mit 49 Jahren starb der Vater an Krebs. Nach seinem Tod wurde das Leben für die Zurückgebliebenen noch schwieriger. Die Mutter von Ernst Wessner half weiterhin den noch Ärmeren, obwohl die Familie selber praktisch nichts besaß. Amtspersonen betrachtete sie als unantastbare Autoritäten. Dazu gehörte auch der Pfarrer, der dem Knaben bei einem Hausbesuch grundlos mit der Erziehungsanstalt drohte. Ernst Wessner hatte über solche Anstalten nichts Gutes gehört. Wie ein düsteres Gespenst schwebte diese Androhung von nun an über seinem Kopf. Die drei älteren Schwestern mussten, kaum hatten sie die Schule abgeschlossen, in verschiedenen Betrieben hart arbeiten. Die jüngste Schwester erhielt in einer Stickereifabrik einen Stundenlohn von dreißig Rappen.

Als ein Bauer einen »Bub« zur Mithilfe im Betrieb suchte, wurde er von der Mutter zuerst abgewiesen. Im folgenden Jahr kam dieser Landwirt erneut vorbei. Was keiner wusste: Sein Knecht war jung an einer Lungenentzündung gestorben. »Armut ist die größte Plage«, pflegte die Mutter von Ernst Wessner zu sagen. »Damals war man froh, wenn einer weniger am Tisch saß, deshalb kam ich weg von zuhause«, erklärt Ernst Wessner den Meinungsumschwung seiner Mutter. Er folgte dem Bauern auf dem alten Fahrrad seines verstorbenen Vaters. Das Herz schlug ihm bis zum Hals. Die Kette des Fahrrads sprang immer wieder heraus, sodass er dem neuen Pflegevater nur unter großer Anstrengung folgen konnte. Der Zwölfjährige ging aber lieber mit dem Bauern als in eine Anstalt. Am neuen Ort war alles fremd und schmutzig, es hatte unzählige Fliegen. Die Pflegemutter war vom Hals bis zu den Knöcheln schwarz gekleidet, auch die Fingernägel waren schwarz umrandet. Sie zeigte Ernst Wessner seine Schlafkammer mit dem Laubsack und führte ihn anschließend in die Stube. Ihm wurde bewusst, dass er hier nicht zuhause war. Er kämpfte mit den Tränen und schaute zum Fenster hinaus, damit es niemand bemerkte. »Ich wollte kein Feigling und Nichtsnutz sein, war folgsam, fleißig und schickte mich in alles.« Diese Haltung prägte Ernst Wessner sein Leben lang.

Am Morgen stand er zwischen fünf und halb sechs Uhr auf und erledigte Arbeiten im Stall. Im Sommer mähte er bereits ab vier Uhr Gras. Vorher gab es einen anregenden Schnaps. Der sollte beim Wachwerden helfen. Arbeitsschluss war täglich um 22 Uhr. Vor dem Zubettgehen gab es eine Tasse Kaffee. Die schwarze Brühe mit Magermilch, die den ganzen Tag im Ofenloch gelagert wurde, schmeckte Ernst Wessner zwar nicht, aber so kam er wenigstens zu etwas Flüssigem. Das Credo seiner Pflegeeltern lautete nämlich: Gegessen wird schnell und getrunken wird so wenig wie möglich. Das Trinken erzeuge lediglich noch mehr Durst.

Mit neunzehn Jahren musste Ernst Wessner eine Niere entfernen lassen. Er sieht einen Zusammenhang zwischen der Operation und dem Trinkverhalten bei der Pflegefamilie. Bis zum heutigen Tag leidet er unter gesundheitlichen Folgen, ausgelöst durch Untersuchungen, die seiner Nierenoperation vorausgingen.

Zu den eigentümlichen Gepflogenheiten der Pflegefamilie gehörte auch die Wundversorgung. Eine Verletzung, welche sich Ernst Wessner einmal zugezogen hatte, behandelte die Pflegemutter wie folgt: Sie nahm eine Feder aus dem Hühnerstall und strich damit Rahm aus einer Milchschüssel, in der hungrige Mäuse ertrunken waren, auf die offene Wunde. Über die Rahmschicht kleisterte sie ein Spinnennetz, und alles wurde mit einem schmutzigen Lappen zugedeckt. Ernst Wessner hatte nach dieser Behandlung während vier Wochen hohes Fieber, es ging ihm richtig schlecht. Niemand kümmerte sich um ihn, auch keiner aus der Halbtagesschule, die er besuchte.

Ernst Wessner überlebte. Er überlebte auch die Bloßstellungen durch den Lehrer, der ihn auf einem Stuhl der Klasse zur Schau stellte mit dem Kommentar: »So sieht ein Dummer aus!« Ernst Wessner merkte erst später, dass er Legastheniker war.

Ernst Wessner fühlte sich grenzenlos ausgenutzt. Er verdiente zwanzig Franken im Monat, wovon er einen beträchtlichen Teil seiner Mutter schickte. Er lebte möglichst genügsam und ging im Sommer immer barfuß, denn ein Paar Schuhe kostete zu dieser Zeit fünfzig Franken. »Wenigstens Hunger hatte ich dort nie«, kann Ernst Wessner diesem Lebensabschnitt noch etwas Positives abgewinnen.

1944 kam es zwischen den Pflegeeltern zu einem fürchterlichen Streit und der Bauer machte sich aus dem Staub. Ernst Wessner flüchtete nach Hause. Ein wohlwollender Pfarrer setzte sich für ihn ein, sodass er nicht zu den Pflegeeltern zurückkehren musste. Der Vierzehnjährige vermittelte sich selber an eine andere Bauernfamilie im Kanton St. Gallen. Bei dieser Familie arbeitete er ein Jahr lang als Knecht. Er verdiente nun vierzig Franken pro Monat. Seine Behandlung stuft er rückblickend als mittelmäßig bis gut ein, aber auch hier musste er hart arbeiten. Einen großen Teil des Lohnes sandte er wieder nach Hause. Um die hohen Milchschulden seiner Mutter und seiner Geschwister schneller tilgen zu können, nahm er 1945 eine Arbeitsstelle in einer Möbelfabrik an. »Es hieß, ich solle eine Lehre machen, aber niemand half mir bei der Umsetzung. Irgendwie war ich immer der Zahlende für andere.«

Als Ernst Wessner sah, dass er es in der Möbelfabrik finanziell zu nichts bringen würde, wechselte er zu einer gut bezahlten Stelle im Kanton Appenzell-Außerrhoden. Gefördert vom Vorgesetzten, blühte er auf. Zweimal weilte er beruflich im Ausland. Er arbeitete sich hoch und wurde Abteilungsleiter. In ihm steckte ein Tüftler. Viele seiner Erfindungen wurden prämiert und werden auch heute noch verwendet.

Privat dauerte es etwas länger, bis sich das Glück einstellte. Ernst Wessner musste erst lernen, sich zu wehren. Seine zweite Ehefrau ist ihm eine große Stütze. Gemeinsam bewohnen sie heute im Kanton St. Gallen ein eigenes Haus mit gepflegtem Umschwung. Bereichert wird der Alltag durch ihre Hauskatzen, Kaninchen, Bienenvölker und Brieftauben.

Elisabeth Grob

Schulbesuch und Berufslehre galten als Nebensache

Liselotte Lüscher

Die Zeitzeugen und Zeitzeuginnen in diesem Buch sind in einer turbulenten und schwierigen Zeit aufgewachsen. Entweder besuchten sie die Schule während der Weltwirtschaftskrise der 1930er-Jahre, während dem Zweiten Weltkrieg oder in der Nachkriegszeit.[1] In der Hochkonjunktur der 1960er- und 1970er-Jahre wurden nur wenige Kinder verdingt.

Die Landwirtschaft, wo die meisten Verdingkinder eingesetzt wurden, war von der Weltwirtschaftskrise stark betroffen und dies bereits seit Ende des Ersten Weltkriegs. Die Arbeitslosenquote stieg auf fünf Prozent. Der Lohnabbau betrug sechs bis zehn Prozent.[2] Die Preise, die für landwirtschaftliche Produkte bezahlt wurden, sanken. Das spürten vor allem kleinere Bauernbetriebe. Die Kleinbauern fanden kaum Nebenverdienste und versuchten, das Möglichste aus ihren Höfen herauszuholen, häufig mithilfe von Verdingkindern.

Zukunftsgerichtete Schulreformen gab es in diesen instabilen Zeiten selten. Wenn, dann spiegelten sie, wie im Kanton Aargau, den Zeitgeist: Der Hauswirtschaftsunterricht für Mädchen wurde im aargauischen Schulgesetz von 1942 obligatorisch.[3] Das entsprach der vorherrschenden Idee der Frau als Gattin, Hausfrau und Mutter. Im Kanton Bern, wo mehr als die Hälfte der Befragten verdingt war, wurde in der Schule zu dieser Zeit wenig geändert. Bis 1951 galt das Schulgesetz von 1894.[4]

Gemäß rechtlicher Regelungen war die Schule im 20. Jahrhundert schon lange nicht mehr nur Nebensache. Artikel 27 der Bundesverfassung von 1874 verpflichtete die Kantone zu genügendem Primarunterricht, der staatlich geleitet, obligatorisch und unentgeltlich sein müsse. Zudem war geregelt, dass die Schulen allen Konfessionen offenstehen und es keine konfessionellen Schulen mehr geben sollte.[5] Damit war die Schule säkularisiert und die Kirche verlor ihren Einfluss auf die Bildung. In verschiedenen Kantonen gab es Tätigkeitsverbote für Ordens- und Kongregationsleute.[6]

Trotz Bundesverfassung ließ man die Kinder in ländlichen Gegenden vielerorts in der Landwirtschaft arbeiten, statt sie zur Schule zu schicken. Wichtig war, dass die Arbeit auf dem Hof vorankam; das Wissen, welches die Schule vermittelte, war sekundär. Die Ferien zum Beispiel wurden an die landwirtschaftliche Arbeit angepasst. Je nach Wetter entschied die Schulkommission, ob es eine Woche früher oder später Heuferien gab, im Sommer war der Schulbetrieb während Wochen eingestellt, weil die Ernte anfiel, und im Herbst richtete sich die schulfreie Zeit nach der Kartoffelernte.

Noch in der Zwischenkriegszeit waren in der Schweiz vielerorts längere Winter- und kürzere Sommerschulen üblich.[7] Die Lehrer reagierten nachsichtig, wenn die Kinder in der Schule fehlten, weil sie auf dem Feld oder Hof arbeiteten. Das wird aus vielen Berichten der einstigen Verdingkinder deutlich. Obwohl es schon seit 1847 einen Passus im Armengesetz des Kantons Bern gab, wonach Pflegeeltern die Kinder zu regelmäßigem Schulbesuch anhalten sollten,[8] wurde auch Jahrzehnte später häufig nicht danach gehandelt.

Die Bundesverfassung erklärte zwar den Schulbesuch als obligatorisch, die Dauer der obligatorischen Schulzeit in den einzelnen Kantonen war aber unterschiedlich. Erst 1938 gab es ein eidgenössisches Gesetz, welches das Mindestalter für den Eintritt ins Erwerbsleben bei fünfzehn Jahren festsetzte. Für viele Kantone war das der Anlass, die Schulpflicht zu verlängern.[9] Der Kanton Bern hatte schon früh eine Schulpflicht von zehn und später von neun Jahren.[10] 1930 verließen die Kinder die Schule in Zürich und im Aargau noch mit vierzehn Jahren, und in den meisten Innerschweizer Kantonen dauerte der obligatorische Unterricht nur sechs Jahre.[11] Außerdem variierte das Schuleintrittsalter zwischen dem sechsten und siebten Altersjahr. Das hatte für Kinder bei Kantonswechseln zur Folge, dass ihre Klasseneinteilung oft unklar war. Dass die Lehrpläne kantonal und damit unterschiedlich waren, bereitete weitere Probleme. Versuche, die Zersplitterung im schweizerischen Schulwesen auf Bundesebene zu bekämpfen, wurden jeweils mit dem Gespenst des eidgenössischen Schulvogts abgetan.[12] Erst 2005 wurden eidgenössische Verfassungsartikel beschlossen, die dem Bund ein Eingreifen ermöglichen, falls die Kantone unter sich keine Einigungen erzielen können.[13]

In ländlichen Gebieten des Kantons Bern gab es selten Jahrgangsklassen, sondern nur Klassen, die altersmäßig gemischt waren. Unter den 832 Schulorten im deutschsprachigen Kantonsteil gab es 1930 121 Gesamtschulen, in denen alle Kinder von der ersten bis zur neunten Klasse gemeinsam unterrichtet wurden, und 265 zweistufige Schulen, die meist eine Unterstufe von der ersten bis zur vierten und eine Oberstufe von der fünften bis zur neunten Klasse umfassten. An der Oberstufe unterrichtete ein Lehrer und auf der Unterstufe eine Lehrerin. Etwas seltener als zweiteilige waren in größeren Gemeinden dreiteilige Schulen, die zusätzlich eine Mittelstufe von der vierten bis zur sechsten Klasse aufwiesen.[14]

Aus den Lebensläufen der einstigen Verdingkinder wird deutlich, dass kaum jemand Jahrgangsklassen besucht hat. Die kleinen Dörfer und abgelegenen Höfe, wo die Verdingkinder meistens platziert waren, hatten oft keinen Zugang zu einer größeren Schule, oder der Schulweg war zu weit. Der Schulweg war auch so für viele Kinder ein Problem. Einige gingen ihn jeden Morgen zweimal, weil die Käserei, in die sie am Morgen die Milch bringen mussten, im Dorfkern lag und der Bauernhof, auf dem sie verdingt waren, weit ab. Dabei verspäteten sich einige regelmäßig. War der Hof in der Nähe der Schule, kamen sie ebenfalls zu spät, weil ihnen am Morgen zu viel Arbeit aufgebürdet wurde. Die Lehrer reagierten auf das Zuspätkommen auf zwei verschiedene Arten: Für die einen war es nicht selbstverschuldet, und sie gingen darüber hinweg, die andern straften, obwohl sie den Grund kannten. Es gab schon damals Lehrpersonen, die wegen Körperstrafen eingeklagt wurden.[15] Trotzdem waren Ohrfeigen und Schläge mit dem Lineal auf die Finger üblich, wie Emil Weber feststellt: »Er (der Lehrer) schlug überhaupt vor allem die Verdingkinder«. Dazu kamen Diskriminierungen anderer Art, mit Worten, mit Ausgrenzung. »In der Schule musste ich allein zuhinterst sitzen«, erzählt Josef Anderhalden. Er wurde ausgegrenzt, weil sein Vater im Gefängnis saß. Marie Bachmann erzählt, dass sie vom Lehrer ausgelacht wurde, weil sie beim Laufen rasch ins Keuchen kam oder dass es ihn amüsierte, wenn man sah, dass sie keinen Büstenhalter trug. Das Verhalten der Lehrpersonen übertrug sich meist auf die Klassenkameraden. Verdingkinder wurden auch von diesen gehänselt, oft auch, weil sie in den Stallkleidern oder sonst in schlechten Kleidern zur Schule mussten.

Integration war damals noch ein Fremdwort. Es schien unnötig, Lehrpersonen in ihrer Ausbildung darauf vorzubereiten, dass es Kinder gab, die der Norm nicht entsprachen, sei es in ihrem Äußern oder in ihrem Verhalten. Die Klassen waren groß, deshalb hatten es Kinder, die zusätzliche Hilfe gebraucht hätten, und deren Lehrer schwer. Noch 1945 gab es im Kanton Bern Klassen mit fünfzig bis siebzig Kindern.[16]

Zusammenarbeit oder nur schon Kontakt zwischen Schule und Eltern, beziehungsweise Pflegeeltern gab es kaum. Von Elternarbeit und Elternräten sprach man im Kanton Bern erst in den 1970er-Jahren. Das war in der restlichen Schweiz nicht anders. Die meisten Befragten sagten, dass die Schule sich nicht darum kümmerte, wie es ihnen zuhause ging. Trotzdem gab es Lehrpersonen, die zu helfen versuchten. Es gab solche, die einem Verdingkind die Schulreise aus dem eigenen Sack zahlten oder deswegen bei den Pflegeeltern vorstellig wurden. Oder es gab den Lehrer von Marie Bachmann, der einen von den Pflegeeltern abgerissenen Verband provokativ erneuerte.

Die Schule war entweder ein weiterer Ort der Qual oder sie war ein Ort der Erholung. Elsa Schweizer ging gern zur Schule, »weil sie sich dort akzeptiert und aufgehoben« fühlte und der »frostigen Atmosphäre von zuhause entfliehen konnte«. Hugo Hersberger erzählt, in der Schule sei er ein ganz anderer Mensch gewesen. Es war möglich, dass ein Verdingkind in seiner Schulkarriere sowohl einen Lehrer hatte, der Verdingkinder förderte, als auch einen, der sie diskriminierte. Die Schule war entweder ein positives Gegengewicht zu den Verhältnissen zuhause oder sie führte Diskriminierung und mangelnde Förderung weiter. Die wenigen Befragten, die es zuhause gut hatten, beklagten sich auch nicht über die Schule. Bei guten Leistungen war die Chance größer, dass ein Verdingkind in der Schule akzeptiert wurde. Die Sekundarschule konnten allerdings nur wenige der Befragten besuchen, auch bei guten Leistungen.

Die Dauer der Sekundarschule war kantonal unterschiedlich. Bern war der einzige große Deutschschweizer Kanton, der nach der vierten Klasse selektionierte. In fast allen andern Kantonen besuchte man die Sekundarschule erst nach der sechsten Klasse. Die Sekundarschule war im Kanton Bern wie in den andern Kantonen bereits seit Mitte des 19. Jahrhunderts eine öffentliche Schule, die aber von den entlegenen Höfen oft nur schwer erreichbar war. Zudem hätte ein Besuch der Sekundarschule Kosten und längere Abwesenheiten vom Hof zur Folge gehabt. Erst 1957 wurde im Kanton Bern gesetzlich geregelt, dass die Sekundarschule unentgeltlich sein solle.[17] Gerade nach der vierten Klasse wurden viele Kinder verdingt oder umplatziert, weil sie nun kräftig genug schienen, auf einem Hof mitzuarbeiten. Eine Diskussion über einen Sekundarschulbesuch erübrigte sich damit meistens. Die Kinder seien da »zum Arbeiten« und nicht um in die Schule zu gehen, wurde laut Joseph Baumeler moniert. Auch er als Spitzenschüler wurde mit dieser Begründung vom Besuch der Sekundarschule abgehalten.

Der Anteil der Kinder, welche die Sekundarschule besuchten, war damals noch nicht so hoch wie zu Beginn des 21. Jahrhunderts. 1950 besuchten im Kanton Bern nur fünfzehn Prozent aller schulpflichtigen Kinder eine Sekundarschule. Die meisten stammten aus Beamten- und Angestelltenfamilien oder wohlhabenden Bauern- oder Handwerkerfamilien.[18] Das waren selten die Milieus, in denen Verdingkinder lebten. Die Pflegeeltern waren nicht verpflichtet, ihre Verdingkinder schulisch zu fördern.

Dass wenige Verdingkinder die Sekundarschule besuchten und viele ein Schuljahr repetieren mussten, hatte nicht nur mit mangelnder Förderung in der Schule zu tun. Sie hatten kaum Zeit für Hausaufgaben und waren am Abend so müde, dass sie, wie Emil Weber, vor Erschöpfung über dem Buch einschliefen. Arbeitszeiten bis abends um zehn waren für Verdingkinder keine Seltenheit. Am Morgen mussten sie häufig um vier oder fünf aus dem Bett. Auch bezüglich der Aufgaben verhielten sich die Lehrpersonen unterschiedlich. Es gab solche, die ohne Rücksicht straften, wenn die Aufgaben nicht gemacht waren, und andere, die ein Auge zudrückten.

Einen Vorteil hatte die tiefe Sekundarschulquote: Für Berufslehren wurde keine Sekundarschulbildung verlangt. Das nützte zwar den Verdingkindern nicht viel. Konnten sie eine Lehre machen, geschah dies oft nicht direkt nach dem Schulaustritt. Abgesehen von wenigen Ausnahmen haben die Befragten keine höheren Schulen besucht. Elsa Schweizer war eine dieser Ausnahmen: Sie wollte Kindergärtnerin werden und hatte Glück. Die Fürsorgerin beschied zwar, sie solle *Glätterin* lernen, aber dank Unterstützung von Bekannten konnte sie sich durchsetzen und ins Seminar eintreten.

Erst seit 1930 gab es ein eidgenössisches Berufsbildungsgesetz, in dem der Besuch der Berufsschule als Bestandteil der Lehre festgelegt wurde.[19] Es kam aber trotzdem vor, dass ein Lehrmeister keinen Arbeitstag für die Schule opfern wollte. Joseph Baumeler konnte deshalb die Abschlussprüfung als Bäcker nicht machen. Gesamtschweizerisch gab es 1940 sechzig gewerbliche Berufsschulen, davon neun im Kanton Bern. Bezüglich der landwirtschaftlichen Schulen stand der Kanton Bern mit einem Anteil von fünf Berufsschulen schweizweit an erster Stelle.[20] Die vielen im Kanton Bern verdingten Kinder hätten eigentlich eine gute Auswahl von Berufslehren gehabt. Der Kanton Bern hatte zudem bereits 1897 ein Armengesetz in Kraft gesetzt, das von den Armeninspektoren verlangte, dass sie mit den Verdingkindern die Berufswünsche besprechen und sie beraten sollten. Aber wenige der Befragten konnten ihren Wunschberuf lernen oder überhaupt nach Schulschluss eine Lehre antreten. Man redete ihnen ein, sie seien nicht fähig, eine Lehre zu absolvieren. Es war für die Bauern vorteilhafter, wenn die Verdingkinder zu einem kleinen Lohn auf dem Hof blieben. Oft bekamen sie gar keinen Lohn, was damit begründet wurde, dass sie das Konfirmationskleid abverdienen müssten.[21] Dieser unsägliche Brauch wurde von vielen der Befragten erwähnt. Die Mädchen wurden überredet, ein Haushaltslehrjahr zu absolvieren und als »billige Magd« auf dem Hof zu bleiben, meint Marie Bachmann. Eine Lehre wurde ihnen verwehrt, man war der Meinung, sie würden ja doch heiraten. Was sie dann oft und zu früh taten. In den 1930er-Jahren absolvierten nur zirka zwanzig Prozent der Mädchen eines Jahrgangs eine Lehre. Das änderte sich erst nach dem Zweiten Weltkrieg.[22]

Bei den Berufskarrieren der Verdingkinder spielten Zufälle eine große Rolle. Oft halfen ihnen Leute, die den jungen Menschen wohlgesinnt waren und die merkten, dass sich niemand um sie kümmerte. Emil Weber ließ sich ohne aufzumucken nach Abschluss der Schule als Knecht anstellen, bis ihm ein Bauer, bei dem er arbeitete, eine Bauernlehre empfahl. Diese schloss er gut ab, obwohl er kein sehr guter Schüler gewesen war.

Mehrere haben es später aus eigener Kraft geschafft, beruflich weiterzukommen. Das gilt vor allem für die Männer. Roger Hostettler, der gern Grafiker geworden wäre und dem dies nicht erlaubt wurde, führte schließlich nach einigen Umwegen einen eigenen Taxibetrieb.

Joseph Baumeler, der eine Bäckerlehre machen durfte und ein ausgezeichneter Schüler gewesen war, übernahm zuerst eine Bäckerei und später zwei Hotels. Die Frauen versuchten, durch eine Heirat Distanz zu ihrer Jugend zu bekommen und so ein Zuhause zu finden. Das gelang nicht immer. Oft wurden diese frühen Ehen geschieden.

Falls es Berufskarrieren gab – und das war doch hie und da der Fall – spielten Hartnäckigkeit und Durchhaltewillen oder glückliche Zufälle eine Rolle. Oft musste das Versäumte zu einem Zeitpunkt entbehrungsreich nachgeholt werden, in der die ehemaligen Verdingkinder bereits eine Familie zu versorgen hatten.

Elsa Schweizer-Dürrenberger, 1935, Basel-Landschaft, Solothurn

»Ich bin ja ein Kind der Sünde gewesen«

Elsa Schweizer kam bereits als Kleinkind in ein Kinderheim im Baselbiet, da die Behörden der neunzehnjährigen ledigen Mutter jegliche Erziehungsfähigkeit absprachen. Immerhin konnte die Mutter ihr Kind regelmäßig sehen, weil sie im selben Kinderheim arbeitete. Mit zweieinhalb Jahren wurde Elsa Schweizer bei einer Bauernfamilie im Kanton Solothurn platziert.

Bei ihrer Ankunft auf dem Kleinbauernbetrieb wohnten neben den bereits über fünfzigjährigen Pflegeeltern von den insgesamt sieben Kindern nur noch zwei Töchter daheim. Diese – beide bereits aus der Schule – arbeiteten zuhause als Weberinnen.

Von Anfang an waren ihr die Pflegemutter und ihre Töchter schlecht gesinnt. Nach Meinung von Elsa Schweizer hing dies damit zusammen, dass die Pflegemutter, deren katholischer Glaube bigotte Züge aufwies, vor der Ehe schwanger geworden war und dann heiraten musste. Deren Abneigung galt daher in erster Linie Elsa Schweizer als »Kind der Sünde«, das heißt als uneheliches Kind. Bei jeder Gelegenheit wurde sie geschlagen. Da die Pflegemutter stets kränklich und zu schwach zum Zuschlagen war, besorgte dies die ältere der beiden Töchter mit sadistischem Vergnügen. Die jüngere Tochter schlug zwar nicht zu, bestrafte sie aber immer wieder mit giftigen Blicken. Einzig der Pflegevater – selbst ein ehemaliges Verdingkind – war lieb zu ihr, er konnte sich aber gegenüber Frau und Töchtern in keiner Weise durchsetzen.

Wie Elsa Schweizer später erfuhr, konnte ihre Mutter sie bei den Pflegeeltern zunächst noch besuchen. Da sich aber die Mutter nach jedem Besuch heftig weinend von ihr verabschiedete, ließ die Pflegemutter den Behörden ausrichten, die mütterlichen Besuche übten einen schlechten Einfluss auf das Kind aus. Fortan wurden die Besuche untersagt. Auch ihr Vater kam zu Besuch, sie durfte aber nicht erfahren, dass es ihr Vater war. Überhaupt wurden Fragen nach der Herkunft stets abgeblockt und zwar erstaunlicherweise vor allem durch den Pflegevater, dem sie eigentlich vertraute. Auf ihre Fragen antwortete er nur: »Das geht dich nichts an!« Elsa Schweizer sagt dazu: »Das ist das Schlimmste, das man einem Kind [antun kann]. Da zählen die Schläge gar nicht mehr so viel. Sondern, dass man die eigene Identität nicht haben darf.« Bis heute fühlt sie sich nirgends richtig verwurzelt. »Ich kann überall leben. [...] Ich könnte nach Australien auswandern, morgen schon, von hier weg.«

Ein Ersatz-Daheim fand sie wenigstens zeitweise bei der Familie ihrer besten Freundin im Dorf, wo sie sich sehr gut aufgehoben fühlte. Diese verbotenen Besuche hatten häufig Schläge zur Folge. Für eine zeitweilige Schonzeit sorgten Besuche verschiedener auswärts wohnender Kinder der Pflegefamilie. Zu einigen dieser Töchter – darunter auch zu ihrer Taufpatin – hatte sie eine sehr gute Beziehung.

Zum Arbeiten wurde Elsa Schweizer früh angehalten. Mit fünf Jahren strickte sie bereits ihre ersten Socken. Stets wurde sie für irgendwelche Arbeiten eingespannt. Neben Stricken musste sie Erbsen verlesen, dem Pflegevater das Essen aufs Feld bringen oder Zeitschriften verteilen, deren Vertrieb für das Dorf die Pflegemutter übernommen hatte. Bei letzterer Tätigkeit wurde ihr bald einmal eine recht große Selbständigkeit zugestanden. So besorgte sie beim Austragen der Hefte zugleich auch das Inkasso. Die Einnahmen schüttete sie in die Haushaltskasse, was ihr Gelegenheit bot, regelmäßig unbemerkt Geld für sich abzuzweigen. Damit kaufte sie vor allem Süßigkeiten für ihre Klassenkameradinnen.

Keinen Grund zur Klage boten Unterkunft und Verpflegung. Mit Essen wurde sie sogar regelrecht vollgestopft. Nach ihrer Meinung wollten die Pflegeeltern damit gegen außen zeigen, dass sie es bei ihnen gut habe.

In der Schule hatte sie keine Probleme. Sie war zwar nicht besonders fleißig, aber trotzdem gut und wurde daher von den Mitschülern bewundert. Auch zu den Lehrern – mit Ausnahme von Handarbeitslehrerin und Pfarrer – hatte sie ein gutes Verhältnis. Sie ging gerne zur Schule, da sie sich dort akzeptiert und aufgehoben fühlte und zugleich der frostigen Atmosphäre von zuhause entfliehen konnte.

Trotz der widrigen Umstände wurde die Pflegefamilie mit der Zeit so etwas wie ein Daheim für sie. Als sie etwa zwölfjährig war, heiratete die Tochter, die sie ständig geschlagen hatte, und zog aus. Dadurch verbesserte sich die Situation grundlegend. Die Pflegeeltern wunderten sich, dass Elsa Schweizer nun plötzlich umgänglich war und sich gerne zuhause aufhielt.

Nach Abschluss der Schule absolvierte sie auf einem Bauernhof in Luzern ein Haushaltslehrjahr. Dort wurde sie vom Bauern sexuell missbraucht, doch schließlich konnte sie sich diesen Übergriffen entziehen. Zur Bäuerin und den Kindern hatte sie hingegen ein gutes Verhältnis. Nach anderthalb Jahren schloss sie ihr Praktikum mit einer Prüfung ab und blieb danach noch ein halbes Jahr auf dem Hof. Während ihrem Haushaltslehrjahr wurde sie je einmal von ihrer Pflegemutter und vom Pflegevater besucht. Und während dieser Zeit war es für sie selbstverständlich, dass sie in den Ferien zu ihren Pflegeeltern ging, denn »das ist für mich das Daheim gewesen«.

Ihr Wunsch, Kindergärtnerin zu werden, wurde anfänglich von ihrer Fürsorgerin akzeptiert. Um die Zeit bis zum erforderlichen Eintrittsalter ins Seminar zu überbrücken, arbeitete sie zunächst in einem Kinderheim in Graubünden und dann bei einer Familie in Solothurn. Als der Eintritt ins Kindergärtnerinnenseminar näher rückte, hatte die Fürsorgerin ihre Meinung geändert und drängte Elsa Schweizer zu einer Ausbildung als *Glätterin*. Elsa Schweizer setzte ihren Willen jedoch durch, und dank der Unterstützung durch ihren letzten Arbeitgeber konnte sie ihre Ausbildung erfolgreich beenden.

Sie erzählt, dass sie in entscheidenden Situationen immer ihren Willen durchzusetzen vermochte, obwohl sie an Minderwertigkeitsgefühlen litt. Diese rührten aus ihrer Kinder- und Jugendzeit, die geprägt war durch Schuldzuweisungen oder Äußerungen wie: »Du bist nichts und aus dir gibts nie etwas und du hast überhaupt nichts zu wollen.« Bis heute konnte Elsa Schweizer diese Selbstzweifel nie ganz ablegen.

Eine richtige Heimat wurde ihr erst von ihrem Mann geboten. Von ihm erhielt sie auch Anerkennung und Unterstützung in ihrem Handeln. Sie entdeckte, dass sie eine intelligente Frau war, und ließ sich mit 56 Jahren noch zur Sprachheilkindergärtnerin ausbilden. Fragen nach ihrer Herkunft und dem Verbleib von Familienangehörigen klammerte sie lange aus, bis sich ihre mittlere Tochter dafür zu interessieren begann und Recherchen anstellte. Bereits nach kurzer Zeit hatte sie die vier Geschwister von Elsa Schweizer – die Mutter war bereits tot – ausfindig gemacht. Seither treffen sich diese sporadisch, beispielsweise an Geburtstagsfeiern.

Heute lebt Elsa Schweizer zusammen mit ihrem Mann in einem Einfamilienhaus im Wallis.

Edwin Pfaffen

Emil Weber*, 1934, Bern

»Meine Mutter hat sich nicht getraut, mit dem Lehrer zu sprechen«

Emil Weber litt zwischen elf und sechzehn Jahren sowohl unter einem psychisch angeschlagenen Bauern, bei dem er verdingt war, als auch unter einem Lehrer, der ihn beschimpfte und schlug. Die Anfälle des Bauern lösten massive Ängste in ihm aus. Was ihn aber auch unglücklich machte, war das Verhalten seiner Eltern: die Trägheit seines Vaters und das Unverständnis seiner Mutter für seine Situation. Als ungerecht empfindet er auch, dass er die zweite Klasse wiederholen musste und dass ihm deshalb der Besuch der neunten Klasse nicht erlaubt wurde. Er hatte niemanden, der ihm half. Das galt auch für die Sekte, in der seine Mutter Mitglied war. »Ich bin einfach nie jemand gewesen«, meint er und glaubt, dass seine Erlebnisse in der Kindheit starke Probleme in seinem Erwachsenenleben bewirkten.

Emil Weber wurde auf einem Bauerndorf im Bernbiet geboren und war das vierte von acht Kindern. Sein Vater war dreißig Jahre älter als seine Mutter, kränklich und nach Ansicht von Emil Weber untüchtig. Er stammte aus einem Großbauernbetrieb, schaffte es aber nicht, seinen viel kleineren Betrieb mit Erfolg zu führen. Der Vater vergab die Kinder wahrscheinlich auf einem Markt an Bauern, wenn sie ein bestimmtes Alter erreicht hatten. Er war sich keiner Schuld bewusst und sagte den Nachbarn, es sei alles in Ordnung. Emil Weber kann sich an Besuche eines Vormunds beim zweiten Bauern erinnern, der sogar sein Zimmer anschaute, aber nicht mit ihm sprach.

Emil Weber kam zuerst mit ungefähr acht Jahren zu einem Bauern im Dorf, wo auch seine Familie lebte. Über diese zwei oder drei Jahre beklagt er sich nicht. Die Leute seien gut zu ihm gewesen und das Essen ebenfalls. Trotzdem ist er der Meinung, man habe ihn dort als

Knecht gebraucht. Er wurde nicht geschlagen und auch in der Schule ging es gut. Leider hatte dieser Bauer ein außereheliches Verhältnis und daraus ein uneheliches Kind. Als dies publik wurde, kam Emil Weber zurück nach Hause, wo er mehrere Monate blieb. Dann kam er wieder zu einem Bauern in der Nähe seines Elternhauses. Er war nun wahrscheinlich elf Jahre alt und in der vierten Klasse, weil er repetiert hatte. Die Nähe zum Elternhaus war aber ein Nachteil: Die Mutter holte ihn häufig, um bei ihr schwere Arbeiten zu verrichten. Sie hatte zu diesem Zeitpunkt das Bauerngut bereits übernommen, da der Vater wohl nicht mehr arbeitsfähig war. Wenn er sich über seinen neuen Ort bei ihr beklagte, erreichte er nichts, und er hat deswegen abends oft geweint.

Das Leben beim zweiten Bauern war unerträglich und löste massive Ängste bei ihm aus. »Das ist ein wahres Verbrechen [...], wenn man ein Kind zu einem kranken Mann tut [...] und nur Vorteile sieht für sich [...]. Auch die Gemeinde war nur daran interessiert, dass das Kind weg ist, ab der Kost und so«, urteilt er heute. Der Bauer war psychisch krank, rastete oft aus und wusste dann nicht mehr, was er tat. »Wenn man ihn in diesem Zustand sah [...], da wusste man nicht, ob man noch lebt oder nicht. Ja, er wusste nicht mehr, wohin er fuchtelt«, meint Emil Weber.

Bei solchen Anfällen kam manchmal sogar die Polizei, weil der Arzt den Bauern allein nicht beruhigen konnte, um ihn dann in die Klinik einzuweisen. Einmal traf er Emil Weber mit einem Hammer am Kopf. Heute glaubt er, der Bauer habe ihn nicht mit Absicht geschlagen, sondern nur, weil er seine Anfälle hatte. Dort wurde er – wie andere Verdingkinder auch – nur »Bub« genannt.

Das Essen war in Ordnung, aber knapp. Er bekam die alten ausgetragenen Kleider der erwachsenen Söhne, und als er wegging, musste er diese zurückgeben. »Und da hatte ich den Koffer ziemlich voller Kleider, alles Winter- und Sommerzeug. Und nachher, als ich weg bin, wurde das alles geleert. Ich bin quasi nackt weg von dort.« Er hatte kaum Zeit, um Aufgaben zu machen, und wenn, dann schlief er abends über dem Buch ein.

Das Bauernhaus stand direkt neben der Schule, doch es kam immer wieder vor, dass Emil Weber zu spät kam, weil er im Stall nicht fertig wurde. Dafür hatte sein Lehrer kein Verständnis und beschimpfte ihn jedes Mal. Er schlug vor allem die Verdingkinder, aber auf ihn hatte er es speziell abgesehen, ihn schlug er am meisten. Er wurde geohrfeigt und bekam Schläge mit dem Lineal auf die Finger. Emil Weber hatte Angst vor ihm. Der Lehrer lachte ihn aus, wenn er etwas nicht konnte, oder er musste bei der Türe stehen, wenn er zu spät kam. Dabei kannte der Lehrer die Verhältnisse bei ihm zuhause. Emil Weber bat seine Mutter um Hilfe; sie solle mit dem Lehrer sprechen. »Aber sie hat sich eben auch nicht getraut.« Die Verdingkinder wurden auch von den andern Kindern gequält und tyrannisiert, und Emil Weber konnte sich nicht gut wehren. Er hatte keine Zeit, um Kontakte zu andern Kindern zu pflegen, und hatte deshalb auch keine Freunde.

Die Mutter bestimmte über seine religiöse Erziehung, und er musste am Sonntag die Veranstaltungen der Sekte besuchen. In diese war sie eingetreten, nachdem sie der Pfarrer im Dorf enttäuscht hatte: Sie hatte ihn vergebens um Hilfe gebeten, als sie allein mit den Kindern war. Sie ließ die Kinder auch nicht konfirmieren. Aber auch die Leute aus der Sekte halfen ihm nicht; man empfahl ihm, durchzuhalten. Emil Weber ist später aus dieser Gemeinschaft ausgetreten. Offenbar kursierte das Gerücht, dass seine Familie reich sei und dies verstecke. Das hatte wahrscheinlich damit zu tun, dass sein Vater der Sohn eines Großbauern war.

Nach dem Schulaustritt kam er als Knecht zu einem weiteren Bauern und erhielt einen kleinen Lohn. Er blieb dort vier Jahre und hatte Glück: Der alte Bauer war ihm gut gesinnt und empfahl ihm, die zwei Bauernlehrjahre zu machen. Er schloss diese ab und arbeitete dann als Meisterknecht und Melker, bekam aber Probleme mit einem Arm. Er hätte gern Käser gelernt, fand aber keine Lehrstelle. Sehr getroffen hat ihn, dass er nicht in die Rekrutenschule aufgenommen wurde. Er führt dies auf seinen lädierten Arm und seine Schüchternheit zurück. Er war wenig schlagfertig und konnte nicht gut formulieren. Er hoffte, die Mutter würde ihm das Bauerngut übergeben, und arbeitete auch eine Weile zuhause. Das tat sie aber nicht. Darauf meldete er sich bei der Post und bestand die Lehre ohne Probleme.

Emil Weber arbeitete bis zu seiner Pensionierung als Briefträger. Er lebt heute mit seiner Frau im Kanton Bern.

Liselotte Lüscher

Josef Anderhalden, 1932, Obwalden, Solothurn, St. Gallen, Luzern

»In der Schule haben sie mich immer ganz allein zuhinterst hingetan«

Josef Anderhaldens Lebensweg war von Geburt an vorbelastet: Er war ein uneheliches Kind. Sein Vater anerkannte ihn zwar, er trug auch dessen Namen, aber dieser Vater saß wegen Mordes mehrere Jahre im Gefängnis. Die Mutter kümmerte sich überhaupt nicht um ihn und heiratete später einen anderen Mann. Warum er nach Aufenthalten bei zwei Bauern in ein Erziehungsheim kam, ist ihm auch heute noch nicht klar. In der dörflichen Umgebung wussten alle, wer er war, und er blieb dadurch ein Ausgestoßener. Ungünstig für ihn war auch die eng verstandene katholische Moral. Heute empfindet er seine Jugend als belastend und macht auch der zuständigen Vormundschaft Vorwürfe.

Josef Anderhalden wurde als uneheliches Kind einer Magd in Nidwalden geboren, wurde aber bald nach Obwalden verschoben. Zuständig für ihn war und blieb seine Heimatgemeinde im Kanton Obwalden. Er kam im Alter von drei Monaten zu einer älteren Frau, die sich ihren Lebensunterhalt damit verdiente, dass sie drei bis vier Verdingkinder betreute. Josef Anderhalden hat die Frau in positiver Erinnerung. Sie schlug ihn nicht, hingegen schlug ihn eine ihrer Töchter. Dort ging es ihm auch in der Schule gut. Er erinnert sich daran, dass er der Frau hie und da ein 20-Rappenstück entwendete, um sich beim Bäcker einen *Schnägg* zu kaufen. Dass er dafür bestraft worden wäre, daran erinnert er sich nicht.

Sein Vater wurde nach der Freilassung psychiatrisch betreut und mehrmals *versorgt*. Das Tötungsdelikt war im Alkoholrausch und wahrscheinlich unabsichtlich geschehen. Er hatte dauernd Auseinandersetzungen mit den Behörden. Als er in einer psychiatrischen Anstalt war, besuchte ihn Josef Anderhalden als Kind einmal und hatte Angst vor ihm. Später tauchte der Vater manchmal kurz auf und schlug ihn. Das war die Erziehungsmethode seines Vaters. Ein einziges Mal setzte sich der Vater für ihn ein, aber eine Beziehung entstand keine. Noch weniger zur Mutter, die ihn nur einmal besuchte, als er ein Kind war, und die er später einmal zufällig getroffen hat.

Nach den acht Jahren bei der älteren Frau kam er zu einem Kleinbauern im selben Kanton. Dieser war Kranzschwinger und ein richtiger Schläger. Josef Anderhalden arbeitete vom Morgen bis zum Abend, vor und nach der Schule wie ein Knecht. Er hatte immer zu wenig zu essen. Die Erwachsenen bekamen Käse zu den gekochten Kartoffeln; er erhielt nur zwei Kartoffeln. Ihm ist auch nicht klar, warum ihn der Bauer am Sonntag entweder in sein Zimmer oder in den Schweinestall einsperrte. Die Schläge waren oft so stark, dass er kaum mehr gehen konnte, und hingen mehr von der Laune des Bauern ab, als davon, was er falsch gemacht hatte.

Josef Anderhalden besuchte eine Schule, in der Klosterfrauen unterrichteten. Diese unterstützten den Bauern offensichtlich in seinem Tun. Josef Anderhalden nimmt an, dass man ihm mit den Schlägen den Teufel austreiben wollte. Der ausgeprägte Katholizismus in dieser Gegend spielte seiner Ansicht nach bei seiner Behandlung eine Rolle. Man hatte ihn abgeschrieben, da er der Sohn eines verurteilten Mörders war. Wegen des Delikts seines Vaters wurde er immer wieder »Mördersohn« genannt, und man verweigerte ihm beispielsweise die Erstkommunion. In der Schule musste er allein zuhinterst sitzen, »so quasi als Mahnmal«. Er hat sich dann so auffällig benommen, dass man ihn in eine andere Schule versetzte. Dort gab es für kurze Zeit eine Klosterfrau, die sich für ihn einsetzte und ihn in Schutz nahm.

Die Zustände beim Bauern wurden allmählich bekannt. »Die hätten ja nichts gemacht […], die Leute von der Gemeinde. […] Die haben sich nicht darum gekümmert. Die waren froh, dass der an irgendeinem Ort war. Obwohl die genau wussten, was da geht«, erzählt er.

Zuerst informierte eine Haushalthilfe die Gemeinde, wie man ihn auf dem Hof behandle. Schließlich prophezeite ein Nachbar den Gemeindebehörden, dass der Knabe dort oben umgebracht werde, wenn niemand etwas unternehme. Danach musste Josef Anderhalden weitere Prügel seinem Vormund melden und tat dies auch.

Von einem Tag auf den anderen kam er weg, wieder zu einem Bauern, über den er sich nicht beklagt. Er blieb dort nur ein Jahr und kam, aus undurchschaubaren Gründen – er meint, weil er in der Schule Probleme hatte – für drei Monate in ein Durchgangsheim in Solothurn und von dort in ein Knabenheim in St. Gallen. Er nimmt an, dass er nach dem Aufenthalt beim Bauern und Schläger völlig verwildert gewesen sei. »Je mehr er mich da zusammengeschlagen […] hat, desto bockiger wurde ich.«

Aus dem Knabenheim flüchtete er nach etwa fünf Monaten. Er hatte die Telefonkasse mitgenommen, weil er zehn Franken für ein *Billett* brauchte. Er fuhr zurück zu dem Bauern, bei dem er vorher gewesen war. Dort blieb er bis Weihnachten, dann wurde er in ein Erziehungsheim im Kanton Luzern gebracht. Das war ein Schock für ihn, und er bekam Gedächtnis- und Konzentrationsprobleme. Er war vorher ein recht guter Schüler, doch nun konnte er sich nichts mehr merken und war auch im Rechnen nicht mehr gut. Das machte ihm noch in der Gewerbeschule Probleme und besserte sich erst, als er erwachsen war.

Ein Grund für seine Einweisung ins Erziehungsheim könnte sein, dass er in der Schule auf einen Lehrer losschlug, der ihn wegen eines Streichs in eine Arrestzelle gesteckt hatte. Als treibende Kräfte bei seinen Einweisungen sieht er einen Pfarrhelfer und einen Lehrer. Den Aufenthalt im Erziehungsheim bewertet er sowohl positiv als auch negativ. Er fühlte sich gezeichnet und minderwertig, weil er im Erziehungsheim gewesen war. Gut war, dass er dort eine Lehre als Schlosser machen konnte: Das war sein Wunschberuf. Auch in der Lehre war Josef Anderhalden widerspenstig, aber es ging irgendwie. Freundschaften hat er auch hier keine geknüpft. Als Erwachsener hatte er eine Zeit lang Alkoholprobleme, denn nach ein paar Bier verlor er seine Redehemmungen; deshalb trank er hie und da zu viel. Er denkt heute, dass ihm die Jugend gestohlen wurde, »die wichtigsten Jahre, die Entwicklungsjahre, die sind einem [...] weggekommen«.

Es gab später auch hie und da Leute, die ihm halfen. Beruflich kam er weiter und lernte berufsbegleitend Heizungsmonteur. Doch wegen Rückenproblemen, die er auf die harten Schläge des ersten Bauern zurückführt, konnte er nicht mehr auf seinem Beruf arbeiten. Er fand dann eine Stelle als Anlageführer in einer Lebensmittelfabrik und blieb dort bis zu seiner Pensionierung. Heute lebt er mit seiner Frau in einem eigenen Haus im Kanton Freiburg.

Liselotte Lüscher

Joseph Baumeler, 1923, Luzern

»Mein Patron hat gesagt, ich sei da zum Arbeiten, nicht um in die Schule zu gehen«

Joseph Baumeler wuchs in einer Familie mit vierzehn Kindern im Kanton Luzern auf. Der Vater war Kleinbauer und verdiente durch Hilfsarbeiten noch etwas dazu. Der abgelegene Bauernbetrieb umfasste drei bis vier Hektaren schlechten, weil sauren Boden. Im Stall standen vier Kühe, zwei Rinder und zwei Ziegen, dazu kamen fünfzig Hühner. Neben der Viehhaltung wurden auch Kartoffeln angebaut. Um Pferde für die Ackerarbeiten zu erhalten, half der Vater dem Nachbarn beim Mähen und Heuen.

Verheerend für den Kleinbetrieb war die Maikäferplage von 1929, die zu massiven Ernteausfällen führte. Der Vater von Joseph Baumeler musste Vieh verkaufen und zudem Heu auf Kredit dazukaufen. Da der Kredit mit Bargeld nicht abbezahlt werden konnte, wurde der achtjährige Joseph Baumeler dem Kreditgeber – einem Großbauern – als Verdingkind übergeben, um die Schulden durch Arbeit zu tilgen.

Der Bauernbetrieb mit Viehwirtschaft und Ackerbau lag auf der anderen Seite des Dorfes, in dem sich Joseph Baumelers Elternhof befand. Geführt wurde der Hof von drei ledigen Brüdern sowie einer Schwester, die den Haushalt besorgte. Einer der Brüder hatte die Betriebsleitung inne und amtete zugleich als Joseph Baumelers Pflegevater. Auf dem Gehöft waren während des ganzen Jahres mehrere Knechte angestellt; Mägde hingegen wurden nur in der Erntezeit beschäftigt. Die Brüder waren die ersten in der Gemeinde, die einen Traktor kauften.

Joseph Baumeler wurde gut versorgt. Er erhielt mehr zu essen als zuvor bei seinen Eltern, wurde mit Kleidern versehen und schlief zusammen mit einem der drei Brüder in einem Zimmer. Allerdings musste er hart arbeiten. Neben der Feldarbeit half er morgens vor der Schule und abends im Stall und reinigte an den schulfreien Donnerstagnachmittagen jeweils die Schweineställe. Im Herbst schälte er zudem abends Äpfel, aus denen Dörrobst gemacht wurde.

Der Umgang auf dem Gehöft war rau, doch waren auch die Meistersleute sich selbst gegenüber streng. Wie alle anderen trugen auch sie fast das ganze Jahr über nur *Länderböde*. Joseph Baumeler wurde von seinem Pflegevater nie geschlagen, von den Knechten aber schon. Bis heute kann er sich deren ablehnendes Verhalten nicht recht erklären; vielleicht hatte es damit zu tun, dass er beim Pflegevater besser angesehen war als sie.

In der Schule gehörte Joseph Baumeler zu den Besten, obwohl er keine Zeit für Hausaufgaben hatte. Mit den Knaben seiner Klasse kam er gut aus. Von den Mädchen dagegen wurde er immer wieder wegen seines Stallgeruchs gehänselt. Im Gegensatz zu seinen Mitschülern musste er bereits vor Schulbeginn in den Stall und hatte keine Zeit, die Kleider zu wechseln. Den wahren Grund der Hänseleien vermutet er jedoch eher darin, dass die Mädchen auf seine Schulleistungen eifersüchtig waren.

Die Lehrer waren ihm gut gesinnt und versuchten, ihn zu fördern. Ab der vierten Klasse erhielt er Zusatzaufgaben. Besonders stark war er im Rechnen. Sein Wunsch, später Physik und Astronomie zu studieren, sollte jedoch nie in Erfüllung gehen. Als ein Lehrer sich beim Pflegevater für seinen Eintritt in die Sekundarschule einsetzte, hatte dieser absolut kein Verständnis dafür und sagte, ich sei da zum Arbeiten; ich sei nicht da, um in die Schule zu gehen. Und wenn er mich unbedingt in der Sekundarschule wolle, müsse er mich mitnehmen und mir zu essen geben. Rückblickend findet Joseph Baumeler die vorenthaltene Sekundarschule sowie das entgangene Studium nicht allzu schlimm; er habe es auch ohne Studium zu einem Vermögen gebracht.

Nach dem Ende der obligatorischen Schulzeit musste er noch ein halbes Jahr auf dem Gehöft weiterarbeiten, bis die Heuschulden des

Vaters abbezahlt waren. Anschließend begann er eine Bäckerlehre bei einer Schwester seines Pflegevaters. Ein Nachteil war, dass er die Gewerbeschule nicht besuchen durfte. Sein Meister war nicht bereit, einen Arbeitstag für die Schule zu opfern. So beendete er seine Lehre ohne Abschlussprüfung. Allerdings holte er die Prüfung nach, als er in einen Betrieb im Kanton Schwyz kam. Sein dortiger Chef war Präsident des Kantonalen Bäckerverbandes und unterrichtete ihn an den Sonntagnachmittagen in Theorie. Die Prüfung bestand er ohne Probleme.

Anschließend folgten fünf bis sechs verschiedene Aushilfsstellen. Da inzwischen der Zweite Weltkrieg ausgebrochen war, waren fast nur noch Drei-Monats-Stellen als Ablösung für militärdienstleistende Bäcker zu finden. Auf diese Weise kam er 1941 ins Wallis. Nach Ablauf der drei Monate stellte ihn der Chef fest an, und er blieb schließlich acht Jahre. Als er heiraten und eine Bäckerei übernehmen wollte, überredete ihn sein Chef, seine Bäckerei zu pachten. Zusammen mit seiner Frau führte er nun die Bäckerei, und nach zehn Jahren kaufte er den Betrieb mit dem angegliederten Café-Restaurant. Er ließ das Gebäude abreißen und baute ein neues Hotel inklusive Bäckerei. Später kam noch ein Hotel hinzu, sodass er und seine Frau – sie hatten inzwischen zwei Kinder – schließlich drei Betriebe besaßen.

Ein schwerer Schicksalsschlag traf ihn und seine Frau 1977, als ihre Tochter an Krebs starb. Ein Hotel wurde dem Sohn übergeben, der andere Betrieb wurde vermietet. Joseph Baumeler und seine Frau zogen sich zurück; er besorgte nur die Gärten und lieferte Gemüse an die beiden Hotels.

Seit dem Tod seiner Frau im März 2005 lebt Josef Baumeler allein in einer eigenen Blockwohnung im Wallis. Immer noch arbeitet er im eigenen Garten und hilft manchmal dem Nachbarn in den Weinbergen, beim Bäumeschneiden oder bei der Aprikosenernte.

Edwin Pfaffen

Marie Bachmann-Pauli, 1930, Bern

»Ich musste den ganzen Winter mit denselben Kleidern in die Schule gehen«

Marie Bachmann wurde in einem kleineren Bauerndorf im Kanton Bern, am Rande des Seelands, geboren. Die Familie war kinderreich. Der Vater – er hatte Müller gelernt, arbeitete aber als Fotograf – hatte neun Kinder aus erster Ehe. Die drei Mädchen starben als Jugendliche an Tuberkulose, an der auch der Vater erkrankt war. Marie Bachmann stammte wie drei Brüder und eine Schwester aus zweiter Ehe. Ihre Mutter war 26 Jahre jünger als der Vater. Sie scheint darunter gelitten zu haben, dass die Kinder wegen der Erkrankung des Vaters verdingt werden mussten. Der Vater starb, als Marie Bachmann 28 Jahre alt war, und sie erzählt, dass sie ihn eigentlich nur krank gekannt habe.

Mehrere Geschwister waren verdingt. Eine Schwester hatte es sehr gut getroffen, sie wurde behandelt wie ein eigenes Kind. Ein »Traumplätzchen« hatte sie, sagt Marie Bachmann. Sie trug immer schöne Kleider und bekam oft etwas Neues. Marie Bachmann hatte das Gefühl, ihre Schwester glaube deshalb, »sie sei etwas Besseres als ich«. Ein älterer Bruder war in einem Dorf verdingt, das ziemlich weit weg lag.

Marie Bachmann wurde bei zwei Bauern im Wohnort ihrer Familie verdingt. Das hatte den Vorteil, dass sie, im Gegensatz zu andern Verdingkindern, den Kontakt zu ihrer Familie nie ganz verlor. Am Sonntagnachmittag und zwischen Weihnachten und Neujahr durfte sie nach Hause. Sie bezeichnet ihre Besuche bei den Eltern als ihr einziges Vergnügen. Ihre Eltern haben sich auch mehrmals für sie eingesetzt, aber nicht immer mit Erfolg.

Marie Bachmann kam im Frühling 1941, mit elf Jahren, auf einen mittleren Bauernbetrieb. Es gab dort keine Angestellten, sondern zwei Brüder. Der eine war verheiratet und Meister auf dem Hof, und auch der Vater der beiden Brüder lebte dort. Bei diesen Bauersleuten war sie nur ein halbes Jahr. Sie wurde wegen jeder Kleinigkeit geschlagen und getreten. Die Pflegeeltern waren noch jung, aber unbeherrscht und jähzornig. Sie rissen sie an den Haaren und an den Ohren und traten sie in den Hintern. Der Bauer warf einmal mit einer Garbe nach ihr. Der Bruder des Meisters setzte sich für sie ein, etwa als sie, weil sie heimlich genascht hatte, auf Befehl der Meistersfrau das ganze Glas Konfitüre hätte leer essen sollen. Er sagte zur Schwägerin, er werfe ihr das Glas an den Kopf, wenn sie damit nicht verschwinde. Auch den Vater der beiden Brüder hat sie in guter Erinnerung. Aber die Pflegeeltern gingen hart mit ihr um. Als sie einmal während Tagen Fieber hatte und in der Käserei ohnmächtig wurde, hieß es, sie simuliere, das sei Theater. Ein anderes Mal wurde sie von der Pflegemutter beschimpft anstatt getröstet, als sie am Abend im Bett weinte, weil sie sich die Hand verbrannt hatte.

Sie hatte dort zwar ein Zimmer für sich, aber das war im Sommer voller Wespen. Ihrer Ansicht nach kam der harte Umgang von der Meistersfrau, und ihr Mann ließ sich von ihr beeinflussen. Marie Bachmann beklagte sich bei ihrer Mutter, die sie darauf über den Winter zuhause behielt. An einen Vormund kann sie sich weder am ersten noch am zweiten Platz erinnern. Auf jeden Fall schaltete sich niemand von der Gemeinde ein, als sie den ersten Pflegeplatz verließ und zuhause blieb.

Im Frühling 1942 musste sie wieder von zuhause fort. Auf wessen Geheiß, weiß sie nicht. Sie kam zu einem Großbauern, der im Dorf Gemeinderat war. Hier blieb sie, obwohl sie unglücklich war. Es war ein großes Bauerngut, auf dem ein Melker, ein Karrer und ein geistig behinderter Knecht arbeiteten. Sie wurde zwar nie geschlagen, aber vom fünf Jahre jüngeren Sohn der Familie und vor allem von der Meistersfrau in besonderer Weise gequält: Diese nahm ihr alles weg, was sie bekam oder selbst erarbeitet hatte. Das tat »[mir] so weh, dass sie mir alles wegnahm«. Die Meistersfrau nahm ihr zum Beispiel das

Geld weg, das sie von Soldaten für den Abwasch bekommen hatte. Auch einen Schirm, den sie von ihrem älteren Bruder geschenkt bekommen hatte, nahm sie ihr weg und die Jacke, die sie in der Schule gestrickt hatte, obwohl Marie Bachmanns Mutter die Wolle bezahlt hatte. Wenn ihr die Mutter zu Weihnachten »ein schönes Hemdchen kaufte oder sonst irgendetwas, das war jeweils sofort weg«. Die Pflegeeltern ließen die Mutter auch die Auslagen für die Schule berappen, obwohl sie wussten, wie arm die Familie war. Marie Bachmann empfand dieses Verhalten der Meistersfrau als Demütigung. Sie hat heute nicht das geringste Mitleid mit dieser Frau, die noch lebt und nun von ihrer Schwiegertochter ziemlich hart behandelt wird.

Alles, was man ihr kaufte – und das war wenig – musste billig sein. Während der ganzen Zeit bei jener Familie erhielt sie nur zwei Paar Schuhe. Im Schneematsch löste sich bei einem Paar die Sohle ab, weil sie nicht aus Leder, sondern aus Karton war. Sie stand damals kurz vor der Konfirmation, und ihr Pate hatte ihr zu diesem Anlass zwanzig Franken geschickt. Dieses Geld musste sie opfern, um die Schuhe flicken zu lassen. Das Konfirmationskleid wurde von einer Schneiderin genäht, weil das billiger war. Es war ihr zu eng und sie konnte es nach der Konfirmation nicht mehr tragen. Während drei Jahren ging sie im Winter immer in den gleichen Kleidern zur Schule. »Ich hatte den ganzen Winter nie etwas zum Anziehen, also zum Wechseln«. Als sie keine Schuhe hatte, um mit der Schule in den Zirkus zu gehen, schenkte ihr eine Klassenkameradin ein Paar. Das akzeptierte die Meistersfrau nicht, und Marie Bachmann musste die Schuhe zurückgeben. Zu wehren wagte sie sich nicht.

Krank oder arbeitsunfähig durfte sie nicht sein. Als sie sich wegen massiver Rückenprobleme nicht mehr bewegen konnte, ließ sie die Meistersfrau den ganzen Tag ohne Essen und Trinken im Zimmer liegen. »Da hat sie die Tür zugeschlagen und gesagt, wenn man am meisten zu tun hat, bleibt sie im Bett [...]. Wenn du etwas willst, musst du aufstehen«, erinnert sich Marie Bachmann. Die Pflegefamilie erlaubte der Mutter nicht, wegen der Rückenprobleme mit der Tochter zu einer kostenlosen Konsultation in ein Spital zu gehen. Als die Mutter mit ihr wegen einer Augenentzündung zum Arzt wollte, erlaubten sie es ebenfalls nicht. Die Meistersfrau beschimpfte sie, als der Meister sie mit Kopfweh vom Feld nach Hause schickte, damit sie eine Tablette nehmen konnte. Verbände, die ihr der Lehrer angelegt hatte, weil sie sich im Turnen die Hände aufgeschürft hatte, musste sie abnehmen. Es hieß: »… So kannst du doch nicht arbeiten. Nimm das Zeug weg.« Für Marie Bachmann galt: »Arbeiten, arbeiten, arbeiten und nichts vom Leben haben.«

Einmal schaltete sich der Vater ein, und dies mit einem gewissen Erfolg. Sie war vom Lehrer heimgeschickt worden, weil ihre Schuhe vom Mähen nass und verdreckt waren. Sie ging zu ihren leiblichen Eltern und bewirkte, dass sich der Vater sowohl beim Lehrer wie auch bei der Pflegefamilie beschwerte. Das brachte eine gewisse Besserung, vor allem beim Frühstück. Es war vorgekommen, dass sie, nachdem sie um fünf aufgestanden und in die Käserei gegangen war, vor der Schule kein Frühstück mehr bekommen hatte, weil der geistig behinderte Knecht alles aufgegessen hatte.

In der Schule ging es ihr recht gut. Schon in der dritten Klasse schrieb sie fehlerfreie Diktate, und auch Rechnen machte ihr keine Probleme. Im Handarbeitsunterricht war sie den andern meistens voraus. Die Aufgaben machte sie abends im Bett in ihrer ungeheizten und schlecht beleuchteten Kammer. Sie hatte zwei Lehrer, die sich ihr gegenüber unterschiedlich verhielten. Der erste Lehrer, der sie von der fünften bis zur siebten Klasse unterrichtete, kümmerte sich besonders um die Verdingkinder und auch um sie. Es tat ihr gut, wenn er sie auf der Schulreise an die Hand nahm, wenn sie müde war. Er schaute, »dass die Verdingkinder auch jemand waren«. Er war es auch gewesen, der ihr die aufgeschürften Hände ein zweites Mal verband, und der reklamierte, weil man ihr den Verband abgenommen hatte. Der nächste Lehrer war das pure Gegenteil. Ihrer Ansicht nach ließ er sie im Turnen absichtlich rennen, weil man sah, dass sie keinen Büstenhalter trug. Er lachte sie zusammen mit den Buben aus, wenn sie beim Laufen im Wald ins Keuchen kam.

Obwohl der Bauernhof Nachbarn hatte, durfte sie am Abend nie mit den gleichaltrigen Kindern spielen. Sie stand oft am Fenster und weinte, wenn sie sah, wie die andern Ball spielten. Sie erzählt auch, man hätte ihr eine Freundschaft mit einem anderen Mädchen nicht erlaubt.

Trotz der guten Schulleistungen durfte sie nichts lernen. Die Pflegemutter überredete sie, bei ihr ein Haushaltslehrjahr zu machen, bei dem sie dreißig Franken im Monat verdiente und damit eine billige Magd war. Zudem arbeitete sie drei Monate ohne Lohn, »um die Kleider abzuverdienen, die ich nicht gehabt hatte«. Eigentlich wäre sie gern Köchin oder Schneiderin geworden. Darin unterstützte sie niemand, und es war auch kein Geld für eine Lehre vorhanden. Die Ausbildung im Haushaltslehrjahr war minimal. Erst am Tag vor der Abschlussprüfung zeigte ihr die Meistersfrau, wie man ein Herrenhemd bügelt. Trotzdem hatte sie im Bügeln eine Bestnote und bestand die Prüfung.

Danach ging sie für ein Jahr ins *Welschland*, um Französisch zu lernen. Zurück in der Deutschschweiz, arbeitete sie an zwei Orten als Dienstmädchen. »Ich bin dann von Stelle zu Stelle gerutscht, zweimal zwei Jahre in einer Bäckerei, zweimal zwei Jahre in einer Molkerei«. Auch an diesen Stellen sei sie immer nur der *Tschumpel* gewesen. Die Minderwertigkeitsgefühle begleiteten sie ein Leben lang: »Man bekommt einfach so ein Minderwertigkeitsgefühl, da kann man sich nicht wehren dagegen. Das ist einfach da.«

Bald ging ein lang gehegter Wunsch für sie in Erfüllung: Sie heiratete und bekam Kinder. Ihre erste Ehe war nicht besonders glücklich. Aber sie harrte aus, bis ihre beiden Buben aus der Schule waren. Beide Söhne lernten einen Beruf. Ihr erster Mann starb, als sie 41 Jahre alt war. Sie ist heute wieder verheiratet und lebt im Berner Oberland.

Liselotte Lüscher

Gesetzliche Entwicklung des Pflegekinderwesens

Mirjam Häsler

Aus der Familie gerissen, als Arbeitskraft missbraucht, geschlagen, hungrig und überfordert – viele ehemalige Verdingkinder erzählen von einer Kindheit, deren Erlebnisse sie als Erwachsene noch lange belasten: Alice Alder wurde an ihrem Pflegeplatz geschlagen und misshandelt. Sie vermutet, dass die Nachbarschaft die katastrophalen Zustände kannte, »aber niemand getraute sich, etwas zu sagen«. Eine benachbarte Bauersfrau hatte Mitleid und reichte ihr jeweils ein Stück *Wähe*, das sie vor Hunger eilig hinunterschlang.

Die Pflegefamilie von Katharina Klodel hatte einen guten Ruf im Dorf, nach außen wirkte alles perfekt. Hinter dieser Fassade verbarg sich jedoch eine traurige Wirklichkeit: Katharina Klodel wurde geschlagen und musste viel arbeiten. Auch Margaretha Hirzel wurde an ihrem Pflegeort geschlagen und missbraucht, nicht einmal die eigene Mutter, die um die Nöte ihrer Tochter wusste, kam ihr zu Hilfe. Die Familie von Doris Gasser wurde auseinandergerissen, »weil wir Kinder eines Mannes waren, welcher der Familie nicht genehm war«. Über Jahre hinweg musste sie von ihren eigenen Großeltern hören, sie sei ein »Bastard«. Von Ernst Fluri wurde erwartet, dass er die gleiche Leistung wie der erwachsene Knecht erbringt. Die Folgen dieser körperlichen und psychischen Überforderung spürt er heute noch: ein krumm zusammengewachsenes Bein und Albträume, die ihn noch lange Zeit nach seiner Verdingung plagten.

Die meisten Verdingkinder hatten eher den Status von Knechten und Mägden als von Kindern, die zu betreuen waren. Sie erhielten Kost und Logis und stellten dafür ihre Arbeitskraft zur Verfügung. Dieses System der Verkostgeldung hatte sich in der zweiten Hälfte des

18. Jahrhunderts vor allem in ländlichen Gebieten entwickelt, wo es – im Gegensatz zu den Städten – kaum Waisenhäuser gab. Elternlose oder verlassene Kinder, die nicht bei Verwandten aufwachsen konnten, mussten von der Gemeinde unterstützt werden. Manche Gemeinde entlastete sich finanziell, indem sie solche Kinder aufnahmewilligen Familien als Arbeitskräfte anbot und ihnen ein Kostgeld zahlte. Wer der Gemeinde das preisgünstigste Angebot machte, erhielt oft den Zuschlag. Deswegen war dabei auch von »Mindersteigerung« die Rede. Die betroffenen Kinder wurden so zum Objekt eines Handels, zu einer Ware degradiert. Diese Praxis wurde bereits im frühen 19. Jahrhundert kritisiert, etwa vom Pfarrer Albert Bitzius alias Jeremias Gotthelf.[1]

Wie konnte es so weit kommen, dass diese Menschen solche Schicksale erdulden mussten? Gab es keine Handhabung zum Schutz der Kinder? Dieser Beitrag wirft ein Schlaglicht auf die gesetzliche Entwicklung des Pflegekinderwesens in der Schweiz. Die reine Existenz von Gesetzen zum Schutz fremdplatzierter Kinder ist jedoch nur die eine Seite der Medaille. Auf der Kehrseite steht die praktische Umsetzung der Gesetzestexte im Alltag. Leider zeigt sich diese Seite der Medaille auch heute noch immer nicht im besten Licht.

Das Pflegekinderwesen – ein rechtliches Vakuum

Die Aufnahme von Pflegekindern ist gesamtschweizerisch erst seit 1978 durch die Pflegekinder-Verordnung PAVO[2] des Bundes geregelt, und es gibt sowohl in gesetzlicher Hinsicht als auch in der praktischen Umsetzung der bestehenden Regelungen noch immer große Lücken. Es ist nicht bekannt, wie viele fremdplatzierte Kinder heute in der Schweiz leben; die statistischen Daten dazu werden nicht erhoben. Gestützt auf die Volkszählung von 1990 wird geschätzt, dass zum damaligen Zeitpunkt rund 15 000 Kinder unter fünfzehn Jahren nicht bei ihren leiblichen Eltern lebten. Fast die Hälfte davon war bei Verwandten platziert.[3]

Bis zur eidgenössischen Verordnung PAVO war es allein Sache der Kantone, das Pflegekinderwesen und den Schutz von Pflegekindern rechtlich zu ordnen. Sie taten dies sehr unterschiedlich, zum Teil auch gar nicht, und beließen das Pflegekinderwesen somit in einem rechtlichen Vakuum. Um 1900 engagierten sich zudem rund 3000 private Institutionen für Kinder und Jugendliche.[4] Diese schier unendliche Zersplitterung der Kräfte verhinderte eine effiziente Hilfe und Aufsicht, und so manche Kinder fielen durch die Maschen der Fürsorge, obwohl sie sie dringend gebraucht hätten. Bis zur Einführung des ersten Zivilgesetzbuches (ZGB) in der Schweiz im Jahr 1912 kannten nur die Kantone Zürich[5], St. Gallen[6] sowie Basel-Stadt[7] eigentliche Spezialgesetzgebungen für Pflegekinder, die eine Bewilligung und/oder eine Aufsicht über die Pflegeplätze vorschrieben.[8]

Zaghafte Ansätze zur Regelung des Pflegekinderwesens im ZGB von 1912

Im ZGB blieb das Pflegekinderwesen gänzlich unerwähnt. Es wurden zwar damals Kinderschutzbestimmungen neu eingeführt, die den Obhutsentzug vorsahen, das heißt die behördliche Befugnis, Kinder den Eltern wegzunehmen und sie in fremden Familien zu platzieren. Dies war der Fall, wenn durch Verletzung der elterlichen Fürsorgepflichten eine dauernde Gefährdung des leiblichen oder geistigen Wohles oder die Verwahrlosung des Kindes drohten. Auch aus armenrechtlichen Gründen konnten Kinder aus finanziell unterstützten Familien, »die für eine gesunde Entwicklung ihrer Kinder eine Gefahr bedeuten können«, entfernt werden.[9] Solche Maßnahmen führten zu einem deutlichen Anstieg an Fremdplatzierungen. Für Pflegekinder selber aber waren diese Schutzmaßnahmen nicht geschaffen, und die Pflegeverhältnisse blieben eine Leerstelle im Zivilgesetz.

Die Maßnahmen des Obhutsentzugs wurden immer wieder missbraucht, und Behörden spielten so ihre Macht gegenüber den Familien aus. Das oft zitierte »Wohl der Kinder« blieb hintan. Das Hilfswerk der

Pro Juventute, »Kinder der Landstraße«, erreichte traurige Berühmtheit, weil es von 1926 bis 1972 rund 600 Kinder aus jenischen Familien entfernte. Ziel war es, durch fürsorgerische Maßnahmen die sogenannte Vagantität, also das Herumwandern von Familien und Sippen, zu beseitigen.[10] Katharina Klodels Vater stammte aus einer jenischen Familie, und nach der Scheidung ihrer Eltern wurde ihr und ihrer Schwester nicht erlaubt, zu ihm zurückzukehren. Mittels Zeitungsinserat wurde ein Pflegeplatz für das damals dreieinhalbjährige Mädchen gesucht.

Ernst Fluri erlebte etwas Ähnliches, als 1957 die Vormundschaftsbehörde darauf drängte, dass er verdingt wurde. Die Behörden waren der Ansicht, dass die Wohnverhältnisse der Familie zu beengt waren. Auf den Vorschlag der Mutter, der Familie eine größere Wohnung zu vermitteln, damit sie die Kinder bei sich behalten könne, gingen die Behörden nicht ein. So wurden die Eltern gezwungen, das Geld anstatt für eine bessere Wohnung für Kost und Logis in der Verdingfamilie zu verwenden. »Ich musste ein Leben lang lernen, sein zu dürfen«, erzählt indes Doris Gasser. Ihre Kindheit war gezeichnet vom Machtmissbrauch der Vormundschaftsbehörde. Weil ihre Mutter einen Mann heiratete, welcher der Familie nicht genehm war, wurde die Familie auseinandergerissen und sowohl die Mutter als auch die Kinder unter Vormundschaft gestellt. Um die Qualität ihrer Pflegeplätze kümmerten sich die Behörden nicht, sie waren jedoch streng darauf bedacht, jeglichen Kontakt zum leiblichen Vater zu unterbinden. Als es Doris Gasser nach einigen Anläufen 1995 schaffte, endlich Einblick in ihre Akten zu erlangen, erkannte sie erst, wie sehr sich ihr Vater in ihrer schlimmen Kindheit um sie bemüht hatte. Die Behörden jedoch hatten ihn zurückgehalten und ihm den Zugang zu seinen Kindern verwehrt.

Trotz allen Mängeln und Leerstellen in Bezug auf das Pflegekinderwesen kann das ZGB von 1912 als Beginn der Übernahme der Jugendfürsorge durch die staatliche Hand betrachtet werden. In einer

Reihe von Kantonen war das neue ZGB der Anlass, eine Amtsvormundschaft und Jugendschutzkommissionen einzuführen. Vonseiten des Bundes stammen erste zaghafte Bestimmungen im Hinblick auf die Aufsicht von Pflegekindern von 1928. Das Bundesgesetz betreffend Maßnahmen gegen die Tuberkulose[11] schrieb unter anderem vor, dass Kinder nur in Haushaltungen untergebracht werden durften, wo keine Ansteckungsgefahr bestand. Damit wurde das sogenannte Halten von Pflegekindern erstmals bewilligungspflichtig. Die Aufsicht über die Pflegekinder beschränkte sich jedoch allein auf die gesundheitliche Situation in Bezug auf die Tuberkulose. Zudem waren die Durchsetzung des Gesetzes und die Ausübung der Bewilligungspflicht weiterhin den Kantonen und Gemeinden überlassen, und die gesetzliche Lage blieb uneinheitlich.[12]

Mängel bei Kontrollen der Pflegeverhältnisse

Obwohl das ZGB von 1912 erste Ansätze der gesetzlichen Regelung zum Schutz von Pflegekindern aufwies, gab es 1915 lediglich sechs Kantone, die das Verdingkinderwesen gesetzlich explizit geordnet hatten. Es waren dies die Kantone Appenzell-Außerrhoden, Basel-Stadt, Bern, Freiburg, St. Gallen und Zürich. Weitere sechzehn Kantone kannten keine besonderen Bestimmungen und führten lediglich Kontrollen über die von den Waisen- und Armenbehörden in Familien *versorgten* Kinder durch.[13] Alle übrigen Pflegekinder, die zum Beispiel von ihren Eltern oder von Verwandten fremdplatziert worden waren, wurden nicht kontrolliert.

Auf diese Weise standen von den rund 47 000 Verding- und Pflegekindern, die es damals schätzungsweise in der Schweiz gab, nur etwa zwei Drittel unter Kontrolle. Die Pflegeverhältnisse eines Drittels – etwa 15 000 Kinder – entbehrten jeglicher Kontrolle.[14] Aber auch bei den kontrollierten Pflegeverhältnissen war die Überwachung größtenteils mangelhaft. In St. Gallen fielen nur Kinder bis zum dritten Lebensjahr unter die Kontrollpflicht. Andernorts fehlten entsprechende

Verordnungen und Reglemente sowie die geeigneten Aufsichtsorgane zur Durchführung der bestehenden Gesetze. In manchen Kantonen beaufsichtigten die Gesundheitsbehörden die Pflegeplätze der fremdplatzierten Kinder, doch es ging ja nicht nur um das gesundheitliche und hygienische, sondern ebenso um das psychische und seelische Wohl der Kinder. An anderen Orten wiederum waren die Armenpflegen zuständig für die Kontrollen.

So unterschieden sich die Gesetze und Handhabungen in den einzelnen Kantonen sehr stark voneinander und erstreckten sich oft nur auf einen kleinen Teil der fremdplatzierten Kinder. Es war nicht garantiert, dass vorgeschriebene Kontrollen überhaupt durchgeführt wurden. Und falls jemand in der Verdingfamilie zu Besuch kam, um einen Augenschein vorzunehmen, wurden häufig falsche Tatsachen und ein heiles Pflegeverhältnis vorgetäuscht. Auch wenn der gute Wille vorhanden war, fehlte es den meist ehrenamtlich angestellten Mitgliedern oft an der Zeit, diesen Willen wirkungsvoll umzusetzen.

Wie in den hier publizierten Biografien nachzulesen ist, erstreckte sich diese Nachlässigkeit weit über die Mitte des 20. Jahrhunderts hinaus: Die zuständige Vormundschaftsbehörde erkundigte sich lediglich telefonisch bei den Pflegeeltern, wie es Ernst Fluri ging. Nicht ein einziges Mal wurde er zu seinem Wohlbefinden befragt. Und obwohl seine Mutter mehrmals bei der Vormundschaftsbehörde vorsprach und ihr die schlimmen Zustände zur Kenntnis brachte, wurden die Missstände nicht kontrolliert. Im Gegenteil: Wenn Ernst Fluri nicht in der Pflegefamilie bleiben wolle, so komme er in eine Anstalt, wurde seiner Mutter beschieden. Ernst Fluri hatte Angst davor, in eine Anstalt zu kommen, und hat seine Jahre bei der Pflegefamilie *duregsiechet*, wie er es ausdrückt.

Ein- oder zweimal besuchte ein Erziehungsinspektor Alice Alders Pflegefamilie. Im Wohnzimmer und in Anwesenheit der Pflegeeltern musste sie Auskunft geben, wie es ihr gefalle: »Da konnte ich natürlich nicht sagen, was ich alles durchleben musste.« Auch Katharina

Klodels Vormund wurde getäuscht. Sie teilte sich das Zimmer mit ihrem Pflegebruder, und als Schlafplatz wurde ihr eine enge Bettstelle hinter einem großen Schrank zugewiesen. Kam der Vormund zu Besuch, wurde das Zimmer geputzt und schön hergerichtet, sodass der Eindruck entstand, das Zimmer gehöre ihr allein.

Margaretha Hirzel kann sich an gar keine Kontrollbesuche erinnern. Sie wurde von ihrem Pflegevater regelmäßig sexuell missbraucht. Ihre leibliche Mutter, die im gleichen Haushalt lebte und mit dem Pflegevater ein Verhältnis hatte, sah tatenlos zu. Nur der engagierten Hilfe ihres Lehrers, eines Arztes und ihrer Tante verdankt es Margaretha Hirzel, dass ihr Pflegevater verklagt und wegen sexueller Misshandlung ins Gefängnis kam.

Vereinheitlichung durch die schweizerische Pflegekinderverordnung von 1978

Die Einführung eines neuen Kindsrechtes im ZGB von 1976 lieferte endlich die Grundlage für die dringend erforderliche Vereinheitlichung in der Pflegekinderaufsicht auf gesamtschweizerischer Ebene. Der Bundesrat erließ die Verordnung über die Aufnahme von Kindern zur Pflege und zur Adoption PAVO, welche zusammen mit dem neuen Kindsrecht 1978 in Kraft trat. Sie schreibt vor, dass eine Bewilligung benötigt und der Aufsicht untersteht, wer »Unmündige außerhalb des Elternhauses« aufnimmt. »Wer ein Kind, das noch schulpflichtig oder noch nicht fünfzehn Jahre alt ist, für mehr als drei Monate oder für unbestimmte Zeit entgeltlich oder unentgeltlich zur Pflege und Erziehung in seinen Haushalt aufnehmen will, benötigt eine Bewilligung der Behörde.«[15]

Allerdings darf dieser Artikel nicht darüber hinwegtäuschen, dass bis heute eine einheitliche Begrifflichkeit fehlt, die definieren würde, welche Kinder unter welchen Umständen als Pflegekinder gelten, zumal Pflegekinder heute oft über das fünfzehnte Altersjahr hinaus in der Pflegefamilie verbleiben. Hinzu kommt, dass – wie bereits erwähnt –

niemand genau weiß, wie viele Pflegekinder aktuell in der Schweiz leben. Diese Nachlässigkeit seitens der Behörden zeigt, dass aus den unzähligen traurigen Schicksalen ehemaliger Verdingkinder nicht viel gelernt wurde und dem Pflegekinderwesen noch immer nicht der nötige Stellenwert eingeräumt wird. Außerdem hapert es mit der praktischen Umsetzung der bestehenden Regelung: Der praktische Vollzug ist Sache der einzelnen Kantone; die mittlerweile dreißig Jahre alte Verordnung ist jedoch immer noch nicht in allen Kantonen umgesetzt, in manchen fehlt gar noch heute eine verantwortliche Stelle für das Pflegekinderwesen.[16]

Damit jedoch die Qualität von heutigen Pflegeverhältnissen zum Schutz fremdplatzierter Kinder nachhaltig verbessert werden kann, ist die Aufarbeitung dieses dunklen Kapitels der Schweizergeschichte über fremdplatzierte, verkostgeldete und verdingte Kinder unabdingbar. Wie wir gesehen haben, sind die heutigen, noch immer lückenhaften Bedingungen im Pflegekinderwesen historisch gewachsen und tragen immer noch die Mängel der kantonalen Umsetzungen in sich. Doch leider ist nach Ansicht des Bundesrates »aus heutiger Sicht weder ein Bedarf noch eine hohe Dringlichkeit für eine breiter angelegte historische Studie zur Thematik der Fremdplatzierung von (Waisen-)Kindern« vorhanden.[17] Immerhin war er bereit, den Bedarf einer Revision der mittlerweile dreißig Jahre alten Pflegekinderverordnung weiter abzuklären, obwohl er die Auffassung vertritt, dass sich das »föderalistische Pflegekinderwesen in der Schweiz [...] bewährt« hat.[18]

Die Vernehmlassung zeigte, dass die Mehrheit der Kantone konkrete Leitlinien des Bundes, eine Vereinheitlichung der Praxis sowie eine Anpassung der Verordnung an die veränderten gesellschaftlichen Verhältnisse als notwendig erachtet. Aus diesem Grund hat der Bundesrat im Januar 2008 den Auftrag erteilt, die von den Kantonen aufgeworfenen Fragen zu prüfen und allenfalls eine Revision der Verordnung vorzubereiten.[19] Die Resultate sind zum jetzigen Zeitpunkt noch ausstehend, und ein Ende des Streites zwischen Bund, engagierten Politikerinnen und Politikern sowie der Pflegekinder-Aktion Schweiz (PACH) über die Verantwortlichkeit der Pflegekinderaufsicht ist noch nicht in Sicht. Es bleibt zu hoffen, dass die Politik bereit ist für Lösungen zur Verbesserung der Situation und sich endlich der Verantwortung für die Schwächsten in unserer Gesellschaft, nämlich die fremdplatzierten Kinder, annimmt.

Alice Alder-Walliser, 1913, Basel-Stadt, Basel-Landschaft, Zürich

»Alle sagten, ich solle ein Buch darüber schreiben, aber dazu habe ich keine Lust«

Bis in den Kindergarten lebte Alice Alder bei einer Familie im Kanton Basel-Stadt. Sie hatte es gut dort und kehrte später für eine Zeit auch wieder dorthin zurück. Doch eines Tages wurde sie abgeholt und zu einer anderen Familie in den Heimatort ihres Vaters im Kanton Basel-Landschaft gebracht. »An den Weg, wie ich dorthin kam, habe ich keine Erinnerungen mehr. Ich war einfach eines Tages an einem anderen Ort. Und dort war ich aber auch nicht lange. Ich glaube, in der dritten Klasse holte mich dort eine Frau ab und ging mit mir woanders hin. Ich weiß nur noch, dass ich den ganzen Weg weinte.«

Die Pflegemutter webte zuhause, der Pflegevater arbeitete in einer Fabrik, daneben unterhielten sie einen kleinen Bauernhof mit Gemüseanbau und Kleintieren. Alice Alder gefiel es am neuen Ort nicht, und sie lief bereits nach kurzer Zeit weg, wurde aber wieder zu ihren Pflegeeltern zurückgebracht. »Ich musste immer arbeiten. Ich konnte nie meine Hausaufgaben erledigen. Das lag nicht drin. Erst wenn alle Arbeit erledigt war, so gegen neun Uhr abends, musste ich ins Bett. Dann kam jeweils der Pflegevater und musste mich mit dem Riemen schlagen. Im Bett auf das nackte Hinterteil. Mit einem Lederriemen musste er mich schlagen. Ich weiß noch, dass es zwölf Schläge waren. Und falls ich weinen würde, gäbe es mehr. […] Er war immer wütend auf mich. Und sagte, ich sei ein *Tschinggemeitli.*«

Zeit zum Spielen fand sie keine. »Ich hätte so gerne Ball gespielt, hatte aber keinen. Ich hatte keine Spielsachen, gar nichts, außer was wir in der Schule während den Pausen benutzen durften.« Wegen eines Sturzes hat Alice Alder seit frühester Jugend Probleme, ihren linken Arm zu benutzen, weshalb sie dies mit dem rechten auszugleichen versucht.

Neben den Schlägen des Pflegevaters war für Alice Alder der Hunger allgegenwärtig. »Das Brot sperrten sie immer weg. [...] Sie besaßen auch noch Ziegen. Diesen musste ich den Salzstein und das Futter bringen. Von diesem Futter aß ich dann ebenfalls im Stall. [...] Auf dem Heimweg von der Schule rief mich jeweils eine benachbarte Bauersfrau zu sich herein und gab mir ein Stück *Wähe*, das ich dann eilig hinunterschlang. Die Leute wussten wohl Bescheid über meine Situation, aber niemand getraute sich, etwas zu sagen. [...]

Ich habe auch schlechte Dinge getan. Dann musste ich in diese Metzgerei, um Fleisch zu holen. Ich stand also in dieser Metzgerei, und der Metzger musste nach hinten, um das Fleisch zu holen; da sah ich Würste hängen. Und dann ging ich sofort dorthin und wollte eine Wurst herunternehmen. Doch die Würste hingen zusammen und dann nahm ich den gesamten Kranz und verstaute ihn in meiner Unterhose. Das waren Bundhosen mit einem Gummizug an den Beinen. (Der Metzger) merkte es nicht. Auf dem Heimweg bin ich dann auf einen kleinen Hügel gestiegen und habe die fünf Würste hinuntergeschlungen.«

Ein- oder zweimal kam der Erziehungsinspektor auf Kontrollbesuch. Da wurde Alice Alder jeweils ins Wohnzimmer gerufen und gefragt, wie es ihr gefalle. Die Pflegeeltern waren im Raum anwesend. »Da konnte ich natürlich nicht sagen, was ich alles durchleben musste.«

Zur Schule ging Alice Alder gerne, auch weil sie sehr gut singen konnte. Der Lehrer förderte sie und sie durfte sogar die Sekundarschule besuchen. Nach kurzer Zeit jedoch musste sie diese wieder verlassen, weil sie einer Mitschülerin Geld gestohlen hatte, um damit Wolle für ein Geschenk für ihre Pflegemutter zu kaufen.

Irgendwann erfuhr Alice Alder, dass ihre leibliche Mutter noch lebte und in der Nähe im Spital lag. Von da an besuchte sie diese gelegentlich zu Fuß. »Ich kann mich daran erinnern, dass wenn ich sie besuchen kam, sie so [gebückt] die Treppe herunterkam. Ich gehe heute auch so. Und dabei rief sie: ›Geht es dir gut, geht es dir gut?‹ – ›Ja, ja.‹

Ich hätte nie etwas gesagt. Wie man als Kind so stark sein kann und nicht jammert, nur weil einem die eigene Mutter so leid getan hat.«

Ihre Eltern hatten sich bei ihrer Geburt getrennt, und die Mutter war nach einem Treppensturz, der wohl durch die Hand des Vaters geschah und die Geburt ihrer Tochter auslöste, hospitalisiert worden. Sie verbrachte danach ihr gesamtes Leben im Spital und im Pfrundhaus. Bei einem dieser Besuche lernte Alice Alder auch ihre Großmutter und später ihren Bruder kennen, der bei den Eltern seines Vaters aufwuchs.

Als Alice Alder zum wiederholten Male von ihrer Pflegemutter eingesperrt wurde und nicht am Religionsunterricht teilnehmen durfte, brach sie aus und ging zu ihrer Großmutter im Kanton Basel-Landschaft. Dort konnte sie allerdings nicht bleiben, und man brachte sie zu einem Ehepaar im selben Kanton. Sie verbrachte das Jahr, in dem sie konfirmiert wurde, an diesem Ort. Von den ehemaligen Pflegeeltern erhielt sie ein Kirchengesangbuch mit der Bitte, wieder zurückzukommen. »Aber, ich habe in meinem Leben, wenn es zu viel für mich war, Nein sagen können.«

Der Armenerziehungsverein Basel-Landschaft suchte Alice Alder darauf eine Anstellung in einem Herrschaftshaus. »Dort war ich eigentlich glücklich.« Nach einiger Zeit – damals war sie sechzehn Jahre alt – sollte sie ins Nachbarhaus zu einem alten Ehepaar ziehen. Stattdessen ging sie zurück zu ihrer Großmutter, wo sie aber nur kurz bleiben konnte. Ihre Großmutter brachte sie dann in ein Kinderheim, das ihr wie ein Zuchthaus vorkam. Bereits einige Stunden nach ihrer Ankunft brach sie aus und kletterte über die Mauer.

Danach wollte sie zuerst die Schweiz verlassen, überlegte es sich aber anders und suchte jene Familie auf, bei der sie als Kleinkind bereits gewesen war. Von dort wollte sie weiter zu ihrem leiblichen Vater, der im Kanton Zürich lebte. Dort angekommen, blieb sie eine Weile bei ihrem Vater, dessen Frau und deren beiden Söhnen. Doch die Stiefmutter wollte sie nicht bei sich haben. Das Jugendamt der Stadt wurde informiert, und Alice Alder wurde in ein Heim gebracht. Zum ersten Mal wurde ihr durch einen Unfall deformierter Ellenbogen gründlich untersucht und zweimal operiert.

Danach vermittelte ihr das Jugendamt eine Stelle bei einer Familie mit Kindern. Doch die Hausherrin ähnelte so sehr ihrer Pflegemutter, dass sie unverzüglich wieder abreiste und zurück zu ihrer Großmutter ging. Daraufhin besorgte ihr das Jugendamt erneut eine Stelle im Kanton Zürich, wo sie drei Jahre blieb und ihr erstes eigenes Geld verdiente. Später arbeitete Alice Alder als Zimmermädchen in einer Pension und fühlte sich zum ersten Mal richtig frei.

Mit zwanzig Jahren wurde Alice Alder schließlich aus der Vormundschaft entlassen. Sie dachte sich: »Jetzt will ich nicht mehr dienen, ich habe genug vom Dienen. Ich will mir ein Zimmer mieten und suche mir eine Arbeit.« Sie fand eine Stelle als Näherin und wohnte in einem kleinen Mansardenzimmer, zunächst allein und später mit ihrem Mann zusammen. In dieser Zeit erfüllte sie sich einen lang gehegten Traum: Sie kaufte sich eine Handorgel auf Raten. Wo immer Musik spielte, da fand man auch Alice Alder, und so hatte sie auch ihren Mann kennengelernt.

In ihrem späteren Leben spielte die Musik – neben ihrem Mann und ihren drei Söhnen – die wichtigste Rolle. Mit 46 Jahren gönnte sie sich einen Blockflötenkurs in der Migros Klubschule und mit fünfzig machte sie ihren Abschluss am Konservatorium und gab fortan Musikstunden. Auch spielte sie in dieser Zeit mit verschiedenen namhaften Blockflötenspielern. »Das war die schönste Zeit meines Lebens.« Wann immer sich ihr die Gelegenheit bot, erzählte sie ihren Mitmenschen von ihrer Vergangenheit. »Dann sagten immer alle, ich solle ein Buch darüber schreiben. Aber dazu habe ich keine Lust, denn die Musik ist mir am meisten wert.«

Alice Alder lebt im Kanton Zürich und spielt jeweils am Mittwochabend im Quartiergottesdienst Blockflöte; die zweite Stimme nimmt sie auf Tonband auf, damit es zweistimmig tönt.

Loretta Seglias

Doris Gasser, 1940, Schaffhausen, Thurgau

»Ich musste ein Leben lang lernen, sein zu dürfen«

Doris Gassers Mutter kam aus gutem Hause aus einem Dorf im Thurgauischen. In zweiter Ehe ging sie eine Liebesheirat ein. Sie hatte ihre Eltern nicht gefragt, denn Tochter Doris war bereits unterwegs. Ein zweites Kind wurde 1941 geboren. Der Vater der Kinder aber passte der Familie gar nicht. Zu allem Unglück war er jähzornig. Als die Eltern merkten, dass es in der jungen Ehe kriselte, griffen sie ein: Sie erzwangen die Scheidung und ließen Doris Gassers Mutter unter Vormundschaft stellen. Der älteste Junge aus erster Ehe kam zu ihnen, zwei weitere Kinder aus erster Ehe kamen in ein Waisenhaus im Kanton Schaffhausen. Doris und ihre jüngere Schwester wollte man bei einem Bauern platzieren. Bis es soweit war, wurden sie in einem Kleinkinderheim im Kanton Schaffhausen untergebracht.

Warum wurde die Familie auseinandergerissen? »Weil wir Kinder eines Mannes waren, welcher der Familie nicht genehm war, grenzte man uns aus. Wir mussten auch später immer wieder hören, wir seien ›Bastarde‹.«

Doris Gasser war ein halbes Jahr im Kleinkinderheim. Sie zeigte Anzeichen von Hospitalismus, eine durch längere Spital- oder Heimunterbringung bedingte körperliche und psychische Störung. Sie bewegte ihren Kopf ständig hin und her. Eine Nachtschwester biss ihr in die Händchen. Die frühen Ängste begleiteten sie ein Leben lang.

Im März 1944 kamen die beiden Geschwister zu einer Bauernfamilie im Kanton Thurgau. Doris Gasser wurde als nicht normal erklärt, getreten, geschlagen; sie wurde am Kopf verletzt, hatte überall blaue Stellen und machte nachts ins Bett. Die Pflegemutter gab ihr heiße Kartoffeln in die Hände. Eine Zürcher Spitalkrankenschwester entdeckte 1945 den bedenklichen Zustand des Kindes und erstattete

Meldung über deren schlechte Behandlung. Auch ihr Vater machte die zuständigen Behörden, das Vormundschaftsamt Schaffhausen, auf den Zustand des Kindes aufmerksam. Endlich, nach zweieinhalb Jahren, wurden Doris Gasser und ihre jüngere Schwester zu einer Familie im Kanton Schaffhausen gebracht; der Familienvater war Stahlarbeiter. Am neuen Ort ging es ihnen nur wenig besser. Doris Gasser erinnert sich, dass man sie im Keller eingesperrt hat. Fünf Monate dauerte dieser Aufenthalt.

Doris Gasser war knapp sechs Jahre alt, als sie 1946 an ihren vierten Pflegeort kam. Diesmal in ein Töchterinstitut im Kanton Schaffhausen, wo sie neun Jahre blieb. Ursprünglich war das Heim privat, doch die Stadt beteiligte sich immer stärker daran. Es lebten vierzehn Mädchen zwischen fünf und vierzehn Jahren im Hause. Kinder von armen Leuten waren dabei, aber auch Waisen bürgerlicher und reicher Herkunft; Mädchen aus mehreren Kantonen.

Die Hausmutter und deren Schwester – die Kinder nannten sie »Tante Marteli« – waren bei den Baptisten. Jeden Tag wurde aus der Bibel gelesen und mehrmals gebetet. Doris Gasser spricht von einer »Gehirnwäsche«, die sie über sich hat ergehen lassen müssen: Die Kinder wurden durch die Religion gedrillt. Die Hausmutter – Doris Gasser nennt sie »den General« – war reizbar und verlor schnell die Nerven, nachdem Tante Marteli das *Insti* verlassen hatte. Sie musste nun zusammen mit einer Gehilfin das Heim meistern und einem privaten Komitee Rechenschaft über die Finanzen ablegen. Diesen Druck gab sie an die Kinder weiter. So konnte auch die Hausmutter Doris Gasser nicht die benötigte Wärme geben, genauso wenig wie die Lehrer oder der Pfarrer. Die Inspektion war eine Farce; die Vormundschaftsbehörde wäre für die Aufsicht zuständig gewesen, tat aber nichts. Doris Gassers kleine Schwester konnte ihr auch nicht helfen, sie nahm sie gar nicht als Schwester wahr.

Der Kontakt zum Vater war von der Vormundschaftsbehörde untersagt, zur Mutter konnten die Geschwister auch nicht. Einmal im

Jahr besuchten sie die Großmutter, die allerdings lieblos war und sie wie Bastarde behandelte. Doris Gasser erzählt: »Ich musste ein Leben lang lernen, sein zu dürfen. Ich durfte gar nicht existieren, hatte keine Bezugsperson. Liebe bekam ich von niemandem.« Eine Zeitlang nässte sie das Bett und hatte große Probleme auch in der extern geführten Schule, die sie besuchte. Doch sie hat auch schöne Erinnerungen ans *Insti.* Die Hausmutter verstand es, aus kleinen Sachen Freudvolles zu machen: das gemeinsame Rühren der Butter am Samstag etwa, die Butterbrote am Sonntagmorgen oder die Vorbereitung des Weihnachtsfestes.

Im Frühjahr 1955 kam Doris Gasser in eine Haushaltslehre bei einer Pfarrerfamilie. Sie musste schwer arbeiten und wurde ausgenützt. Kameradinnen hatte sie keine mehr. Von Wahrheit, Ehrlichkeit und Diskretion war in diesem kirchlichen Haushalt wenig zu finden.

Mit sehr gutem Abschluss kam Doris Gasser nach zwei Jahren in eine Familie im Kanton Thurgau. Sie absolvierte dort eine Damenschneiderinnenlehre und wohnte gleichzeitig bei der Familie. Sie musste da zwar auch unten durch, es wurde geschimpft, wenn sie etwas falsch machte, aber das erste Mal in ihrem Leben hatte sie Freizeit, und es ging ihr vergleichsweise gut. Allmählich kam die junge Frau aus sich heraus und besuchte Tanzanlässe. Erstmals verliebte sie sich, doch als sie den jungen Mann aus Basel besuchte, hatte der kein Interesse an ihr, und die Polizei brachte sie an ihren Wohnort zurück. Die zweieinhalbjährige Lehre schloss Doris Gasser mit neunzehn Jahren mit Erfolg und Auszeichnung ab.

Ihre Vormundschaft dauerte bis zur Volljährigkeit im Jahr 1960. Dieses letzte Jahr wohnte Doris Gasser in einer Pension und arbeitete als Schneiderin in einem Konfektionshaus. Die Vormundschaft verlangte nun von ihr, dass sie ihre Prüfungskosten und eine Zahnarztrechnung zurückzahle. Um diese finanzielle Belastung bewältigen zu können, arbeitete sie zusätzlich während acht Monaten jede Nacht. Sie nähte Kleider für Privatkunden zu Spottpreisen. Zu viele Male hatte man ihr gesagt: »Du bist nichts und wirst nichts werden.« Sie nahm vierzehn Kilogramm ab in dieser Zeit und erlitt kurz vor ihrem 20. Geburtstag ihren ersten Zusammenbruch.

Im Töchterinstitut hatte man sie seinerzeit »Dorli« genannt. Mit zwanzig Jahren eroberte sie sich ihren richtigen Vornamen Doris und damit ein Stück ihrer Identität zurück. Sie machte ihren Weg, auch in beruflicher Hinsicht. Doris Gasser heiratete und hatte zwei Kinder. Aber die Last der frühen Kindheit trug sie all die Jahre immer mit. Die Erlebnisse beeinflussten das Leben der erwachsenen Frau in Form von Depressionen und Zusammenbrüchen. Sie habe »wie ein kleines Mädchen« reagiert, stellt Doris Gasser heute fest. Allerdings wusste sie sich auch selber Hilfe zu holen – durch psychologische Unterstützung von außen.

Eine schwere Krise im Zusammenhang mit dem Verlust eines guten Arbeitsplatzes veranlasste sie 1995, die Bewältigung ihrer Vergangenheit anzupacken. Sie suchte die Akten, die ihre frühe Kindheit betreffen. Sie brauchte mehrere Anläufe. Bemühend, beschämend war es, wie die Amtsvormundschaft sie abwimmeln und ins Leere laufen lassen wollte. Doris Gasser lernte, dass es mit Lesen oder Abschreiben der Dokumente nicht getan ist, sie brauchte Kopien der Originale. Erst die Hilfe eines Anwalts ermöglichte ihr nach jahrelangen Bemühungen den unumschränkten Zugang zu ihren Akten. Erst jetzt lagen die Beweise der Grobheiten und Verletzungen vor ihr, die ihr als Kind angetan wurden. Erst jetzt erfuhr sie, dass ihr Vater sich um sie bemüht hatte, und zwar zur schlimmsten Zeit, als die Kinder bei der Bauernfamilie im Thurgau waren. Doch er wurde nicht zu ihnen vorgelassen. Es war eine schöne Entdeckung: Der als Tunichtgut verleumdete Vater war damit gewissermaßen rehabilitiert.

Doris Gasser gewann auch die Gewissheit, dass die Familie der Mutter an ihrem Schicksal genauso schuld war wie die Behörden. Warum man sie und ihre Schwester nicht ins Waisenhaus, sondern ins Töchterinstitut gesteckt hatte, wurde ihr nachträglich klar: Man hatte sie von den Buben und Männern fernhalten wollen. Doris Gasser vermutet, dass sie im Kleinkindalter missbraucht wurde. Schriftliche Beweise dafür hat sie nicht, aber ein starkes Gefühl, das einem Beweis nahekommt.

Doris Gasser geht es heute gut. Sie wohnt im Kanton Genf und hat dadurch auch geografisch etwas Abstand von ihrer Kindheit und Jugend gewonnen. Sie fühlt sich dort wohl, unternimmt viel und hat ihre gestalterische Begabung entfaltet. Viele Jahre arbeitete sie als selbständige Damenschneiderin. Damit hatte sie ihre Kinder allein großgezogen. Heute ist sie pensioniert und beschäftigt sich mit der künstlerischen Bearbeitung von Speckstein. Sie gibt Kurse, machte Ausstellungen und gewann auch einen Preis. Die Steine haben ihr Selbstwertgefühl wieder aufgebaut. Doris Gasser erkämpfte sich nicht nur ihren Platz im Leben und in der Gesellschaft, sondern sie konnte sich schließlich auch selbst verwirklichen.

Erwin Marti

Ernst Fluri, 1946, Bern

»Er schimpfte mich en fuule Siech *und stieß mir die Mistgabel in den Hintern«*

Ernst Fluri wurde als achtes und zweitjüngstes Kind in eine kinderreiche Familie im Kanton Basel-Stadt geboren. Seine Mutter war Hausfrau, sein Vater arbeitete als Maler in der Industrie und in verschiedenen Malergeschäften. An den Wochenenden betrank er sich hin und wieder und wurde laut. Als er einmal betrunken nach Hause kam und ihn die Mutter nicht einlassen wollte, versuchte er mit Gewalt in die Wohnung einzudringen. Die Nachbarn beklagten sich und die Polizei erfuhr von der Situation. Daraufhin erhielt die Familie die Kündigung und zog in eine Notbaracke mit vier Zimmern. Als die provisorische Wohnbaracke abgebrochen wurde, stand die Familie auf der Straße und landete schließlich in einer Zweizimmerwohnung.

Zu diesem Zeitpunkt lebten nur noch Ernst Fluri und seine jüngere Schwester bei den Eltern. Wegen der Alkoholprobleme des Vaters schaltete sich damals die Vormundschaftsbehörde ein. Ernst Fluri erinnert sich: »Plötzlich standen sie da.« Vermutlich wurden sie von der Polizei benachrichtigt. Die Behörden beurteilten die Wohnverhältnisse der vierköpfigen Familie in der Zweizimmerwohnung als zu beengt.

Für Ernst Fluri wäre das allerdings kein Problem gewesen. »Für uns Kinder wäre es kein Platzproblem gewesen.« Doch die Vormundschaftsbehörde drängte darauf, Ernst Fluri zu verdingen. Zwei ältere Brüder waren früher schon durch die Vormundschaftsbehörde fremdplatziert worden. Die Mutter schlug den Behörden vor, ihrer Familie eine größere Wohnung zu vermitteln, aber sie hatte damit keinen Erfolg und konnte sich gegen die Fremdplatzierung des Sohnes nicht wehren. »Für sie gab es nichts anderes, als dieser Vormundschaftsbehörde zu gehorchen«, erzählt Ernst Fluri. Er fühlte sich wohl zuhause, auch wenn es unangenehm war, wenn der Vater am Wochenende »voll« war. Unter der Woche trank der Vater keinen Alkohol, und so sah er kein Problem darin, das Zimmer mit dem Vater zu teilen: »Ich bin um acht Uhr ins Bett gegangen und der Vater vielleicht um neun. [...] Das einzige Problem war, dass ich an den Wochenenden, wenn der Vater seine Ausfälle hatte, in die Küche musste. Und sonst... Nein, ich hatte es gut zuhause.«

1957 wurde er mit elf Jahren in eine streng religiöse Bauernfamilie im Kanton Bern verdingt, »einfach weggenommen [...]. Ich habe mich gewehrt. Aber das ging nicht.« Eine Mitarbeiterin der Vormundschaftsbehörde holte ihn eines Tages ab und brachte ihn zunächst in ein Aufnahmeheim, wo er allein in ein Zimmer gesperrt wurde. Nach drei Tagen wurde er mit dem Auto an seinen Bestimmungsort gebracht. Als Ernst Fluri nach dem Grund seiner Fremdplatzierung fragte, teilte man ihm mit, er hätte zuhause keinen Platz. »Also, ich müsse weg.«

Die Pflegefamilie lebte mit zwei eigenen Kindern und den Großeltern auf dem Bauernhof und hatte schon früher Verdingkinder aufgenommen. Sie empfing Ernst Fluri zunächst freundlich, dann aber wehte plötzlich ein »anderer Wind« und die Familie erwartete, dass er arbeitete wie der italienische Gastarbeiter, der auf dem Bauernhof als Knecht angestellt war.

Wenn Ernst Fluri nicht in der Schule war, arbeitete er von morgens um vier bis abends um acht Uhr auf dem Bauernhof. Am Morgen half er vor der Schule beim Mähen und putzte den Kuhstall. Dabei hatte er keine Zeit, um mit der Familie zu frühstücken, er musste allein und in Eile essen. Über Mittag putzte er die Futtertröge im Stall und nahm nach dem Mittagessen direkt wieder den dreiviertelstündigen Schulweg unter die Füße. Nach der Schule musste er wieder den Stall machen und bei sonstigen Arbeiten mithelfen. Zeit für die Hausaufgaben fand er erst nach acht Uhr abends. Er war anfangs trotzdem ein guter Schüler, da er vorher die Realschule besucht hatte. Beim Schulwechsel wurde er nun zurückgestuft. Die Pflegefamilie ließ ihn nur in die Primarschule gehen, da die Realschule weiter weg war: »Und dann hat die Bauernfamilie gesagt, das geht nicht. [...] Das ist zu weit. Dann hast du einen zu weiten Nachhauseweg. [...] Dann kommst du zu spät, um im Stall zu helfen, und so weiter. Und du musst jetzt halt leider in die Primarschule gehen, die wir unten im Dorf haben.« Ernst Fluri empfand dies als »Retourschritt«. Nach diesem Schuljahr, das für ihn keinen neuen Schulstoff bot, ließen seine Leistungen wegen der hohen Arbeitsbelastung bei der Bauernfamilie nach.

Ernst Fluri wurde auf dem Bauernhof physisch und psychisch überfordert. Er musste gleich viel arbeiten wie der italienische Knecht, war aber als Kind nicht so kräftig und schnell wie dieser. Als er einmal beim Heuwenden in Rückstand geriet, beschimpfte ihn der Großvater als *fuule Siech* und meinte, sie bräuchten keine faulen Leute. »Dann sagte ich: ›Ich kann nicht mehr. Es geht nicht mehr‹.« Der Großvater antwortete darauf: »›Ich kann dir schon Gas geben, damit du aufholst.‹ Und dann stieß er mir die Mistgabel in den Hintern.« Der Jungbauer sagte hinterher zum Großvater, dass er das nicht hätte tun sollen. Ernst Fluri blutete und arbeitete trotz der Schmerzen weiter, am Abend desinfizierte die Bäuerin die Wunde. Am nächsten Morgen musste er wieder um vier Uhr aufstehen und weiterarbeiten, obwohl er aufgrund der Verletzung noch lange auf dem Bauch schlafen musste und nicht sitzen konnte.

Ein anderes Mal stieß ihn der Großvater vom Heustock, weil Ernst Fluri das Heu seiner Meinung nach nicht richtig gestochen hatte. »›Du bist nichts wert‹, sagte er. Und dann bin ich dort vom Heustock hinunter [gefallen].« Er hatte Glück und fiel auf einen weichen Heuballen. »Ein bisschen mehr nach links und ich wäre vielleicht ein Krüppel geworden, weil dort die Futtertröge waren.« Der Großvater gehörte zur älteren Pflegeelterngeneration und hatte selbst Pflegekinder gehabt. Ernst Fluri meint, dass es damals noch *struber* zugegangen sei. Der Jungbauer sei aber nicht viel besser gewesen.

Ernst Fluri wurde nicht nur auf dem Hof, sondern auch für schwere Holzarbeiten im Wald eingesetzt. Aus verschiedenen Episoden wird deutlich, wie oftmals seine Gesundheit aufs Spiel gesetzt wurde. Einmal wurde er zum Holzfällen aufgeboten, obwohl er Grippe und eine Lungenentzündung hatte. Geschwächt durch das Fieber, vermochte er nicht schnell genug auf die Warnung vor dem fallenden Baumstamm zu reagieren und verunfallte. »Es hat mich dann weggespickt [...]. Eigentlich war es noch ein Glück, dass ich weggespickt wurde. Sonst wäre alles zertrümmert gewesen. [...] Daraufhin habe ich noch Schläge bekommen. [...] ›Hast du wieder geschlafen?‹, fragten sie.« Er trug einen Knochenriss am Oberschenkel davon, der nicht behandelt wurde. Das Bein wuchs krumm zusammen, was einen Hüftschaden zur Folge hatte, sodass er später ein künstliches Hüftgelenk brauchte.

Einmal brach er beim Ausmisten des Hühnerstalls zusammen: Da er die Stalltüre nicht ganz öffnen konnte, blieb nur ein schmaler Spalt offen, durch den frische Luft in den Hühnerstall drang. Durch die angesammelten Gase verlor er beinahe das Bewusstsein und gelangte gerade noch rechtzeitig ins Freie. Der Großvater schimpfte und sagte: »›*Du lisch uf em Ranze* statt zu arbeiten.‹ Dann hat er aber gemerkt, dass irgendetwas nicht stimmt. Und er hat mir ein paar Ohrfeigen gegeben.«

Ein anderes Mal stand ihm beim Pflügen ein Pferd auf den rechten Fuß und zerquetschte ihm die Zehen, sodass er abends kaum mehr aus dem Schuh schlüpfen konnte. Der Schuh war voller Blut. »Man hat die Zehen ein bisschen eingebunden. Und heute sind sie einfach ein bisschen verkrüppelt.« Zu guter Letzt erlitt er in der Sommerhitze auf dem Feld beim Mutterkornsammeln einen Sonnenstich und kollabierte. Er wurde in den Schatten gelegt und man schüttete im frisches Wasser über den Kopf. Anschließend musste er weiterarbeiten. »Es fallen einem immer wieder so Geschichten ein. [...] Das sind einfach so Episoden, die passiert sind. […] Mit der Zeit wirst du wie abgestumpft. Mit der Zeit reklamierst du nicht mehr und sagst nicht mehr, wenn dir etwas wehtut.«

Auch psychisch war die Arbeit, die der Knabe verrichten musste, sehr belastend. Es wurde von ihm die gleiche Leistung wie vom erwachsenen Knecht erwartet: »›Du bist doch auch kräftig.‹ Und dann sagte ich: ›Ja, aber das schaffe ich nicht.‹ Das wurde mit der Zeit ein richtiger Stress. Ich wurde auch psychisch krank, […]. Also, ich nenne das psychisch krank. Das gab es für diese Bauernsöhne nicht. Sie sagten: ›*Du bisch en fuule Siech*‹.«

Als er später einen weiteren Schwächeanfall erlitt, hieß es einfach, er solle sich hinlegen. Am anderen Morgen um vier Uhr, nach einer kurzen Nacht, musste er wieder aufstehen und mithelfen: »So, jetzt bist du sicher wieder gesund.« Eines Morgens kauerte er erschöpft neben dem Bett und sagte: »Ich kann nicht mehr. Ich bin kaputt. […] Es geht nicht mehr. Jetzt ist fertig.« Er war so verzweifelt, dass er von Selbstmord sprach. Doch sein Pflegevater übergoss ihn mit kaltem Wasser und sagte, jetzt sei er sicher wach. Er befahl ihm aufzustehen und nicht mehr »solchen Quatsch« zu erzählen. »Und so ging dann der Tag weiter.«

Viereinhalb Jahre blieb er in der streng religiösen Pflegefamilie, die er zu den *Stündelern* zählt. So wurden die Christen genannt, die sich auch unter der Woche zu Bibelstunden trafen. Sie wollten ihn bekehren, damit er ein besserer Mensch würde. Auch alle Höfe in der Umgebung mit Ausnahme eines einzigen Hofes von zwei alten Frauen waren bei den *Stündelern.* Ein reformierter Pfarrer riet ihm, in die Predigten mitzugehen, wenn die Familie ihn dazu zwänge. So könne er sich immerhin ein bisschen von der körperlichen Arbeit erholen. Mit der Zeit fand Ernst Fluri heraus, dass er sich sein Leben leichter machen konnte, indem er Interesse heuchelte. Wenn er nach den Predigten fragte, weshalb er so viel arbeiten müsse, »dann hieß es, ja, das sei halt das Los Gottes«.

Die Bauernfamilie war nicht arm, lebte aber genügsam von der Selbstversorgung. Ihre Produkte verkaufte sie oft in Genossenschaften, wo der Handel per Handschlag »richtig so à la Gotthelf« besiegelt wurde. Ernst Fluri nahm an solchen Anlässen jedoch nie teil.

Zu Essen gab es meistens Rösti, Brot und Kaffee. In der Küche sah Ernst Fluri manchmal Konfitüre stehen, doch für ihn gab es sie nur sonntags. Als Grundnahrungsmittel dienten Kartoffeln, entweder als *Gschwellti* oder gebraten in Schweine- oder Nierfett. Butter war zu teuer. Salat gab es auch viel, Fleisch hingegen nur sonntags. Hunger leiden musste Ernst Fluri nicht, »mir hat nichts gefehlt, vom Essen her«, die Ernährung war aber einseitig. Wenn er ein Hungergefühl verspürte, stahl er manchmal ein Ei und trank es aus.

Sehr altmodisch ging es auf dem Bauernhof zu und her. Es gab kein fließendes warmes Wasser, Ernst Fluri wusch sich mit kaltem Wasser in einem Becken im Zimmer oder am Brunnen. Er schlief in einem unbeheizten Zimmer im *Gaden* zuoberst im Haus mit einem eigenen Zugang. Es war spartanisch eingerichtet mit einem Schrank, einem Stuhl und einem alten Bauernbett. Wenn das Deckbett in kalten Nächten nicht ausreichte, holte sich Ernst Fluri eine wollene Pferdedecke aus dem Stall.

Maschinen gab es keine auf dem Hof, alles wurde von Hand erledigt. Der Bauer wollte keinen Traktor, da man ihn in dem steilen Gelände nicht brauchen könne. »Und es liege einfach nicht drin. Es sei kein Geld vorhanden.« Die Situation auf diesem Bauernhof war schwierig: »Ich kam von der Stadt in dieses Gebiet. [...] Das war hinterwäldlerisch. Wir [in der Stadt] hatten vielleicht schon Fernsehen. [...]. Oder Radio. Und da war nichts da. Keine Infrastruktur. Nichts. Da war nur der Bauernhof. Und Felder und Tiere.«

Die Familie lebte abgeschottet: Von der Welt oder von der Politik hat Ernst Fluri nie etwas mitbekommen, er wusste nicht, was geschieht. »Weil Gott war für sie die Welt. Man sprach auch vom Herrgott dort oben, wenn eine gute Kartoffel zur Erde herauskam.« Die ganze Welt drehte sich um die Landwirtschaft, das Vieh und den Glauben.

Ernst Fluri war nicht in die Familie integriert, er fühlte sich von den Pflegeeltern diskriminiert und als Knecht behandelt. So durfte er im Winter nicht mit Skis zur Schule fahren wie die leiblichen Kinder der Familie, sondern musste zu Fuß gehen. Weil er sich zur gleichen Zeit wie seine Pflegegeschwister auf den Weg machte, kam er zu spät. Der Lehrer ließ den Pflegeeltern ausrichten, sie sollten ihn früher gehen lassen. Doch zuhause erhielt Ernst Fluri nur Schläge dafür. Als er bei einem Sportanlass über Mittag in der Schule bleiben sollte, bestimmten die Pflegeeltern, dass er nicht hingehen dürfe und stattdessen auf dem Feld arbeiten müsse: »Das ist dein Sport. Das ist gesunder Sport.« Die ganzen vier Jahre, die er bei der Pflegefamilie verbrachte, ging er weder mit der Schule Skifahren, noch beteiligte er sich im Sommer an Wettkämpfen.

Ernst Fluri war auf dem Bauernhof von der Welt abgeschnitten: »Ich konnte nie mit jemandem über meine Probleme sprechen. [...] Ich war einfach vier Jahre allein.« Sein einziger Freund in der Schule war ebenfalls Verdingbub, der jedoch plötzlich nicht mehr da war. Er hatte sich bei einem Fluchtversuch verletzt und war querschnittgelähmt. Die Nachbarsleute drehten sich ab, wenn er beim Spazieren an ihrem Hof vorbei kam. »Sie haben gesagt, das ist ein Verdingbub. Das ist ein böser Bub. [...] Und dann hieß es einfach, das ist ein vom Teufel besessenes Kind.«

Freizeit hatte Ernst Fluri nur am Sonntagnachmittag von zwei bis fünf Uhr. Dann saß er draußen oder ging in den Wäldern spazieren. Gegenüber dem italienischen Knecht fühlte er sich zurückgesetzt. Dieser erhielt 295 Franken Lohn für seine Arbeit, zusätzlich zu Kost und Logis. Außerdem hatte er am Samstagabend und am Sonntag frei. Die Eltern von Ernst Fluri hingegen bezahlten 400 Franken Kostgeld pro Monat, weil er auf dem Bauernhof zur Pflege war. »Obwohl es ja keine Pflege war. Es war eigentlich eine Arbeitsstelle.« Hätte Ernst Fluri bei seinen Eltern bleiben können, so wäre es für sie finanziell einfacher gewesen. Die Mutter hatte kein Geld, um ihrem Sohn bei ihren seltenen Besuchen etwas mitzubringen: »Sie sagte: ›Schau, ich muss jeden Monat 400 Franken zahlen für dich. Ich hätte es billiger, wenn du zuhause wärst.‹«

Geburtstage wurden nicht gefeiert; seine Mutter schickte ihm aber jeweils eine Karte und gratulierte ihm. Der beigelegte *Batzen* wurde ihm von der Pflegefamilie abgenommen. Die Mutter besuchte ihn einmal im Jahr und verbrachte drei Stunden mit ihrem Sohn, im Beisein der Pflegeeltern. Dafür musste sie sich vorher bei der Pflegefamilie anmelden. Bei diesen Gelegenheiten wurde immer etwas Gutes aufgetischt.

Ernst Fluri beklagte sich bei seiner Mutter, dass er an diesem Bauernhof noch kaputtgehe. Als diese sich an die Vormundschaftsbehörde wandte, hieß es dort, wenn er nicht bei der Pflegefamilie bleiben wolle, müsse er in eine Anstalt. Doch das wollte Ernst Fluri nicht. »Ich hatte vor dem Wort Anstalt Angst. [...] Und habe das dann *duregsiechet.*«

Ernst Fluri kann das Verhalten der Vormundschaftsbehörde heute noch nicht verstehen. Sie hatte über das Schicksal eines Kindes entschieden, aber keine Kontrolle ausgeübt. Während seines Aufenthalts in der Pflegefamilie sei nicht einmal mit ihm gesprochen worden und die Missstände seien nicht kontrolliert worden, obwohl seine Mutter immer wieder vorgesprochen hatte. Die Behörden hätten lediglich auf dem Hof angerufen und sich nach dem Befinden von Ernst Fluri erkundigt. Die Bäuerin hätte daraufhin geantwortet: »›Ja, es geht ihm gut. Er ist gerade auf dem Feld.‹ Und dann, ›ja, das ist gut‹ und ›auf Wiedersehen‹.« Ihn selbst habe man nie gefragt, wie es ihm gehe.

Nach Abschluss der Schulzeit mit sechzehn Jahren kehrte Ernst Fluri wieder in den Kanton Basel-Stadt zu seiner Familie zurück und machte eine Lehre als Elektriker. Das Verhältnis zu seinen Eltern war trotz der viereinhalb Jahre auf dem Bauernhof nicht getrübt. Die

Mutter konnte ihm glaubhaft machen, dass sie nicht für sein Schicksal verantwortlich war: »Sie wollte nicht, dass ich weg kam, sondern es wurde ihr aufgezwungen«.

Heute geht ihm die Vergangenheit als Verdingkind nicht mehr nach, berichtet Ernst Fluri, »ich habe das Beste daraus gemacht.« Nach seiner Rückkehr konnte er sich durchsetzen, auch wenn er manchmal von seinen Kollegen wegen seinem Berndeutsch oder seinem *Berggang* gehänselt wurde. Durch die strenge Arbeit war er kräftig geworden und hatte keine Probleme, »sonst hätten sie Schläge bekommen«, lacht Ernst Fluri.

Schlimm aber waren die Nächte. In den ersten Jahren nach seiner Rückkehr plagten ihn Albträume: Er träumte, dass er wieder beim Bauern sei, und er wandelte im Schlaf. Ein Psychiater riet ihm, sich noch einmal mit der Landwirtschaft zu konfrontieren. Er arbeitete hin und wieder auf einem Bauernhof im Berner Seeland und erfuhr, dass nicht alle Bauern schlecht waren: »Ein Bauernhof muss nicht die Hölle sein.«

So habe er das Ganze bewältigt. Seine Skepsis gegenüber den Behörden konnte er aber nie ablegen. Er hofft, »dass solche Zeiten nie mehr kommen werden«. Deswegen ist es ihm wichtig, dass die Menschen heute diese traurigen Geschichten hören, denn viele wüssten nicht, was damals geschehen war.

Ernst Fluri arbeitete als Elektriker in verschiedenen Betrieben, auch im Ausland. Er ist verheiratet und hat eine erwachsene Tochter. Heute ist er IV-Rentner und lebt mit seiner Frau, die noch berufstätig ist, im Kanton Basel-Stadt und am Bielersee.

Sabine Bitter, Mirjam Häsler

Katharina Klodel*, 1944, Basel-Landschaft

»Im Kern waren sie himmeltraurig«

Katharina Klodel wurde im Kanton Basel-Stadt geboren. Ihre ersten Kinderjahre verbrachte sie mit ihrer älteren Schwester bei der Mutter. Da der Vater den Militärdienst absolvierte und die Mutter Geld verdienen musste, gab sie die Kinder in die Obhut der Nachbarn und des örtlichen Frauenvereins. Mit zwei Jahren wurden Katharina Klodel und ihre Schwester zum ersten Mal in ein katholisches Kinderheim im Kanton Aargau gebracht. Nachdem dort Tuberkulose ausbrach und sie angesteckt wurden, schickte man die Kinder in eine Klinik im Kanton Zug zur Erholung.

Danach nahm die Mutter die Geschwister wieder zu sich. Die Mutter hatte einen schlechten Ruf, weil sie sich vom Vater scheiden ließ und sich mit verschiedenen Männern traf. Dabei ließ sie die Kinder manchmal über Nacht allein in der Wohnung. Als Katharina Klodel dreieinhalb Jahre alt war, heiratete ihre Mutter ein zweites Mal. Gleichzeitig konvertierte sie mit ihren Töchtern zum Protestantismus, um die Kinder ins näher gelegene Heim im Kanton Basel-Landschaft bringen zu können. Reformierte Kinderheime waren billiger als katholische.

Nach ein paar Wochen nahm die Mutter Katharina Klodel wieder zu sich nach Hause, wo sie mit dem neuen Mann zusammenlebte. Die Schwester wurde in eine Pflegefamilie in den Kanton Basel-Landschaft gebracht. In der neuen Familie kam es immer wieder zu Streitigkeiten zwischen der Mutter und ihrer Schwiegermutter. Streitpunkte waren der lebendige Charakter der Mutter und vor allem die Betreuung von Katharina Klodel, für die sich die neue Schwiegermutter nicht zuständig fühlte.

Eines Tages wurde Katharina Klodel abgeholt und wieder ins Kinderheim gebracht. Sie erinnert sich an einen turbulenten Moment, als ein Mann sie einfach packte. Alles Schreien und Brüllen, ihr Versuch, sich an der Schürze der Mutter festzuhalten, nützten nichts. Sie zerriss die Schürze, als der Mann sie von der Mutter wegriss. Im Heim versuchte sie mehrmals, über den Zaun zu klettern und zur Mutter zurückzukehren. Zur Strafe wurde sie in einen dunklen Raum gesperrt. Auch die Blicke der vorbeigehenden Passanten konnte sie nicht ertragen; sie fühlte sich wie in einem Affenkäfig. Aus Schock über die Trennung verweigerte sie die Nahrung. Nach ein paar Tagen fiel sie in Ohnmacht. Ein Arzt untersuchte sie und befand, sie sei unterernährt. Es wurde beschlossen, dass für das Mädchen so bald als möglich eine Pflegefamilie gefunden werden sollte. Per Zeitungsinserat wurde ein Pflegeplatz für sie gesucht. Noch heute macht sie diese Vorstellung wütend: »*Gopferdoori*, ich gehörte doch zurück zur Mutter, sie ist ja sonst in Ordnung gewesen.« Hinzu kam, dass der Vater aus einer »Zigeunerfamilie« stammte. Eigentlich waren seine Eltern Jenische, die ihr Geld mit Arbeit in verschiedenen Dörfern verdient hatten. Er litt unter seiner Herkunft und durfte deswegen seine Tochter Katharina nicht bei sich aufnehmen.

Mit der zuständigen Frau von der Vormundschaftsbehörde reiste Katharina Klodel zu ihrer neuen Pflegefamilie im Kanton Basel-Landschaft. Sie kann diesen Tag bis heute nicht vergessen: Sie stiegen eine steile Treppe hoch, bis sie bei der Türe waren, die in die Stube führte. Katharina Klodel sollte die neuen Menschen begrüßen, einen dicken Mann, eine kleine Frau, einen Buben und ein älteres Paar. Sie hatte Angst, doch die Frau von der Vormundschaftsbehörde gab ihr einen Schubs, Katharina Klodel stand in der fremden Stube und die Frau war auf Nimmerwiedersehen verschwunden. Katharina Klodel erlitt einen Schock, sodass sie nicht mehr sprach und das Essen verweigerte. Eines Nachts wurde sie unsanft aus dem Bett gerissen und vom Pflegevater verprügelt, weil sie die ganze Nacht hindurch geweint hatte.

In der Nachbarschaft der Pflegefamilie hieß es bald, das neue Mädchen sei nicht ganz richtig im Kopf, weil es nicht sprach. Der Pflegevater war sehr jähzornig und ließ seine Launen an dem Kind aus: »Wenn der verrückt spielte, spielte der also ordentlich verrückt. Ich habe manchmal nicht einmal gewusst, warum es *chlöpft*.« Mit ihrer Pflegemutter und dem leiblichen Sohn der Familie verstand sich Katharina Klodel gut, auch mit den Großeltern, die im gleichen Haushalt lebten. Ihre Pflegemutter betonte immer wieder, dass sie wie ein eigenes Kind für sie sei. Sie bekam genügend zu essen und anständige Kleider. Die Mahlzeiten nahm Katharina Klodel mit der Familie ein, wobei es immer wieder zum Streit zwischen den Familienmitgliedern kam. Die Großeltern führten einen kleinen Landwirtschaftsbetrieb, während der Vater an einem anderen Ort arbeitete. Katharina Klodel musste viel arbeiten, putzen, im Haushalt mithelfen, Böden und Treppen fegen oder das Essen richten, wenn sie nicht auf dem Feld arbeitete.

Ein besonderes Verhältnis hatte Katharina Klodel zu ihrem Pflegegroßvater, den sie sehr lieb habe und den sie auch bewunderte. Er spielte ihr etwa auf seiner Geige etwas vor, gab ihr Süßigkeiten oder erzählte ihr, wie die Familie Klodel, aus der ihr Vater stammte, ihm das *Korben* beigebracht habe und was für eine Familie das gewesen sei. Die Erzählungen des Pflegegroßvaters durfte sie nicht den Pflegeeltern verraten, sonst wäre der Pflegevater wieder wütend geworden.

Bis Katharina Klodel etwa acht Jahre alt war, schlief sie im Zimmer ihrer Pflegeeltern. Danach wurde ihr Schlafplatz hinter einen großen Schrank verlegt, der das Zimmer des Pflegebruders unterteilte. Der Platz war eng und noch heute fürchtet sie sich deshalb vor Schränken. Sie hatte Angst, dass der Schrank im Schlaf auf sie fallen könnte. Wenn der Vormund zu Besuch war, wurde das Zimmer schön hergerichtet, sodass der Eindruck entstand, das Zimmer des Pflegebruders würde ihr gehören. Die Fotos wurden weggeräumt und alles gründlich geputzt. Die offene Türe reichte gerade so weit an den Schrank, dass man nicht dahinter sehen konnte. Vor dem Besuch wurde Katharina Klodel eingeschärft, »das Maul zu halten«. So wurde die Vormundschaftsbehörde von den Pflegeeltern regelrecht getäuscht.

Im Dorf hatte die Familie einen guten Ruf, da sie sich durch den Verdienst des Vaters und den Erlös aus dem Landwirtschaftsbetrieb ein Auto leisten konnte. Die Kinder im Dorf waren neidisch, weil auch Katharina Klodel mit dem Auto an den Sonntagsausflügen teilnehmen durfte. Die Familie schien durch diesen Luxus »etwas Besseres« zu sein, »aber im Kern waren sie himmeltraurig«. Nach außen hin wirkte alles immer perfekt, doch Katharina Klodel wurde bis zum Alter von ungefähr zehn Jahren regelmäßig verprügelt. Der Dorflehrer erwischte den Pflegevater mehrmals, als er sie schlug. Er drohte ihm mit einer Anzeige und dass Katharina Klodel aus der Familie genommen würde. Von ihren leiblichen Eltern war sie nie geschlagen worden.

Ein weiterer Lichtblick war der Dorfpfarrer, der Katharina Klodel gut mochte und bis zu seinem Tod ihr Lieblingspfarrer war. Schon bevor sie in die Schule ging, nahm er sie mit in den Unterricht, wohin sie auch ihre Puppe mitbringen durfte. Nach dem Unterricht schenkte er ihr immer ein *Schoggistängeli.*

In der Schule saß Katharina Klodel neben einem geistig behinderten Kind, das sie mit seinem Speichel oder gelegentlichen Stößen erheblich störte. Dieses Mädchen war die Tochter einer Verwandten der Pflegemutter, und Katharina Klodel durfte sich nicht beklagen. Die Kinder hänselten sie deswegen und sagten, sie passten zueinander.

Katharina Klodel bekam oft Besuch von ihrem leiblichen Vater, dessen Frau und ihrem Halbbruder. Die Pflegefamilie wollte den Besuch meist so schnell wie möglich wieder loswerden. Manchmal wurde dem Vater die Türe nicht geöffnet, und sie wiesen Katharina Klodel an, ruhig zu sein, sonst gebe es Schläge oder sie müsse in den dunklen Keller. Mehrmals versuchte ihr Vater, sie in seine neue Familie zu holen, jedoch erfolglos. Wenn er sie in den Ferien zu sich nehmen wollte, drohte ihr der Pflegevater damit, dass sie nie wieder zurückkommen dürfe und sie ihre Tiere nie wiedersehen würde. Die Stadt, in der ihr leiblicher Vater mit seiner neuen Familie lebte, wurde ihr als ein schlimmer Ort beschrieben, wo alles schmutzig und eklig sei.

Da ihr keine Wahl blieb, entschied sich Katharina Klodel, weiterhin bei ihren Pflegeeltern zu wohnen. Besuche der Mutter empfand sie weniger positiv. Sie schämte sich, weil diese immer elegant gekleidet war und der Pflegevater Katharina Klodel deswegen hänselte. Am Schlimmsten war jedoch, dass ihre Mutter sie nicht bei sich behalten hatte. Das verzieh sie ihr nicht. So war es ihr auch egal, wenn sie nicht zu Besuch kam. »Wenn sie mich besuchen kam, war ich immer wütend. Obwohl ich sie umklammert hatte, rissen sie mich weg, da hatte ich wahrscheinlich immer das Gefühl, sie wollte mich gar nicht.« Einmal im Jahr fuhr der Pflegevater sie auf seinem Motorrad zu ihrer Schwester, damit sie weiterhin in Verbindung bleiben konnten. Ansonsten wurde ihr von den Pflegeeltern jeder Kontakt zu Verwandten ihrer leiblichen Eltern verboten.

Als sie fünfzehn Jahre alt war, wurde Katharina Klodel von ihrem Pflegebruder genötigt. Bei einem Gespräch mit der Großmutter, die sie über gefährliche Männer aufklären wollte, erzählte sie ihr alles. Die Pflegemutter wurde ebenfalls davon in Kenntnis gesetzt. Diese unternahm nun alles, um ihren Sohn vor einer Anzeige von Katharina Klodel zu schützen: Der Ruf der Familie würde in den Dreck gezogen und außerdem die Beziehung zwischen Katharina Klodel und der Pflegefamilie zerstört. Sie beruhigte Katharina Klodel damit, dass so etwas schon vielen passiert sei, und versprach ihr ein Sparbüchlein, das sie ihr geben werde, wenn sie den Mund halte.

Nach Abschluss der Schule absolvierte Katharina Klodel gegen den Willen der Pflegefamilie ein Haushaltslehrjahr in einer Bäckerei. Sie wohnte bei der Bäckerfamilie und bekam ein eigenes Schlafzimmer, was sie am meisten freute. Dieses Jahr war für sie auch das schönste Jahr; sie durfte im Laden mithelfen, die Kunden bedienen, und das erfüllte sie mit Stolz. Die Meistersleute waren lieb und verwöhnten sie ein wenig. Katharina Klodel hatte regen Kontakt mit ihnen, bis sie starben. Ihre einzige Tochter ist heute noch ihre beste Freundin. Als das Jahr zu Ende war, musste Katharina Klodel wieder zurück zur Pflegefamilie. Dort hatte sich nichts geändert, sie musste wieder hinter dem Schrank schlafen. Ihre Pflegemutter und die Berufsberaterin rieten ihr zu einer Schneiderinnenlehre. Viel lieber wollte sie eine Lehre als Coiffeuse machen, doch sie gab dem Druck der Pflegemutter schließlich nach. Sie hoffte darauf, nach der Schneiderinnenlehre die zweijährige Ausbildung zur Kindergärtnerin absolvieren zu können, wie die Berufsberaterin es ihr vorgeschlagen hatte. Nach Abschluss ihrer Lehre erklärte sich jedoch niemand mehr bereit, ihr die weiterführende Ausbildung zu bezahlen. Von ihrem Lehrgeld bekam sie nicht einmal das obligatorische Taschengeld, die Pflegefamilie nahm alles an sich. Zusätzlich bekam die Familie für die zweieinhalb Lehrjahre zehntausend Franken ausbezahlt.

Nach der Lehrzeit trat Katharina Klodel eine Stelle als Damenschneiderin an. Den Lohn musste sie gegen ihren Willen zuhause abgeben. Die Pflegemutter meinte, das sei ganz normal, sie sei doch wie ein eigenes Kind. Die Pflegeeltern versprachen ihr, dass sie später erben werde, sie würden sie ganz sicher nicht vergessen.

Katharina Klodel nahm später im Kanton Solothurn eine neue Stelle an und zog aus. Wenn sie ein freies Wochenende hatte, ging sie trotz allem gerne nach Hause. Als sie zwanzig Jahre alt war, überredete der Pflegevater sie dazu, ihren Namen zu ändern und denjenigen der Pflegefamilie anzunehmen. Der Pflegevater drohte wie immer damit, den Kontakt abzubrechen. Ihr wäre es aber lieber gewesen, ihren Nachnamen in Hodel zu ändern, was ähnlich tönte, anstatt den Familiennamen der Pflegefamilie anzunehmen. Doch auch der Vormund ließ sich von der Pflegefamilie blenden und begrüßte den Vorschlag des Pflegevaters als gute Idee. Auf Katharina Klodel wurde keine Rücksicht genommen, und der Vormund meinte, sie solle dankbar sein. Schließlich gab sie nach und änderte ihren Namen auch im Hinblick auf ihre zukünftigen Kinder, die unter ihrem bisherigen Nachnamen leiden könnten. Ihr Name wurde nämlich häufig in abwertender Weise mit »Zigeunern« in Verbindung gebracht.

Katharina Klodel heiratete, und die junge Familie lebte in verschiedenen Kantonen, bevor sie sich in Basel-Landschaft niederließ. Sie wohnten nicht weit von dort, wo sie aufgewachsen war, obwohl sie ihrem Mann gegenüber den Wunsch geäußert hatte, nie wieder in diesen Kanton zu ziehen. Die Pflegemutter freute sich am meisten über diesen Umzug, denn so konnte sie ihre Kleider gratis bei ihr nähen lassen. Als Katharina Klodel und ihr Mann für den Hausbau einen Kredit aufnehmen mussten, fragte sie ihre Pflegemutter nach dem Geld, das sie ihr damals versprochen hatte. Die Pflegemutter lehnte ab: Das Geld wurde für den leiblichen Sohn ausgegeben, der sich zur gleichen Zeit selbständig machte. Trotzdem blieb sie den Pflegeeltern treu bis zu ihrem Tod und nahm aus Rücksicht keinen Kontakt zu ihrer leiblichen Familie auf.

Bevor die Pflegemutter starb, schrieb sie ein Testament für Katharina Klodel und legte es ins Familienbüchlein. Leider war es ungültig, weil sie im Testament »teilt redlich mit Katharina« schrieb. Das Gericht hatte dem Pflegebruder recht gegeben, denn »redlich« könne man nicht teilen. Der Pflegebruder gewann den Prozess und meinte, er hätte sowieso »so einer« nichts bezahlt. Er sei und bleibe der einzige Erbe. Und dies, obwohl Katharina Klodel und ihr Pflegebruder vor dem Erbschaftsstreit gut miteinander auskamen.

Mit 58 Jahren konnte Katharina Klodel ihre Akten einsehen. Sie war traurig und wütend, weil sie erkannte, wie sie angelogen und betrogen worden war. Zum Beispiel hatte ihr Vater gesagt, dass er für sie bezahlten musste, doch die Pflegeeltern hatten dies abgestritten. Als Katharina Klodel einmal für den Winter einen Mantel haben musste, war die Pflegemutter erzürnt und brachte Katharina Klodel zum Weinen. Sie wollte nicht mehr wachsen, damit sie den Pflegeeltern nichts mehr kostete. Ihr Konfirmationskleid und die Schuhe kamen die Pflegefamilie angeblich so teuer zu stehen, dass sie sich zum Fest nur ein einfaches Essen zuhause leisten konnten. Katharina Klodel las aber in den Akten, dass alles bezahlt worden war und darüber hinaus noch viel mehr. Sie hat ihren Pflegeeltern trotz allem verziehen, doch vergessen kann sie nicht.

Heute ist Katharina Klodel glücklich mit ihrem Mann, den drei erwachsenen Kindern und den Großkindern; das Familienleben bringt viel Abwechslung und Freude. Deswegen hat sie wenig Zeit, an die Vergangenheit zu denken.

Mirjam Schlaepfer

Margaretha Hirzel, 1940, Bern, Zürich

»Weit weg von zuhause und dort arbeiten, wo es viele Leute hat«

Margaretha Hirzel wurde als Tochter eines Hufschmieds und einer Hausangestellten zusammen mit zwei Drillingsbrüdern geboren. Die Eltern hatten zwei Tage zuvor im Spital geheiratet. Einer ihrer Brüder kam tot zur Welt, der andere Bruder und Margaretha Hirzel überlebten. Nach der Geburt kamen die Geschwister in ein Kinderheim im Kanton Bern, wo sie sechs Jahre verbrachten, ohne dass die Eltern sie je besuchten. In dieser Zeit trennten sich ihre Eltern. Nach den sechs Jahren Kinderheim wurden sie und ihr Bruder auf einen Bauernhof gebracht. Bereits einen Monat später wurden die Geschwister getrennt; der Bruder kam in ein Hotel im Berner Oberland, und das Mädchen blieb bei der Bauernfamilie.

Von da an änderte sich ihr Leben schlagartig. Sie musste bereits mit sechs Jahren den Haushalt führen: »Ich musste [...] kochen, waschen, putzen, bevor ich überhaupt in die Schule ging. Es sagte aber niemand, wie ich es machen muss oder was ich machen muss. Da gab es einfach *Chläpf*, wenn etwas falsch war, *hätts halt eifach tschäderet.*« Sie wurde bei Missgeschicken mit dem Lederriemen, mit Holz oder dem Teppichklopfer geschlagen.

Den Kindergarten durfte Margaretha Hirzel nicht besuchen. Mit acht Jahren wurde sie im Kanton Aargau eingeschult. Nach der Schule ging sie sofort nach Hause, wo sie putzte, im Garten arbeitete und für die Familie kochte. Einige Monate später tauchte plötzlich ihre leibliche Mutter auf und lebte von da an auch auf dem Bauernhof ihrer Pflegeeltern. Für Margaretha Hirzel war sie eine Fremde. Die Mutter arbeitete nicht, sondern lag auf dem Sofa und las Romane oder Hefte. Margaretha Hirzel verrichtete den Haushalt weiterhin ohne jegliche

Hilfe. Die Schularbeiten konnte sie erst spät abends erledigen, und wenn sie einen Fehler machte, bekam sie Schläge.

Freizeit gab es für sie nicht. Sie durfte nicht mit anderen Kindern spielen, nicht auf Schulreisen mitfahren, nicht baden gehen und nicht allein im Zimmer sein, um sich auszuruhen. Sie musste putzen, waschen, bügeln, kochen und täglich fünfzehn Zentimeter Pullover oder Socken stricken.

Die Pflegemutter hatte epileptische Anfälle und war geistig behindert. Margaretha Hirzel musste das Bett mit ihr teilen. Wenn der Bauer nicht da war, durfte sie nicht in die Schule gehen, sondern musste auf dem Hof bleiben und auf seine Frau aufpassen, die sehr viel Zeit am Fenster sitzend verbrachte. Eines Tages, Margaretha Hirzel war damals in der zweiten oder dritten Klasse und allein zuhause, hatte die Pflegemutter einen Anfall. Dabei schlug sie ihren Kopf gegen die Fensterscheibe und verletzte sich schwer. In der Not nahm Margaretha Hirzel Faden und Nadel zur Hand, legte die Nadel in Schnaps ein und nähte die Wunde zu. Später schaute sich ein Arzt die Wunde an und war zufrieden mit ihrer Notoperation, weil sie die Nadel in Schnaps desinfiziert hatte. Aber »der Pflegevater hat getan *wien e bari Sau.* […] Und ich musste wieder ohne *Znacht* ins Bett. Ich weiß nicht, wie viele Male ich ohne *Znacht* [ins Bett musste]. Als ich aus der Schule kam, war ich unterernährt.«

Als Margaretha Hirzel noch nicht ganz zehn Jahre alt war, versammelte sich das ganze Dorf, um ein Hochzeitspaar zu empfangen. Auch Margaretha Hirzel wartete mit ihrer Klasse und dem Lehrer auf dem Trottoir auf die Ankunft des Paares, als ein Motorradfahrer über die Kreuzung schoss und in die Schulklasse raste. Margaretha Hirzel erwischte es ganz schlimm, ihr Schädel war zertrümmert. Sie war bei vollem Bewusstsein, sah aber nichts mehr, und hörte ihre Mutter sagen: »›Hoffentlich verreckt sie!‹ Und das war brutal.« Im Spital wurde ihr Kopf ohne Betäubung genäht. Der Arzt meinte nur: »Halte still, sonst musst du mit ungenähtem Kopf wieder nach Hause gehen!« Sie hatte einen doppelten Kieferbruch, einen Schädelbruch und auf ihr Gesicht musste Haut verpflanzt werden. Neun Monate verbrachte sie im Spital unter der Aufsicht von Nonnen. Über Jahre hinweg hatte sie keine Zähne und Haare mehr.

Zwei Jahre nach dem Unfall zog die Pflegefamilie zusammen mit Margaretha Hirzels leiblicher Mutter in den Kanton Zürich. Dort heiratete die Mutter einen Alkoholiker. Im Hass schoss dieser mit den Worten »Dieser Bastard muss vernichtet werden« auf Margaretha Hirzel und verfehlte sie nur knapp. Sie war zu diesem Zeitpunkt in ihrem Zimmer eingesperrt und rüttelte so lange an der Zimmertüre, bis sie offen war. Danach stieß sie ihren Stiefvater die Treppe hinunter. Später hielt ihr ihre Mutter vor, er sei tot und sie sei schuld daran.

Margaretha Hirzel hatte endlich ein eigenes Zimmer, was für sie eine Freude, aber zugleich ein Leid war. Denn sie wurde mit elf Jahren von dem Bauern ein- bis zweimal wöchentlich sexuell missbraucht. Nebenbei hatte er ein Verhältnis mit ihrer Mutter. Die Mutter wusste von den Nöten der Tochter, unternahm aber nichts. Wegen der Schmerzen im Genitalbereich konnte Margaretha Hirzel in der Schule nicht mehr sitzen. Der Lehrer brachte sie zu einem Arzt, und beide setzten sich für sie ein. Mit dreizehn Jahren zog sie ins Nachbarhaus zu ihrer Tante. Dieser erzählte sie von ihrem Leid. Die Tante verklagte den Bauern und er bekam wegen sexueller Misshandlung eine Gefängnisstrafe. Die verantwortliche Polizistin fragte Margaretha Hirzel, wo sie arbeiten möchte, und sie meinte: »›Weit weg von zuhause und dort, wo es viele Leute hat und wo ich nicht allein bin.‹ Ich habe bis heute Angst vor dem Alleinsein.«

Margaretha Hirzel zog allein in den Kanton Glarus und arbeitete in einem Restaurant, das von einem kinderlosen Ehepaar geführt wurde. Sie machte eine Servicelehre und die Wirteprüfung und lernte ihren ersten Freund kennen. Irgendwie passierte es, dass ihre Mutter von diesem Freund erfuhr und die beiden auseinanderbrachte. Margaretha Hirzel zog enttäuscht wieder zur Tante. Dort lernte sie während der Arbeit im Service ihren ersten Mann kennen. Sie heiratete ihn aus Trotz, weil die Mutter die vorherige Beziehung auseinandergebracht hatte. Am Tag vor der Hochzeit brach ihr zukünftiger Gatte in eine Bäckerei ein und wurde verhaftet. »Ich hätte die Ehe annullieren können, aber ich dachte: ›Jeder kommt mal auf den schlechten Weg, man muss ihm helfen, um da raus zu kommen.‹ Das war meine Gutmütigkeit [...]. Und das wurde mir zum Verhängnis.«

In vier Jahren gebar Margaretha Hirzel zwei Kinder und erlitt sechs Fehlgeburten. Mit dem Erstgeborenen zogen die Eheleute zu den Eltern des Ehemannes in den Kanton St. Gallen. Ihr ganzes Erspartes verspielte ihr Mann an Spielautomaten. Nach vier Jahren Ehe traf Margaretha Hirzel im Restaurant, wo sie arbeitete, einen ehemaligen Nachbarn aus dem Kanton Zürich wieder. Dessen Frau hatte von einem Unfall eine schwere Hirnschädigung davongetragen. Sie war auf Pflege angewiesen und konnte ihre drei Kinder nicht mehr aufziehen. »So haben wir gesagt: ›Er braucht jemanden, der für die Kinder schaut. Meine Kinder bräuchten eigentlich ein Dach über dem Kopf.‹« Margaretha Hirzel reichte die Scheidung ein, sorgte von nun an für die Kinder ihres späteren zweiten Ehemannes und pflegte seine behinderte Frau über ein Jahr lang, bis diese von ihrer Mutter nach Kärnten geholt wurde.

Margaretha Hirzel bekam zwei weitere Kinder, doch geheiratet wurde erst zehn Jahre später. Margaretha Hirzel lebt heute mit ihrem Mann im Kanton St. Gallen.

Tanja Sackmann

Kindswegnahme und Fremdplatzierung

Katharina Moser

Gründe für Kindswegnahmen

Weshalb wurden die Kinder aus ihren Familien weggeholt oder weggerissen und in Pflegefamilien platziert? Die von uns befragten ehemaligen Verdingkinder nannten hierfür verschiedene Gründe: Armut und Scheidung, Tod oder Alkoholsucht der Eltern oder eines Elternteils, uneheliche Geburt, physische und sexuelle Übergriffe.

Verdingkinder stammten nicht selten aus kinderreichen Familien. So hatten auch vier der fünf im Folgenden porträtierten Personen acht bis zwölf Geschwister. Eltern, deren Kinder verdingt wurden, gehörten in der Regel zur Unterschicht, und die Familien lebten meist in schlechten wirtschaftlichen Verhältnissen. Häufig reichte das Einkommen der Ehemänner und Väter auch bei voller Erwerbstätigkeit nicht aus, um ihre Familien zu ernähren. Das bürgerliche Ideal vom »männlichen Ernährerlohn« entsprach nicht der Realität dieser Familien.

Wenn ein Elternteil erkrankte, verunfallte oder starb, gerieten die Familien mangels Versicherungen und sozialer Institutionen häufig an den Rand ihrer Existenz. Hinzu kamen oftmals Probleme und Konflikte innerhalb der Familie; die Eltern waren mit der Betreuung und Erziehung ihrer Kinder überfordert. Viele der porträtierten Verdingkinder hatten unter der Alkoholabhängigkeit ihrer Mütter und Väter zu leiden. Die Lebensumstände in den Herkunftsfamilien der Verdingkinder waren vielfach schwierig.

Dazu meint etwa Elisabeth Götz: »Auch wir haben sozial unwürdig, am unteren Rand gelebt. Und es wäre eigentlich gut gewesen, wir wären an einen guten Platz gekommen.« Doch häufig kamen die Verdingkinder »vom Regen in die Traufe«, wie Ruth Windler treffend konstatiert. Statt in den Pflegefamilien ein neues Zuhause zu finden und akzeptiert zu werden, stießen sie dort auf Ablehnung, wurden diskriminiert und ausgenutzt.

Vormundschaftliche Eingriffe in die Familie waren seit der Einführung des Zivilgesetzbuches von 1912 ein neuartiges Mittel der öffentlichen Sozialpolitik in der Schweiz. Unter dem Stichwort Kinderschutzbestimmungen waren diese im ZGB von 1912, Artikel 283–285 geregelt. Fortan war es der Vormundschaftsbehörde möglich, im Falle einer »Verwahrlosung« von Kindern den Entzug der elterlichen Gewalt anzuordnen sowie die Kinder aus der Familie zu nehmen und fremdzuplatzieren. Die Artikel 283, 284 und 285 waren sehr offen formuliert. »Pflichtwidrigkeit«, »dauernde Gefährdung« oder »Verwahrlosung« galten als Voraussetzungen für die Wegnahme eines Kindes oder den Entzug der elterlichen Gewalt. Mit welchen Argumenten die Vormundschaftsbehörde in den hier vorliegenden Fallgeschichten die Kindswegnahmen und Fremdplatzierungen legitimierten – sofern diese überhaupt formell vonstatten gingen – und wie die betroffenen Eltern darauf reagierten, ist in den meisten Fällen mangels Akteneinsicht nicht genau geklärt und wäre noch zu prüfen.

Uneheliche Kinder

Die Geschichte des Verdingkindes ist in vielem diejenige des unehelichen Kindes. So zeigt ein Blick in den Verwaltungsbericht der Direktion der sozialen Fürsorge der Stadt Bern, dass von den im Jahr 1934 unter Vormundschaft der beiden Armeninspektoren stehenden 947 Kindern und Jugendlichen 46 (4,9 Prozent) Waisen waren, 318 (33,6 Prozent) unehelich geboren worden waren und 583 (61,6 Prozent) von Eltern stammten, denen die elterliche Gewalt entzogen worden war, sei es anlässlich der Scheidung oder in Anwendung von Artikel 285 ZGB.[1]

Auch von den 270 befragten ehemaligen Verdingkindern stammen etliche aus illegitimen Beziehungen. Von den porträtierten vierzig Frauen und Männern sind jedoch lediglich Elsa Schweizer, Elfie Stiefmaier,

Ruth Windler, Heidy Hartmann und Josef Anderhalden unehelich geboren worden.

Gemäß Artikel 311 ZGB waren die Kantone verpflichtet, jedem unehelichen Kind einen Beistand zu bestellen, welcher »durch einen Vormund ersetzt [wird], wenn die Vormundschaftsbehörde es nicht für angebracht erachtet, das Kind unter die elterliche Gewalt der Mutter oder des Vaters zu stellen«. Ledigen Müttern sollte die elterliche Gewalt also nicht generell vorenthalten werden. Gebe es doch, wie ein Jurist in seinem Kommentar zum Gesetzesartikel meinte, zweifellos außereheliche Mütter, welche »fähig und würdig« genug seien, »um sie zu Vormünderinnen ihrer Kinder zu bestellen oder ihnen gar die volle elterliche Gewalt zu überlassen«.[2] Ein anderer Kommentator teilte diese Einschätzung, fügte jedoch an: »Zur Regel aber darf die Unterstellung unter die elterliche Gewalt der außerehelichen Mutter nicht werden wegen der größeren Gefährdung der außerehelichen Kinder.«[3]

Die Bedenken des Juristen sollten jedoch unbegründet sein – zumindest was die Erziehungsberechtigung lediger und wenig bemittelter Mütter betraf. In der Stadt Bern wurde nämlich bei unehelichen Kindern aus der Unterschicht die Beistandschaft gleich in eine Vormundschaft umgewandelt, falls oder sobald deren Mütter von der Fürsorge unterstützt werden mussten.[4] Es waren nicht nur die von den Behörden immer wieder betonten ökonomischen Schwierigkeiten der ledigen Mütter, die zu Kindswegnahmen führten – im Übrigen hätten die Fürsorgebehörden die unehelichen Kinder ja auch im Haushalt der alleinstehenden Mütter unterstützen können –, auch die Gefährdung des bürgerlichen Familienbildes spielte eine Rolle. Alleinerziehende Mütter und ihre unehelichen Kinder entsprachen nicht dem bürgerlichen Familienideal, wie einer Arbeit über »Uneheliche und Scheidungskinder in Pflegefamilien« aus dem Jahr 1949 zu entnehmen ist: »Die unehelichen Kinder werden als Glieder einer unvollständigen Familie geboren, daher ist es für den Bub und das Mädchen äußerst wichtig, dass sie in einer günstigen Umgebung aufwachsen, wenn möglich in einer vollständigen, gesunden Familiengemeinschaft [...].«[5]

Die unehelichen Kinder wurden meistens in Familienpflege gegeben, wobei wiederum finanzielle Aspekte im Vordergrund standen und weniger das Wohl des Kindes. Für die Behörden war es kostengünstiger, ein Kind bei einer Pflegefamilie auf dem Land unterzubringen, als dessen ledige Mutter zu unterstützen. Häufig wurden diese Kinder in ihren Pflegefamilien jedoch nicht integriert, und der Makel des »unehelich Geborenen« haftete ihnen weiter an. So wurde auch Elsa Schweizer, deren neunzehnjähriger lediger Mutter von den Behörden jegliche Erziehungsfähigkeit abgesprochen worden war, von ihrer Pflegemutter »ein Kind der Sünde« genannt.

Die Mutter von Ruth Windler bekam als Zwanzigjährige ihr zweites uneheliches Kind. Während der zwei Jahre ältere Bruder bei der Großmutter aufwachsen durfte – »er hat es besser gehabt«, urteilt Ruth Windler rückblickend –, kam sie nach der Geburt in ein Kinderheim und anschließend in verschiedene Pflegefamilien. Mit ihrer Mutter hatte sie keinen Kontakt. Sie besuchte bereits die neunte Klasse, als sie diese zufällig zum ersten Mal traf. Die Mutter kaufte ihr das Konfirmationskleid, doch sie blieb für Ruth Windler eine fremde Frau, zu der sie keine emotionale Beziehung hatte und die früh verstarb. Im Erwachsenenalter erfuhr Ruth Windler dann mehr über die schwierigen Lebensverhältnisse ihrer Mutter und kann heute deren Verhalten einigermaßen nachvollziehen.

Die Fremdplatzierung in Pflegefamilien

Aus den Lebensberichten der Betroffenen geht hervor, dass die bevorstehenden Fremdplatzierungen mit den Kindern in der Regel nicht besprochen wurden. Häufig wurden die Kinder durch diese abrupten Platzierungen traumatisiert. Elisabeth Götz war achtjährig, als sie wie einige ihrer zwölf Geschwister fremdplatziert wurde, nachdem sich ihre Eltern hatten scheiden lassen. Ohne Erklärungen wurde das Mädchen von seiner Mutter zur Pflegefamilie gebracht. Elisabeth Götz erinnert sich: »Also der erste Bruch bei mir war, als meine Mutter uns einfach so weggab. Das Schlimme war […], so abgestellt zu werden. Ohne Informationen, ohne nichts, und dann standest du dort einfach bei fremden Leuten.«

Nelly Haueter berichtet, dass sie und ihr jüngerer Bruder in einer »Nacht- und Nebel-Aktion« weggeholt worden seien: Sie aus der Schule und der Bruder aus dem Kindergarten. Die beiden Geschwister wurden in verschiedenen Pflegefamilien platziert und im Glauben gelassen, bald wieder zu den Eltern heimkehren zu können.

Anders war es bei Martha Mosimann: Mit zwölf Jahren ergriff sie selber die Initiative für eine Fremdplatzierung. Als zweitjüngstes von elf Geschwistern in ärmlichen Verhältnissen im Kanton Luzern aufgewachsen, fühlte sie sich von ihren Eltern vernachlässigt und in der Familie als Außenseiterin. Also bat das Mädchen den Pfarrer in einem Brief um Mithilfe bei der Suche nach einem geeigneten Pflegeplatz, was dieser auch tat. Und da die Mutter nichts dagegen einzuwenden hatte, sogar erfreut war darüber, »dass wieder eines weniger am Tisch war«, kam Martha Mosimann kurze Zeit später zu einer Pflegefamilie in den Kanton Bern. Der Abschied von der Familie fiel ihr allerdings schwerer, als sie sich vorgestellt hatte. Fortan war sie auf sich allein gestellt. Am neuen Pflegeplatz wartete eine Menge Arbeit auf sie. Kontrolle seitens der Behörden gab es keine.

Gemeindebehörden und vormundschaftliche Organe waren sich über ihre Pflichten im Pflegekinderwesen häufig nicht im Klaren. Nicht selten kam es vor, dass Kinder, die durch ihre Eltern, die Armenbehörden oder vormundschaftliche Organe bei Dritten platziert worden waren, dem Schicksal überlassen wurden. Die Versorger kümmerten sich nicht genügend um sie oder verließen sich darauf, dass die Behörden des Pflegeortes oder die staatlichen Aufsichtsbehörden das Pflegeverhältnis überwachen oder nötigenfalls einschreiten würden.

Die mangelhafte oder gar unterlassene Pflegekinderaufsicht wurde vonseiten der Behörden verschiedentlich kritisiert. Der Vorsteher des Jugendamtes der Stadt Bern meinte Mitte der 1920er-Jahre, im Kanton Bern seien viele Kinder unbeaufsichtigt und es wäre dringend zu wünschen, dass die Pflegekinderaufsicht in sämtlichen Gemeinden und nicht nur in einigen durchgeführt werde.[6] Er setzte sich für eine vermehrte Professionalisierung der Sozialarbeit ein, indem er die Anstellung einer weiteren ausgebildeten Fürsorgerin forderte. Die Beaufsichtigung gefährdeter Kinder sei eine zu wichtige Sache, als dass sie bloß dilettantisch betrieben werden dürfe, monierte der städtische Beamte.[7]

1944 wurde im Kanton Bern die Pflegekinderaufsicht mit der Verordnung betreffend die Aufsicht über Pflegekinder geregelt. Obwohl die Pflegeplätze gemäß dieser Verordnung möglichst beständig sein sollten, kam es immer wieder zu Umplatzierungen der Kinder. Viele der befragten Frauen und Männer wurden in ihren Kinder- und Jugendjahren mehrmals in anderen Pflegefamilien oder zwischenzeitlich in Erziehungsheimen untergebracht. Nicht selten erfolgte die behördliche Umplatzierung oder sogar die Flucht der Verdingkinder aus den unsäglichen Lebensverhältnissen bereits nach kurzer Zeit, und die Liste der verschiedenen Pflegeplätze ist dementsprechend lang.

Die Gründe, die ihre Vormünder zu diesem Schritt veranlasst hatten, blieben den Mündeln allerdings häufig vorenthalten. So kam Christian Röthlisberger mit zehn Jahren an einen neuen Pflegeplatz, ohne vorher darüber informiert worden zu sein. Dagegen begründete der Vormund von Ruth Windler deren Umplatzierung bei Schuleintritt mit der Äußerung, der Schulweg wäre zu lang gewesen. Ruth Windler hegt jedoch heute Zweifel an dieser Begründung, denn die Töchter der Pflegemutter, einer Witwe, bei der sich Ruth Windler gut aufgehoben gefühlt hatte, hatten denselben Schulweg. Glücklicherweise hatte es das Mädchen auch bei der zweiten Pflegefamilie gut; es wurde sogar ein wenig verwöhnt und die neuen Pflegeeltern wurden ihm zu

»Mama« und »Papa«. Doch das Glück sollte nicht lange währen. Nach zwei Jahren wurde Ruth Windler erneut umplatziert; diesmal ohne vorher eingeweiht worden zu sein und zu einer Pflegefamilie, die sich nicht um das Wohl des Mädchens kümmerte.

In den Verwaltungsberichten der Direktion der sozialen Fürsorge der Stadt Bern wurde regelmäßig darauf hingewiesen, dass das Armeninspektorat in der Regel über eine ausreichende Anzahl angemeldeter Pflegeplätze verfüge, »von denen uns [dem Inspektorat, K. M.] ein Großteil von frühern Placierungen her als gut bekannt ist«.[8] Die Platzierung, soweit es sich um »normal begabte Kinder« handelte, bot nach Angaben der Amtsstelle keine besonderen Schwierigkeiten: »Auf unseren Inspektionstouren können wir immer wieder mit Genugtuung feststellen, dass sich glücklicherweise im Bernbiet recht viele uneigennützige Pfleger finden, die in liebevoller Weise unsern Mündeln das Elternhaus ersetzen«, wurde im Verwaltungsbericht von 1928 betont. Und weiter ist dort zu lesen, es sei daher nicht zu verwundern, wenn mehr und mehr Pflegekinder aus andern Kantonen in »einzelne Gebiete unseres Kantons« platziert würden.[9] Dass die Pflegekinder gerade in diesen Gebieten des Agrarkantons Bern – etwa im Emmental, Oberaargau und Oberland – für die Bauern willkommene Arbeitskräfte darstellten, blieb in den Behördenberichten unerwähnt.

Die Vormundschaft

Christian Röthlisberger versuchte nach der Lehre so schnell wie möglich von seinem Vormund loszukommen. Ruth Windler heiratete mit achtzehn Jahren und entfloh so der Vormundschaft. Nelly Haueter erinnert sich, dass ihr Vormund einmal im Jahr bei der Pflegefamilie erschienen sei, ohne je einmal mit ihr zu sprechen. Auch Elisabeth Götz weiß nichts Rühmliches zu berichten über die Fürsorge- und Vormundschaftsbehörde: Diese hätten versagt, ihre Aufgaben und Pflichten nicht wahrgenommen. Die Vormünder und Beistände – es waren nämlich, zumindest im Kanton Bern, fast ausschließlich Männer – erscheinen in den Äußerungen der ehemaligen Verdingkinder in einem schlechten Licht. Bei den Pflegeplatzinspektionen ließen sie sich von den Pflegeeltern häufig etwas vormachen, gaben sich mit deren Auskünften zufrieden und ließen sich in der »guten Stube« bewirten, statt mit den schutzbefohlenen Kindern zu sprechen und deren Meinungen und Anliegen anzuhören. Augenfällig ist auch, dass die Behörden die Pflegeplätze weit weniger streng beurteilten als die Lebensverhältnisse in den Herkunftsfamilien der Kinder.

Die unehelich geborene Ruth Windler erhielt kurz nach der Geburt einen Amtsvormund. Ihre Erinnerungen an diesen Behördenvertreter sind negativ. Ungefähr alle zwei Jahre besuchte er sein Mündel. Der Besuch wurde jeweils zuvor angekündigt und das Mädchen von seiner Pflegemutter in anständige Kleider und Schuhe gesteckt, die ihm sonst vorenthalten blieben. Ruth Windler wagte aber nicht, sich beim Vormund zu beklagen. Auch den verschiedenen, vom Vormund angeordneten Umplatzierungen gegenüber war sie ohnmächtig.

Nach ihrem Welschland-Aufenthalt hätte Ruth Windler gerne eine Lehre als Coiffeuse absolviert, aber der Vormund entsprach diesem Berufswunsch nicht. Auch Köchin durfte sie nicht werden. Der Vormund hatte eine Lehre als Damenschneiderin für sie vorgesehen. Und da lehnte sich Ruth Windler zum ersten Mal auf: »Das kommt gar nicht in Frage. Das lerne ich nicht.« Schließlich wurde Ruth Windler als Dienstmädchen bei Verwandten des Vormunds platziert. Dort lernte sie ihren ersten Mann kennen und heiratete. Rückblickend meint Ruth Windler: »Das würde ich nie mehr machen, mit 18 heiraten. […] Ich habe gedacht, dass ich endlich irgendwo zuhause bin.«

Aus den Schilderungen der ehemaligen Verdingkinder geht hervor, dass die Vormünder und Beistände ihre Aufsichtspflichten kaum oder nur mangelhaft wahrgenommen haben. Fehlende Professionalisierung war mit ein Grund für die Missstände im Pflegekinderwesen. Besonders in ländlichen Gebieten war die Kontrolle der Pflegeplätze durch die persönlichen Beziehungen und Kontakte stark eingeschränkt. Immer wieder zeigte sich, dass Beamte und Gemeinderäte sich häufig nur in den krassesten Fällen für Pflegekinder einsetzten, da sie die Feindschaft einflussreicher Personen im Dorf fürchteten. Verdingkinder waren das schwächste Glied der Gesellschaft, ihren Anliegen und Bedürfnissen wurde kein Gehör geschenkt.

Christian Röthlisberger, 1936, Bern

»Das bringt Minderwertigkeit, wenn man merkt: ›Aha, die lachen einen nur aus‹«

Christan Röthlisberger wuchs im Kanton Bern in einer Familie mit neun Kindern auf. Der Vater arbeitete als Hilfsarbeiter und vermochte nur knapp für den Lebensunterhalt seiner Familie aufzukommen. Als er sich 1941 das Leben nahm und die Mutter nicht in der Lage war, für ihre Kinder zu sorgen, wurden Christian Röthlisberger und jene Kinder, die noch daheim waren, an verschiedenen Orten platziert. Der fünfjährige Christian Röthlisberger kam zu einer Tante seines Vaters ins Emmental.

Die Pflegefamilie bestand aus Großtante und -onkel, einer Tochter im Alter von Christian Röthlisberger sowie einem Bruder des Großonkels. Weiter lebte eine Schwester von Christian Röthlisberger bereits dort, als er dorthin kam. Betrieben wurde eine kleine Landwirtschaft mit Vieh in ärmlichen Verhältnissen. Christian Röthlisberger musste zwar nicht besonders hart arbeiten – er half vor allem in der Küche mit –, erhielt aber nur ungenügend zu essen.

Sein vierjähriger Aufenthalt war von steter Furcht vor seinen Pflegeeltern geprägt, die bereits zwischen fünfzig und sechzig und durch die Arbeit stark gealtert waren. Die Erwachsenen hatten häufig Streit untereinander, und ihre Kommunikation beschränkte sich meistens auf Laute statt Worte. Christian Röthlisberger nahm während dieser Zeit eine Vielzahl von Eindrücken auf, die er kaum verarbeiten konnte, da er sich niemandem mitteilen konnte. So erinnert er sich zum Beispiel, wie seine Pflegemutter nach einem heftigen Streit mit ihrem Mann nach dem Mittagessen bemerkte, sie wolle sich erhängen. Er beobachtete, wie diese tatsächlich einen Strick nahm und vom Gehöft den Hügel hinunter in den Wald lief. Erst gegen Abend kam sie wieder zurück, ohne mit einem Wort auf den Vorfall zurückzukommen.

Ein anderes Mal – die Hausschlachtung war im Gange – kam der zuschauende Christian Röthlisberger für einen Moment dem Metzger zu nahe. Dieser fuhr ihn grob an und drohte mit grobschlächtigem Humor, ihn als Nächsten dranzunehmen. Christian Röthlisberger, der die Drohung nicht als Spaß auffasste, lief in größter Angst ins Bauernhaus und versteckte sich im Schlafzimmer der Pflegeeltern. Erst am Abend wagte er sich wieder hervor. Auch auf diese Begebenheit ging man mit keinem Wort ein.

Derartige Vorfälle verstärkten bei Christian Röthlisberger, der von Natur aus eher scheu und ängstlich war, die Furchtsamkeit: »Wir haben ja keinen Vergleich gehabt. Wir haben geglaubt, was die Menschen sagten. Das weiß ich auch von anderen Verdingkindern. [...] Wir wurden ›auf die Hörner genommen‹, wie man so sagt, die ganze Zeit, und die anderen hatten etwas zum Lachen. Das bringt Minderwertigkeit, wenn man merkt: ›Aha, die lachen einen nur aus.‹«

Seine ältere Schwester, an deren Anwesenheit er sich kaum erinnern kann, war keine Stütze – im Gegenteil: Christian Röthlisberger wurde von ihr, mit der er das Bett teilen musste, missbraucht. Auch zur Tochter der Pflegeeltern hatte er keine nähere Beziehung; sie wurde von ihren Eltern verwöhnt. So war Christian Röthlisberger bereits in seiner Kindheit auf sich allein gestellt.

Beim Schuleintritt konnte er als Folge der mangelnden Kommunikation kaum sprechen. In der Schule sah er überhaupt keinen Sinn. Seine Mitschüler und -schülerinnen hielten ihn »irgendwie für geistig unterernährt«, er wurde aber von ihnen nie gequält.

Um 1945 wurde Christian Röthlisberger, ohne dass er zuvor informiert worden wäre, in ein anderes Dorf, ebenfalls im Emmental, umplatziert. Die neuen Pflegeeltern – wiederum Bauern – waren zwar etwas besser gestellt, aber für Christian Röthlisberger verbesserte sich kaum etwas. Auch hier war die Arbeit nicht übermässig streng, aber er erhielt zu wenig zu essen. Argwöhnisch wachte die Bauersfrau über die Menge, die er sich auf den Teller schöpfte. Der Pflegevater genoss durch seine verschiedensten Ämter eine gewisse Reputation im Dorf, war aber rechthaberisch. Christian Röthlisberger ging ihm möglichst aus dem Weg. Auch an seinem zweiten Pflegeort wurde er missbraucht, diesmal vom Knecht. Einzig zum Sohn des Bauern, der sich nicht so recht nach dem Willen des Vaters entwickeln wollte, fasste Christian Röthlisberger ein wenig Vertrauen. So richtig austauschen konnte er sich aber auch am neuen Ort mit niemandem.

Die Schule am neuen Ort brachte er so *häb chläb* zu Ende. Nach wie vor sah er nicht ein, wozu sie gut sein sollte. Einen Drang zum Lernen, von dem er später aus zahlreichen Berichten anderer Verdingkinder erfahren hat, verspürte er zu dieser Zeit nicht.

Er hatte das Glück, im Kanton Bern eine Lehre machen zu können. Der Pflegevater ging auf seinen Berufswunsch ein und verschaffte ihm eine Lehrstelle bei einem angesehenen Bäcker-Konditor-Meister. Christian Röthlisberger wurde sich zum ersten Mal seiner Unwissenheit bewusst und versuchte, etwas dagegen zu tun, indem er sich Bücher kaufte. Er hatte nun auch genug zu essen. Überdies wurden die beiden Lehrlinge bei den Mahlzeiten wie selbstverständlich in die Tischgespräche miteinbezogen.

Christian Röthlisberger hätte sich eine Adoption durch den Lehrmeister sehnlichst gewünscht; dies wurde aber nie in Erwägung gezogen. Gerade in dieser Zeit wäre sie für ihn wichtig gewesen: In seiner Naivität hatte er seinem Schwager, der im selben Dorf wohnte wie Christian Röthlisbergers Schwester und sich abfällig über seinen Pflegevater äußerte, Glauben geschenkt. Christian Röthlisberger brach die Beziehung zu seinen Pflegeeltern ab. Da er aber nicht alle Wochenenden bei seiner Schwester verbringen konnte und er beim Lehrmeister nur unter der Woche übernachtete, blieb er die restliche Zeit sich selber überlassen. Durch den Bruch mit seinen Pflegeeltern hatte er sich um sein einziges Zuhause gebracht.

Nach der Lehre versuchte Christian Röthlisberger, so schnell als möglich von seinem Vormund loszukommen. Es folgten verschiedene Stellen als Bäcker-Konditor in der Westschweiz, in Graubünden und Zürich. Während längerer Zeit war er auch in Finnland tätig.

Nach seiner Heirat 1964 ließ sich Christian Röthlisberger zum Kondukteur umschulen und arbeitete während fünf Jahren bei der BLS im Kanton Bern. Danach versuchte er, sich als Bäcker-Konditor im Kanton Zürich selbständig zu machen, doch er scheiterte nach drei Jahren. Ein Grund dafür war die fehlende Unterstützung von seiner Frau. Nach verschiedenen Stellen als Magaziner im Kanton Zürich ließ er sich wieder als Kondukteur bei der BOB anstellen. Zu dieser Zeit war die Ehe bereits zerrüttet. Die Scheidung zog sich vier Jahre hin. Christian Röthlisberger einigte sich schließlich unter Ausschluss der Anwälte mit seiner Frau. Die beiden Töchter, die bereits während des Scheidungsprozesses bei ihm wohnten, wurden ihm zugesprochen. Nach ihrer Volljährigkeit wandten sich aber beide von ihm ab, traten einer Sekte bei und brachen den Kontakt zu ihrem Vater schließlich vollständig ab. Christian Röthlisberger ist überzeugt davon, dass der Scheidungsanwalt hinter diesem Zerwürfnis steckt. Weil er seine damalige Schlappe bei der Scheidung nicht wegstecken konnte, wollte er ihm nun mithilfe von Christian Röthlisbergers Ex-Frau und einer Sekte die Töchter entreissen.

Auch die Ehe mit einer zweiten Frau verlief nicht glücklich und wurde nach einigen Jahren geschieden. Heute lebt Christian Röthlisberger in einer Blockwohnung im bernischen Mittelland. Der Bruch mit seinen Töchtern schmerzt ihn, und er ist enttäuscht von der Gesellschaft allgemein, die ihn nie unterstützt hat. Zudem ärgert er sich, dass er sein Wissen, das er sich autodidaktisch angeeignet und mit einer eindrücklichen Sammlung von Videokassetten über Geschichte, Religion usw. dokumentiert hat, niemandem weitergeben kann.

Edwin Pfaffen

Elisabeth Götz, 1949, Thurgau

»Das Schlimme war, so abgestellt zu werden«

Als siebtes von dreizehn Kindern wuchs Elisabeth Götz im Kanton Graubünden auf. Die Familie lebte in sehr armen Verhältnissen. Der Vater war Alkoholiker. »Auch wir haben sozial unwürdig, am unteren Rand gelebt«, erinnert sich Elisabeth Götz. »Es wäre eigentlich gut gewesen, wir wären an einen guten Platz gekommen.« Sie war achtjährig, als sich ihre Eltern scheiden ließen und sie, wie auch einige ihrer Geschwister, in der Folge verdingt wurden. Ohne Erklärungen wurde Elisabeth Götz von ihrer Mutter zur Pflegefamilie in den Kanton Thurgau gebracht. »Das Schlimme war […], so abgestellt zu werden. Ohne Informationen, ohne nichts, und dann standest du dort einfach bei fremden Leuten.«

Ihre Ankunft bei diesen Bauersleuten hat Elisabeth Götz in schlechter Erinnerung: Zuhause bei den Eltern hatte es kein warmes Wasser, geschweige denn ein Badezimmer gegeben. Wie nun die Pflegemutter dem Mädchen die Kleider auszog und es in das weiß geflieste Badezimmer brachte, wurde Elisabeth Götz von panischer Angst ergriffen. Sie erinnerte sich daran, wie ihr älterer Bruder sie einmal in die Hauptstadt des Kantons mitgenommen und ihr auf dem Weg den Schlachthof gezeigt hatte. Er hatte sie hochgehoben, damit sie durchs Fenster hatte sehen können. In ebendiesem Moment war einem Stier ein Bolzen ins Hirn geschossen worden und sie hatte gesehen, wie das Tier zusammengebrochen war und gezuckt hatte. »Das war für mich ein Horror. Ich sehe dieses Bild heute noch.« Der Bruder hatte ihr damals erklärt, dass hier gerade ein Tier geschlachtet wurde. Das Badezimmer bei der Pflegefamilie war mit denselben weißen Fliesen ausgestattet wie jenes Schlachthaus. Von Todesangst ergriffen, wehrte sich Elisabeth Götz mit aller Kraft. Die Pflegemutter, die ihre Reaktion nicht deuten konnte, packte das Mädchen wütend und steckte es in die Badewanne. Sie drückte Elisabeth Götz in ihrer Wut so lange unter Wasser, bis jemand in der Tür des Badezimmers erschien. Elisabeth Götz konnte sich nicht erinnern, wer diese Person gewesen war.

Die Behandlung durch die Pflegeeltern blieb schlecht. Elisabeth Götz wurde immer wieder verprügelt, gehänselt und schikaniert. So wurde die Achtjährige verspottet, wenn sie sich bei der Feldarbeit mit dem großen Rechen abmühte und dieser immer wieder in die Ferse fuhr, sodass sie weinen musste.

Einmal positionierte sie der Pflegevater absichtlich unter dem Jaucherohr: Sie sollte überprüfen, ob die Jauche auch wirklich ins Fass lief, das sich unter dem Rohr befand. Sobald sie unter dem Rohr stand, ließ er die Pumpe laufen, und natürlich wurde Elisabeth Götz über und über mit Jauche bespritzt. Die verschmutzten Kleider mussten hernach weggeworfen werden, da der Jauche-Gestank nicht mehr zu entfernen war. Dies verärgerte die Pflegemutter und so erhielt das Verdingmädchen obendrein noch eine Tracht Prügel. Überhaupt wurde Elisabeth Götz von ihrer Pflegemutter, regelmäßig geschlagen. »Ich fing dann mit der Zeit an, mir zu sagen: ›So und jetzt zeige ich ihr nicht, dass ich weinen möchte.‹ Und wenn sie mich *verdonnert* hatte, ging ich ins WC, schloss mich ein und weinte dort.«

Solche Schikanen und Demütigungen in der Kindheit sind für Elisabeth Götz der Hauptgrund, weshalb sie später erwachsenen Personen nicht vertrauen konnte.

Elisabeth Götz bekam von ihren Pflegeeltern immer wieder zu spüren, dass sie ihnen zur Last fiel. Heute bringt sie ein gewisses Verständnis für das Verhalten der Pflegemutter auf, weil dieser eigentlich Elisabeth Götz' drei Jahre ältere Schwester versprochen worden war. »Die [Pflegeeltern] wollten ja jemanden, der arbeiten konnte.« Die Pflegemutter hatte bereits drei eigene kleine Kinder zu betreuen, zudem lebte eine häufig bettlägrige Großmutter – die Elisabeth Götz übrigens sehr mochte – auf dem Hof. Rückblickend meint sie: »[Die

Pflegemutter] war eine ganz verbitterte Frau. […] Und dann bin ich noch dazugestoßen und das machte [diese] dann natürlich recht *hässig* und sie benutzte mich als Blitzableiter.«

Elisabeth Götz fühlte sich nur wohl, wenn sie mit anderen Kindern zusammen war. Trost fand sie etwa beim Nachbarsknaben, der ihr bald zu einem guten Freund wurde. Er brachte ihr kurz nach der Ankunft bei der Pflegefamilie Kleider seiner älteren Schwestern, da Elisabeth Götz keine eigenen hatte. In der mehrstufigen Schule freundete sic sich mit älteren Mädchen an. Dass diese ab und zu mit ihr spielten oder sie in die Arme nahmen, war für das Verdingmädchen sehr wichtig. Diese Schulfreundinnen waren es denn auch, die dafür sorgten, dass Elisabeth Götz von der ersten Pflegefamilie wegkam: Die Mädchen informierten ihre Eltern über die Missstände am Pflegeplatz von Elisabeth Götz und brachten sie dazu, sich für deren Umplatzierung einzusetzen.

So kam Elisabeth Götz mit zehn Jahren zu einer weiteren Pflegefamilie. Bei dieser Umplatzierung gab es keine Kontrolle durch die Vormundschaftsbehörde. Elisabeth Götz erinnert sich: »Eines Tages kam der fünfjährige Sohn der ersten Pflegefamilie in die Schule und sagte, ich müsse nach Hause kommen, meine neue Mutter sei da.« Diese war gekommen, um das für sie vorgesehene Pflegekind zu begutachten.

Auch in der zweiten Pflegefamilie fand Elisabeth Götz kein Zuhause. Die neue Pflegemutter meinte es zwar »eigentlich gut«, und der Pflegvater war »eigentlich sonst noch ein netter«, wie Elisabeth Götz heute sagt, doch die Familienverhältnisse waren »sehr schlecht«. Die Pflegeeltern hatten ständig Streit miteinander, und häufig kam es auch zu körperlicher Gewalt. Vom Pflegevater wurde Elisabeth Götz einige Male sexuell belästigt. Da die Pflegemutter immer öfters wegblieb, mussten Elisabeth Götz und der Sohn der Pflegeeltern bei der Arbeit auf dem Bauernhof tüchtig mit anpacken. Die anstrengende körperliche Arbeit machte ihr jedoch nie viel aus. »Ich arbeitete gerne draußen. Dies muss ich sagen, ich arbeitete gerne in der Natur.«

Wie viele andere Verdingkinder auch litt Elisabeth Götz nicht in erster Linie unter der harten körperlichen Arbeit, sondern unter der fehlenden Zuneigung und Geborgenheit am Pflegeplatz. Die Eheprobleme der Pflegeeltern wurden immer größer und führten schließlich zur Scheidung. Die Pflegemutter zog zu einem neuen Mann und hatte vorerst noch die Absicht, Elisabeth Götz dorthin mitzunehmen. Es kam dann aber nicht soweit. »Gott sei Dank«, meint Elisabeth Götz rückblickend, »denn dieser [Mann] war auch wieder ein Alkoholiker.« Stattdessen wurde das nunmehr zwölfjährige Mädchen bei der Nachbarsfamilie platziert.

Diese dritten Pflegeeltern bewirtschafteten ebenfalls einen Bauernhof und hatten vier eigene Kinder. Elisabeth Götz war also auch hier eine willkommene Arbeitskraft. Einige Zeit später heiratete ihre älteste Schwester, und deren Ehemann setzte sich für Elisabeth Götz ein. Er beschwerte sich bei der zuständigen Vormundschaftsbehörde über die Missstände in den Pflegefamilien sowie über die unterlassene Pflegekinderaufsicht. In der Folge kehrte Elisabeth Götz zu ihrer Mutter ins Bündnerland zurück. Lange hatte sie sich dies gewünscht, musste aber ernüchtert feststellen: »Das ist ja gar nicht mehr dasselbe. Die Geschwister sind nicht mehr da. Es ist nicht mehr wie früher.« So blieb sie nur ungefähr ein Jahr bei ihrer Mutter und fand nachher Aufnahme bei der ältesten Schwester und dem Schwager.

Elisabeth Götz war eigentlich eine gute Schülerin. Aber anstatt sie zu fördern, wurde sie von gewissen Lehrern schikaniert. Sie erinnert sich an einen, der besonders Kinder ohne elterliche Unterstützung diskriminierte und häufig auch körperlich strafte. Elisabeth Götz steckte aber nicht alles ein und wehrte sich: »Ich warf [dem Lehrer] Schneebälle an den Kopf.« Es war Elisabeth Götzs ältester Bruder gewesen, der sie für die Aufnahmeprüfung in die Sekundarschule angemeldet hatte. Sie bestand die Prüfung mit Bravour und konnte die Sekundarschule besuchen. Gerne wäre sie später Kindergärtnerin geworden. Die Vormundschaftsbehörde erlaubte dies jedoch nicht; auch ihre Schwestern durften keinen Beruf erlernen. Nach der obligatorischen Schulzeit zog Elisabeth Götz bei ihrer Schwester aus und arbeitete in einem Spital. Danach absolvierte sie eine Lehre als Pflegerin.

Elisabeth Götz wurde später bewusst, dass sie die schwere Kindheit hat ertragen können, weil sie sich immer wieder in ihre Fantasie- und Gedankenwelt flüchtete. Sie versetzte sich in eine Märchenwelt und träumte vor sich hin. Sie malte sich zum Beispiel aus, »dass ich Rollschuhe hätte und dann hätte es eine riesige geteerte Straße und ich [würde] darauf nach Hause fahren.«

Heute ist Elisabeth Götz der Meinung, dass sie ihre Kindheit und Jugend verarbeitet habe. In mehreren Schritten hat sie sich mit den traumatischen Erlebnissen auseinandergesetzt und diese auch therapeutisch aufgearbeitet. Durch ihren Glauben konnte sie die Wut auf ihre Eltern und Pflegeeltern und ihre Bitterkeit ablegen. Sie konnte ihnen vergeben und bringt heute sogar ein gewisses Verständnis für deren Situation auf. Für Elisabeth Götz ist es wichtig, dass aufgezeigt wird, wie damals »die Behörden einfach versagt haben; die Aufgaben nicht wahrgenommen haben, für welche sie eingesetzt worden sind.«

Elisabeth Götz lebt heute im Kanton Aargau. Sie ist stolz auf ihre erwachsene Tochter, die sie allein großgezogen hat. Dieser konnte sie auch die Ausbildung zur Lehrerin ermöglichen, die ihr seinerzeit versagt geblieben war.

Mirjam Brunner, Katharina Moser

Martha Mosimann, 1930, Bern

»Ich war einfach zum Arbeiten da«

Martha Mosimann wurde 1930 als zweitjüngstes von elf Geschwistern im Kanton Luzern geboren. Sie wuchs in ärmlichen Verhältnissen auf. In der Familie fühlte sie sich als Außenseiterin. Von ihrer jüngsten Schwester wurde Martha Mosimann »bis aufs Blut geplagt«, und auch von ihren Eltern fühlte sie sich vernachlässigt. So schrieb sie mit zwölf Jahren einen Brief an den Pfarrer, in welchem sie diesen anfragte, »ob er mir ein Plätzchen habe«. Da auch die Mutter «noch so froh» war, »dass wieder eines weniger am Tisch war«, kam Martha Mosimann kurz darauf zu einer Bauernfamilie in den Kanton Bern. Der Abschied von der Familie am Bahnhof war dann allerdings schwerer, als sie sich vorgestellt hatte. »Und dann kam ein Bruder zum Bahnhof und hat gesagt: ›Ja, wirst sehen, du kommst in acht Tagen wieder zurück, dich können sie nicht gebrauchen.‹ Und das habe ich mir eingeprägt. Die Freude hätte ich ihm nie gemacht, dass ich wieder zurückgekommen wäre. Nie!«

Martha Mosimann erinnert sich noch gut an ihre ersten Stunden im neuen Zuhause: »Am Sonntagabend kamen wir hinauf, und da konnte ich noch etwas essen und dann ins Bett. Ich habe die ganze Nacht kaum geschlafen und ins Kissen geweint. Und am Morgen um sieben hats geheißen: ›Aufstehen!‹ Bis ich überhaupt begriffen habe, wo ich war. Und nachher wollte ich nicht so recht essen, weil ich nicht gewusst habe: ›Darf ich genug essen?‹ Weil ich das von zuhause nicht gewohnt war. Und nachher hats geheißen: ›So! Essen! Du musst nachher aufs Feld hinaus!‹ Ich habe mich natürlich auch ein wenig dumm angestellt. Und nachher hat der Pflegevater gesagt: ›Du lernst das schon noch, du! Ich will dir das schon beibringen, das du arbeiten lernst!‹ Und ich habe es dann auch gelernt!«

Der Pflegevater war in den ersten Jahren kaum zuhause, denn es herrschte Krieg und er war im Aktivdienst. Das bedeutete, dass die Pflegemutter und Martha Mosimann die ganze schwere Männerarbeit zu verrichten hatten, denn die Kinder der Familie waren noch sehr klein und Knechte und Mägde gab es keine auf dem Hof. »Ich war Magd, Knecht, *Meitschiköchi*, einfach alles.« Um fünf Uhr morgens musste das Mädchen aufstehen, Gras mähen und sonstige Arbeiten erledigen, sodass sie praktisch jeden Tag zu spät in die Schule kam. Über den Mittag kochte sie das Mittagessen, machte den Abwasch und ging wieder in die Schule. Die restliche Zeit arbeitete sie meistens bis in die Nacht auf dem Feld, oder im Winter war sie beim Holzen im Wald. Anschließend erledigte sie die Schulaufgaben.

Wie hat Martha Mosimann das durchgestanden, wie hat sie das ausgehalten? »Es gab auch schöne Zeiten«, erinnert sie sich. Die Pflegemutter war »schon noch eine Gute«. An den Sonntagen oder beim gemeinsamen Singen habe es auch schöne Stunden gegeben. Sehr wichtig war für Martha Mosimann die Schule. Sie hatte einen verständnisvollen Lehrer und war eine gute Schülerin. »Ich habe geweint wie ein Kind, als ich aus der Schule kam. Oh, habe ich geheult!«

Eine große Stütze war ihr auch ihr späterer Mann. Er war ebenfalls Verdingkind und lebte in einer Nachbargemeinde. Die beiden lernten sich in der Schule kennen und lieben. Doch diese Freundschaft führte zu großen Problemen mit ihren Pflegeeltern. Sie waren strikt gegen diese Beziehung und verboten Martha Mosimann den Umgang mit ihrem Freund. »Der Pflegevater sagte immer: ›Wirst sehen, der wird *en Süffu*, der hockt nur in der Kneipe.‹ Er hat wirklich *keinen guten Faden an ihm gelassen*. Und nachher war der G. [ihr Ehemann] ja der liebste Mensch, war so ein Guter.«

Nach der Schulzeit hätte Martha Mosimann gerne eine Lehre als Damenschneiderin, Kindergärtnerin oder Innenarchitektin gemacht. Doch sie wurde nicht nach ihren Berufswünschen gefragt. »Ich war einfach zum Arbeiten da.« So blieb sie vorerst auf dem Hof und absolvierte ein Haushaltslehrjahr. »Und da haben wir einen Vertrag gemacht, fünfundzwanzig Franken Lohn im Monat und jeden Monat einen Franken mehr. Aber ich habe nie Geld gesehen. Es hieß einfach: ›Wenn du etwas brauchst, kannst du es sagen.‹ Aber ich musste immer abrechnen und ich musste immer das Geld zurückgeben. Ich hätte nie eine Tafel Schokolade oder etwas für mich kaufen dürfen, das lag gar nicht drin. Und als ich dann mit zwanzig Jahren fortging, haben sie gesagt, sie würden jetzt mit mir abrechnen. Da gab es gerade mal einen *Fünfliber.*« Als Martha Mosimann zu Weihnachten ein Fahrrad »geschenkt« bekam, musste sie anschließend einen Monat lang gratis dafür arbeiten.

Zum Eklat kam es wegen der Beziehung zu ihrem Freund, die von den Pflegeeltern weiter bekämpft wurde. Martha Mosimann erinnert sich: »Es war ein Sonntag und ich ging mit den Kindern spazieren. Ich ging dort durch, wo mein Freund wohnte. Und dann habe ich ihn auf der Straße getroffen und habe ein wenig mit ihm gesprochen. Dann bin ich nach Hause gegangen und da kam mir diese Pflegemutter mit dem Fahrrad entgegen und hat gesagt: ›Hör zu, du warst ganz sicher beim G. in der Stube drin!‹ Ich sagte: ›Nein, ich war nicht in der Stube drin, ich habe auf der Straße gestanden und gesprochen.‹ Und die Kinder haben auch gesagt: ›Das stimmt nicht, die Martha war nicht in der Stube, wir haben nur gesprochen.‹ Nachher ging die Pflegemutter zu meinem Freund und wollte dessen Eltern fragen. Die waren nicht zuhause. Da kam sie wieder rauf und hat gesagt: ›Sie waren nicht zuhause und das zeugt ja erst recht davon, dass du in der Stube warst.‹ Da sagte ich zu ihr, wenn sie nicht einmal den eigenen Kindern glaube, sei das ja traurig. Ich hatte schon das Nachtessen vorbereitet, da riss sie mir die *Röschtiraffel* aus den Händen und schlug sie mir einfach über den Kopf.«

Martha Mosimann flüchtete vom Hof, nach Hause zu ihren Eltern. Erst als ihr der Lehrer schrieb, sie müsste noch einen Monat bei der Pflegefamilie arbeiten, kehrte sie für kurze Zeit zurück. Dann suchte sie sich eine Arbeitsstelle im Dorf, wo ihr Freund wohnte, und verließ die Familie, bei der sie ihre Jugend verbracht hatte. Später heiratete sie ihren Schatz und versöhnte sich mit der früheren Pflegefamilie.

Heute lebt Martha Mosimann im Kanton Basel-Landschaft, hat zwei Töchter und drei Enkelkinder. Ihr Mann starb vor zehn Jahren. Rückblickend kann Martha Mosimann der Zeit als Verdingkind auch Gutes abgewinnen: »Ich bin selbständig, stehe mit beiden Füßen auf dem Boden und habe gelernt zu arbeiten.«

Benjamin Shuler

Nelly Haueter, 1925, Bern

»Du kannst nichts, du bist nichts und wirst nichts«

Nelly Haueter war immer nur Hilfsarbeiterin gewesen. Ihr ganzes Leben hat sie darunter gelitten und sich dafür geschämt. Als Verdingkind und »armer Leute Kind« besuchte sie weder die Sekundarschule, noch machte sie eine Lehre. Dies kam nur für Kinder von »Bauersleuten und *besser Gestrählten*« in Frage.

»Immer bin ich der *Tschumpel* gewesen«, sagt die heute über achtzigjährige Frau. Man hat ihr immer gesagt: »Du kannst nichts, du bist nichts und wirst nichts.«

Als Pflegekind hat sie sich nie wehren dürfen, sonst hätte es Schläge gegeben. Umso mehr hat sie sich später gewehrt, und sie hat sich stets wieder hochgerappelt. Einerseits sagte sie sich: »Du musst denen zeigen, dass du dich nicht unterkriegen lässt!«, andererseits hat ihr die am Pflegeplatz erlebte Härte geholfen. »Ein Wunder ist's, dass ich nicht härter geworden bin«, meint Nelly Haueter heute dazu.

Nelly Haueter wurde 1925 in einem Spital im Kanton Basel als zweitjüngstes Kind geboren. Während die vier Kinder aus der ersten Ehe ihres Vaters bei ihrer Mutter aufwachsen durften, wurden die zehn Nachgeborenen aus zweiter Ehe verdingt. Ihre acht älteren Geschwister kannte Nelly Haueter nicht, solange sie zusammen mit ihrem um ein Jahr jüngeren Bruder bei den Eltern lebte. Alle waren bereits verdingt worden. Die Eltern waren alkoholabhängig. Den Vater, Dachdecker von Beruf, hat Nelly Haueter in guter Erinnerung, im Unterschied zur Mutter, die für sie eine »fremde« und »böse« Frau geblieben ist.

Die beiden Kinder wurden anfangs 1932 in einer »Nacht- und Nebel-Aktion« weggeholt, Nelly aus der Schule, der Bruder aus dem Kindergarten. Beide kamen an einen anderen Ort, und man ließ sie im Glauben, bald wieder heimkehren zu können.

Nelly Haueter kam auf einen Bauernhof im Berner Seeland. Sie blieb dort bis zum Ende der Schulzeit. Als ihr Vater einmal mit dem Fahrrad am Pflegeplatz erschien, jagte ihn der Pflegevater weg mit den Worten »Zuchthäusler haben hier nichts zu suchen«. Nelly Haueter hat ihren Vater während der ganzen Kindheit nie mehr gesehen. Ebenso erging es einem ihrer älteren Brüder, als dieser sie einmal besuchen wollte. Eine Tante schickte ihr jedes Jahr ein Paket mit *Schenkeli*, und eine ältere Schwester lebte unweit von ihr auf einem Bauernhof bei der Mutter des Pflegevaters, wo sie es gut hatte. Diese ältere Schwester besuchte sie manchmal.

Der Pflegevater war der reichste Bauer weit und breit. Er war Schulkommissionsmitglied wie auch die Pflegmutter und er war Gemeindepräsident, *Störmetzger*, Jäger und Jagdverbandspräsident. »Er tat alles, was Gott verboten hat.« Auf dem Hof arbeitete er kaum mit. Er war der »reinste Tyrann und Sklaventreiber«. Alle auf diesem Bauernhof litten unter ihm, auch seine Frau, sein Sohn und die Knechte. Die Tochter war schon außer Haus. Die Pflegemutter war streng, aber gut und recht mit ihr und den älteren Pflegebuben. Die Pflegemutter warnte die Kinder mitunter vor dem gewalttätigen Pflegevater, wenn er betrunken von Sitzungen heimkehrte, und gab Entwarnung, wenn er schnarchend auf der Ofenbank eingeschlafen war.

Der sechs Jahre ältere »grundanständige« Sohn war für Nelly Haueter Trost und Hilfe. Er stand für sie ein, stellte sich vor sie hin und steckte sogar an ihrer Stelle Schläge ein. Mit 22 Jahren nahm er sich das Leben. Sie erhielt diese traurige Nachricht zu Beginn ihres ersten *Welschlandjahres*. Auch eine Nachbarsfrau hatte Verständnis für sie.

Ihre Schlafkammer lag im Hausteil, wo die Knechte schliefen. Hier gab es weder Licht noch Wärme. Vom ersten Tag an nässte Nelly Haueter all die Jahre hindurch jede Nacht das Bett. Jeden Morgen erhielt sie zur Strafe mit dem *Zwiesel*, einem Lederriemen oder einem vierfachen Seil Schläge auf den nackten Hintern, manchmal an die

Bank gefesselt. Das nasse Bettlaken wurde für alle sichtbar aufgehängt, weshalb sie die Nachbarskinder *Bettseicherin* nannten. Im Winter blieben die Leintücher nass.

In der Primarschule hatte das Verdingmädchen eine parteiische Lehrerin, die armer Leute Kinder sowie Verdingkinder schlechter und ungerechter behandelte als die Bauernkinder. Ab der fünften Klasse kam Nelly Haueter dann jedoch zu einem Lehrer, der sie als gute Schülerin erkannte. Von da an hatte sie nur noch gute bis sehr gute Noten, obwohl sie für Hausaufgaben nie Zeit hatte. Die Strafaufgaben, die es fürs Zuspätkommen gab, machte sie am Sonntag. Da sie leicht auswendiglernte, reichte ihr dafür der Heimweg. »Die Zeit in der Schule bei diesem Lehrer ist für mich wenigstens ein Lichtblick gewesen«, bewertet Nelly Haueter ihre Schulzeit. Er wusste bestimmt um ihre Situation. Doch hätten er oder der Pfarrer etwas gesagt, wären sie nicht wiedergewählt worden. Der Vormund erschien einmal im Jahr, ohne je einmal mit ihr zu sprechen.

Von morgens früh bis abends spät packte Nelly Haueter draußen und drinnen an. Sie musste um vier Uhr aufstehen. Vor dem Frühstück gings zum *Grasen*. Wenn sie zurückkam, hatte es meistens keine Rösti mehr übrig, doch ein Stück Brot und ein Kaffee musste reichen für ein Verdingkind. Nelly Haueter half im Schweinestall, auf dem Feld, im Garten, im Hof, im Haushalt und in der Küche. Wenn sie zu spät von der Käserei zurückkam, wurde sie bestraft. Für alles und jedes wurde sie bestraft. Zum Spielen mit den Nachbarsmädchen hatte sie selten Zeit. Ihre Trachtenpuppe, die ihr die Pflegemutter am ersten Abend weggenommen hatte, hat sie nie wieder gesehen.

Nelly Haueter beklagte sich nie über die viele Arbeit. Im Gegenteil, diese Erfahrung sei ihr im späteren Leben zugute gekommen, meint sie heute.

Es sei merkwürdig. Doch sie habe schon als Kind in der Sonntagsschule einen guten Draht zu Gott verspürt, was ihr Hoffnung und Halt gegeben habe. Dieser »unfrömmlerische Glaube« begleitet sie noch heute. Er hat ihr auch vor wenigen Jahren geholfen, als sie nach dem Tod ihres zweiten Mannes einen psychischen Zusammenbruch erlitten hat. Dass kurz danach auch noch der Hund starb und man ihr die Wohnung kündigte, war zu viel für sie. Der Arzt erklärte ihr, all das Schwere, das sie in ihrem Leben erlebt habe, habe sie nun eingeholt. Seit Kurzem geht es Nelly Haueter wieder besser und sie reduziert allmählich ihre Psychopharmaka.

Diana Bach

Ruth Windler, 1926, Freiburg, Bern

»Da kam ich vom Regen in die Traufe«

Ruth Windler kam unehelich zur Welt und nach einem kurzen Aufenthalt in einem Kinderheim zu einer Witwe in den Kanton Freiburg. Sie wusste lange nicht, dass diese nicht ihre leibliche Mutter war. Vieles aus ihrer frühesten Kindheit erfuhr Ruth Windler erst Jahre später, beispielsweise, dass sie noch einen älteren Bruder hat. Ihre Mutter traf Ruth Windler zufällig zum ersten Mal, als sie in die neunte Klasse ging. Für sie war die Mutter eine fremde Frau, die früh starb, ohne dass Ruth Windler eine emotionale Beziehung zu ihr gehabt hätte. Ihren Vater wollte sie nie kennenlernen.

Ruth Windler hat gute Erinnerungen an die Jahre, die sie in dem armseligen Häuschen auf einer Waldlichtung mit zwei gleichaltrigen Kindern verbrachte. Das Leben dort war sehr bescheiden. »Wir waren mausarm, aber wir hatten es schön dort.« Ruth Windler erinnert sich an Petrollampen, ans Holzsammeln und daran, dass das Wasser manchmal im Wald bei einer Quelle geholt werden musste, wenn der Sodbrunnen nicht funktionierte. Als Ruth Windler eingeschult werden sollte, wurde sie umplatziert. Ihr Vormund begründete diesen Wechsel damit, dass sie einen zu langen Schulweg gehabt hätte. »Aber ihre Töchter hatten doch auch einen so langen Schulweg«, zweifelt sie heute an der Begründung.

Ruth Windler kam 1932 zu einer Familie mit drei erwachsenen Kindern in den Kanton Bern und traf es erneut gut. Sie wurde sogar ein wenig verwöhnt. Sie nennt die Pflegeeltern noch heute »Papa« und »Mama«. Im selben Haus wohnte der Bruder des Pflegevaters. Da es immer wieder zu Streitereien mit der gleichaltrigen Tochter dieses Bruders kam, musste Ruth Windler nach zwei Jahren weg.

Von nun an war das Glück nicht mehr auf ihrer Seite. Sie kam zu einer weiteren Pflegefamilie im selben Kanton. Ruth Windler schlief nie in dem Zimmer, das als ihr Schlafzimmer ausgegeben wurde, sondern auf einer Matratze auf dem Boden einer Kornkammer. »Ich bin also mit den Ratten und mit den Mäusen aufgewachsen, die können mir nie mehr Angst machen«, versucht Ruth Windler lachend dem Ganzen etwas Positives abzugewinnen. Sie vermutet, dass jemand reklamiert hatte, weil der Platz auch sonst nicht optimal war. Jedenfalls kam sie nach einem Jahr an einen neuen Ort.

«Und da kann ich also sagen, da kam ich vom Regen in die Traufe.» Ruth Windler kam auf einen Bauernhof, wohin später auch der zwei Jahre jüngere A. verdingt wurde. Beide wurden dort jeden Tag geschlagen. Sie mussten vor der Schule Gras mähen oder im Stall helfen und kannten keine Freizeit. Auch am Sonntag waren irgendwelche Arbeiten zu erledigen. Auf dem Feld war alles Handarbeit. »Das Miese war, dass man nicht knien durfte, man musste immer alles gebückt machen. Das war so elend mühsam. Knien durfte man nicht, weil …, ich weiß nicht, warum. Es wäre ja mühelos gegangen, nicht? Und die Runkelrüben ausdünnen und dieses Zeug, damit war man dann tagelang beschäftigt.« Auch mit dem Essen stand es nicht zum Besten. Ruth Windler und der Verdingbub erhielten meistens das, was die Pflegeeltern nicht essen wollten und immer wieder gab es verdorbenes Fleisch und Gemüse. Die beiden Verdingkinder stahlen ab und zu eine Rauchwurst, damit sie etwas Rechtes essen konnten.

Am Samstag und an bestimmten Tagen putzte Ruth Windler für eine Familie im Städtchen und erledigte Einkäufe. Den Lohn, den sie dafür erhielt, musste sie zuhause abliefern. Einer Schwester der Pflegemutter, die als Magd auf dem Hof arbeitete und mit der Ruth Windler das Zimmer teilte, erging es nicht viel besser als den Verdingkindern. An Sonntagen oder wenn Besuch da war, mussten diese drei in der Küche essen, während es sich die Familie in der Stube gemütlich machte.

Ruth Windler besuchte einmal im Jahr die Familie, in der sie zuvor platziert gewesen war. Sie wurde jeweils neu eingekleidet, sah diese Kleider nach ihrer Rückkehr aber nie mehr. Sie vermutet, dass die leibliche Tochter diese erhalten hat. Da Ruth Windler oft mit Geschenken zurückkam, durfte sie schließlich nicht mehr dort hin. Sie erfuhr später, dass diese Familie mehrmals versucht hatte, sie zurückzuholen, was aber vom Vormund nicht bewilligt worden war.

In der Schule hatte es Ruth Windler auch schwer. Wenn sie zu spät kam – und das gab es hie und da, weil die Arbeit zuhause vorging – wurde sie vom Lehrer bestraft. Ruth Windler hatte rotes Haar und wurde deswegen von den Mitschülern oft geplagt. »Überall und an allen Orten bist du schikaniert worden. Wenn etwas passiert ist, bist du immer schuld gewesen. Warum? Man konnte es auf ‹die› abwälzen. Es hat sich ja niemand gewehrt.« Ruth Windler hatte keine Schulkameradinnen und Schulkameraden, da sie ja keine Freizeit hatte und nach der Schule immer schnell nach Hause musste. Trotz allen Widrigkeiten fühlte sie sich in der Schule am wohlsten. Die Lehrer empfahlen Ruth Windler für die Sekundarschule. »Da hat es geheißen, sie hätten mich nicht angenommen, damit ich in die Schule gehe. Das komme gar nicht in Frage.«

Ruth Windler hatte einen Vormund, und dieser kam auch regelmäßig zu Besuch. Nur wurde dieser Besuch immer im Voraus angekündigt. Das Mädchen wurde jeweils mit Kleidern und Schuhen eingekleidet, die sie sonst nie sah, aber aus Angst beklagte sie sich nicht darüber.

Sieben Jahre verbrachte Ruth Windler an diesem Ort, an den sie später nur widerwillig zurückkehrte. »Ich habe B. [diesen Ort] gemieden wie der Teufel das Weihwasser.« Sie verbrachte danach ein Jahr im *Welschland* und wäre gerne Coiffeuse geworden, was aber dem Vormund, welcher eine Schneiderin aus ihr machen wollte, nicht passte. Ein zusätzliches Jahr im *Welschland* erlaubte der Vormund auch nicht, und er drohte mit der Einweisung in eine Anstalt. Schließlich landete Ruth Windler als Dienstmädchen bei Verwandten des Vormunds.

Mit achtzehn Jahren heiratete sie und entfloh so der Vormundschaft. »Warum? Weil ich gedacht habe, dass ich endlich irgendwo zuhause bin.« Das Pech klebte Ruth Windler aber vorerst weiter an den Fersen. Mit einundzwanzig Jahren wurde sie Witwe, mit fünfundzwanzig Jahren heiratete sie zum zweiten Mal und mit achtundzwanzig Jahren wurde sie erneut Witwe. Sie hatte inzwischen für drei Kinder zu sorgen. Neun Jahre später kehrte das Glück zurück. Sie heiratete ein drittes Mal, bekam weitere vier Kinder und lebt heute zufrieden mit ihrem Mann in einem Eigenheim im Kanton Solothurn. Ruth Windler denkt rückblickend: »Ich musste mich überall an allen Orten nichts als wehren. In der Gemeinde und überall musste ich mich wehren. Und das bleibt einem.«

Marco Leuenberger

Entwurzelung, Isolation und Schweigen

Loretta Seglias

Fremdplatzierte Kinder verloren – ungeachtet der bisherigen Familienverhältnisse – das ihnen bekannte Umfeld. Damit entstand eine tiefgreifende Entwurzelung. Die Kinder wurden an fremde Orte gebracht und lebten fortan, oft mit wechselnden Wohn- und Arbeitsorten, bis zu ihrer Mündigkeit in Pflegefamilien oder in Heimen.

Gefühle von Entwurzelung, Isolation und Schweigen kennen alle in diesem Buch zu Wort kommenden Verdingkinder.[1] Dabei werden nicht nur negative Erfahrungen beschrieben, sondern auch die Möglichkeit der liebevollen Aufnahme in einer Familie. Marianne Lauser erinnert sich an einen Pflegeplatz, an dem sie wie ein eigenes Kind aufgenommen wurde. Die neun Jahre ältere Tochter der Pflegefamilie ist noch heute wie eine große Schwester für sie. »Ja und dort war ich so glücklich.«

Im Alter von zehn Jahren wurde sie umplatziert, unter anderem weil sie nach Meinung der Behörden lernen musste, wie man arbeitet. Rosmarie Schmid wurde gar umplatziert, weil sie von ihrem Pflegevater gut behandelt wurde. Hedwig Wittwer war sofort in ihrer Pflegefamilie integriert, und auch in der Schule fühlte sie sich wohl. Sie war eine gute Schülerin und besuchte den Unterricht mit Freude. Sie erinnert sich gerne an ihre Jugend zurück und fühlte sich »gut behütet. Mir passierte nichts.« Sie verbrachte ihre gesamte Kindheit in derselben Familie. Aber auch sie erlebte zu Beginn eine Entwurzelung und sprach mehrere Tage kein Wort, nachdem sie mit sechs Jahren dorthin kam.

Viele Kinder fanden nicht die gewünschte liebevolle Aufnahme in ihren Pflegefamilien. Und so werden jene Plätze besonders hervorgehoben, wo die Kinder sofort in die Familie integriert wurden.

Fehlende Familie

Verdingkinder wurden oftmals aus wirtschaftlichen Überlegungen heraus aufgenommen. Durch die Einnahmen des Kostgeldes und den Erhalt einer gratis Arbeitskraft waren Verdingkinder als Gesinde lukrativer als erwachsene Knechte oder Mägde. Mit der Zuteilung zum Gesinde fanden sich die Verdingkinder auf der untersten sozialen Stufe wieder. Durch diese Einordnung war selten ein echter Familienanschluss möglich. Das Gefühl, nicht dazuzugehören, spürten die Kinder in vielen Situationen. Viele berichten davon, dass sie nicht am Tisch mit der Familie essen durften. Alfred Ryter musste immer allein essen. Auch Johann Rindisbacher speiste nicht mit der Pflegefamilie, sondern bekam sein Essen in seiner Kammer, die sich im Stall befand. Für ihn kam der Ausschluss aus der Pflegefamilie über Nacht: Als er schulpflichtig wurde und die Pflegeeltern selbst Kinder bekamen, behandelten sie ihn plötzlich ganz anders. Für Marianne Lauser war der Zugang zu den Privaträumen verboten, und sie musste ihre Pflegeeltern mit »Sie« ansprechen, was sie als zusätzlich isolierend empfand. Und Werner Binggeli sagt gar: »Der Kuhstall war mein Wohnzimmer«. Alfred Ryter wurde abends in die *Tenne* ohne Licht und ohne Toilette geworfen. Ein altes Sofa, Säcke und alte Wolldecken waren sein Schlafort. Das Heimweh machte dem Knaben sehr zu schaffen.

Nicht alle erlebten den Familienausschluss so konsequent. Ferdinand Tauscher durfte zwar am Familientisch mitessen, und er bekam bei besonders guter Arbeit auch eine Belohnung, etwa ein Eis. Dennoch: »Sie haben mich schon merken lassen, dass ich nicht zu ihnen gehöre.«

Der Ausschluss aus der Pflegefamilie schlug sich durch räumliche Absonderung, aber auch durch die klare Unterscheidung der Privilegien der Familienmitglieder gegenüber dem Verdingkind nieder. Alfred Ryter beschreibt ein Osterfest, an welchem er auf ein Nest vom Osterhasen hoffte: »Ich hatte aber bis zum Mittag die Hoffnung nicht aufgegeben, dass der Osterhase mich doch nicht vergessen hatte. Aber er hatte mich vergessen!«

Die meisten Verdingkinder kämpften nicht nur mit der Isolation und der fehlenden Liebe in der Pflegefamilie, sondern auch mit der bewusst gesteuerten Abkapselung von der Außenwelt. Der Kontakt zu den leiblichen Eltern, zu den Geschwistern und zum Dorf wurde nicht selten unterbunden. Die Pflegeeltern versuchten zu verhindern, dass ihre zum Teil schweren Misshandlungen, die Gewalt, die ungenügende Pflege, die zu harte Arbeit oder der Hunger der Kinder nach außen gelangten.

Alfred Ryter umging die Isolation, indem er sich auf dem Schulweg mit seinen Brüdern traf. Oftmals gingen sie dann nicht in die Schule, sondern genossen die gemeinsamen Stunden. Nicht alle Betroffenen hatten die Möglichkeit, mit der leiblichen Familie und den Geschwistern in Kontakt zu bleiben. Marianne Lauser sah ihre Geschwister jahrelang nicht mehr, und Heidy Hartmann lernte ihre leibliche Mutter erst mit zwanzig Jahren kennen. Auch Herbert Rauch erfuhr erst Jahre später, dass er Geschwister und Halbgeschwister hatte. Danach traf er sie nur einmal und konnte nie eine Beziehung zu ihnen aufbauen.

Freundschaften zu Gleichaltrigen und Schulkameraden wurden durch die knappe oder nicht vorhandene Freizeit erschwert. Auch an den Sonntagnachmittagen durften viele Verdingkinder nicht für sich sein oder spielen, sondern mussten arbeiten oder, wie Marianne Lauser, zur Strafe ins Bett. Auch bei den unvermeidlichen Kontakten, zum Beispiel beim Schulbesuch oder beim Arbeiten im Dorf, wurden die Kinder dazu angehalten, unverzüglich wieder zurückzukehren. Meist ging ein Schweigegebot damit einher. Das heißt, die Kinder duften in dieser Zeit mit niemandem sprechen.

Heidy Hartmann war auch in der Schule eine Außenseiterin und fürchtete sich vor ihren Mitschülerinnen und Mitschülern. Gleich erging es Herbert Rauch. Ferdinand Tauscher hingegen fand ein wenig

Anschluss im Dorf, als er sich mit dem Sohn eines Großbauern anfreundete. Einige Verdingkinder hatten also die Möglichkeit, außerhalb der Familie soziale Kontakte zu knüpfen und so der Isolation zumindest teilweise zu entfliehen.

Sprachlosigkeit

Sprache als Mittel der Macht und zur Aufrechterhaltung von sozialen Beziehungen ist in allen Bereichen des Lebens zentral. Bei Verdingkindern wird dies besonders deutlich. Mit den Kindern wurde oft nur gesprochen, um Arbeitsanweisungen zu geben oder um sie verbal herabzusetzen. Schweigen ist ebenfalls eine Form dieser Machtausübung durch Sprache, nämlich das bewusste Entziehen derselben. Das Schweigen war ein wirkungsvolles Mittel, um die Isolation und das Gefühl der Entwurzelung bei den Kindern zu verstärken. So wurden Verdingkinder mit einem Sprechverbot belegt. Sie durften mit niemanden sprechen, auch nicht mit den Angestellten. Heidy Hartmann, die bei einem Pfarrerehepaar groß wurde, aß mit am Tisch, doch sie durfte nicht sprechen. Dafür sprach man über sie. Und Marianne Lauser durfte sich nicht einmal mit dem zweiten auf dem Hof lebenden Verdingkind unterhalten.

Es fällt auf, dass viele Verdingkinder immer wieder das Fehlen der Sprache, eine allgemeine Sprachlosigkeit, erwähnen. Durch den fehlenden Kontakt mit anderen Kindern und Erwachsenen kam der sprachliche Austausch zu kurz. Der knappe Gebrauch der Sprache war aber sicherlich auch ein Phänomen der Zeit, in der die Verdingkinder aufwuchsen. Positive Gefühle wurden nicht im selben Maße wie heute thematisiert oder gezeigt, und dies nicht nur gegenüber Verdingkindern. In der wirtschaftlichen Misere waren körperliche Bedürfnisse wichtig; die emotionalen Ansprüche traten in den Hintergrund.

Die Kinder wurden auch zum Schweigen über ihnen angetanes Leid angehalten. Um die Einhaltung des Verbots sicherzustellen, drohten die Täter den Kindern mit weitreichenden Strafen. Rosmarie Schmid wurde vom Sohn der Pflegeeltern bedroht: Falls sie seine sexuellen Übergriffe publik mache, werde er ihr noch Schlimmeres antun. Einige Verdingkinder wurden eingesperrt, wenn Besucher auf den Hof kamen, oder ihnen wurde eingebleut, gute Miene zum bösen Spiel zu machen. Bei Kontrollbesuchen des Vormundes mussten sie sich schön anziehen und manchmal auch ein anderes Zimmer als das ihrige ausgeben. Um sicherzugehen, dass die Kinder schwiegen, waren die Pflegeeltern bei den Besuchen zugegen. Alice Alder sagt: »Da konnte ich natürlich nicht sagen, was ich alles durchleben musste.«

Nicht nur die Betroffenen und die Pflegeeltern schwiegen. Immer wieder erfuhren Verdingkinder Jahre später, dass auch die Dorfbewohner geschwiegen hatten. Waren die Pflegeeltern in der Dorfgemeinschaft angesehen, so ließ die soziale Stellung allfällige Kritik verstummen. Heidy Hartmann etwa war bei einem Pfarrer verdingt und erhielt deshalb keine Unterstützung aus dem Dorf. Alfred Ryter fragt sich heute: »Warum hat sich niemand um uns gekümmert? Der Lehrer oder die Nachbarn hätten doch hören oder sehen müssen, dass wir schwer litten und verwahrlosten.« Doch nicht immer sah die Dorfbevölkerung weg. Manchmal erreichten Lehrer, Nachbarn oder Paten auch, dass Kinder umplatziert wurden. (Siehe auch »Widerstand, Flucht und Momente des Glücks«, S. 249.)

Nachspiel

Das Schweigen wurde von den Kindern oftmals ins Erwachsenenleben mitgenommen.[2] Das Verschweigen von geschehenem Unrecht machte das Geschehene selbst oft unaussprechlich. Viele Betroffene fanden erst sehr viel später Möglichkeiten, aus diesem Schweigen herauszufinden.

Zahlreiche Verdingkinder litten und leiden heute noch unter einem fehlenden Selbstbewusstsein, kämpfen mit Minderwertigkeitsgefühlen und der Scham über das erlittene Leid. Dies führte dazu, dass nicht wenige auch ihren engsten Familienmitgliedern gegenüber die eigene Kindheit verheimlichten. Alfred Ryter erzählte seiner Frau erst von seinen Erlebnissen als Verdingkind, als ihn die Vergangenheit und die damit zusammenhängenden Selbstmorde seiner beiden Brüder einholte und ein Leben in den gewohnten Bahnen verunmöglichte. Viele fühlten sich mit ihrem Schicksal allein. Folgende Aussage an der ersten Tagung ehemaliger Verdingkinder am 28. November 2004 in Glattbrugg verdeutlicht dies: »Ich dachte, ich sei der einzige gewesen.«

Durch die Entwurzelung, die Isolation, das Fehlen von Bezugspersonen wurden die Kinder mit ihren Problemen alleingelassen. Vor allem aber lernten sie oftmals kein Familienleben kennen. Viele konnten auch als Erwachsene keine tiefen Beziehungen zu den leiblichen Eltern, den Geschwistern und anderen Mitmenschen aufbauen.

Das Auffinden von Familienangehörigen war oft nicht einfach oder geschah zufällig, wie bei Heidy Hartmann. Bei ihrer Mündigkeit wurde ihr irrtümlicherweise die Wohnadresse ihrer leiblichen Mutter zugeschickt. Den Wunsch, ihre leibliche Familie wiederzufinden, hegten die meisten Kinder. Das heißt nicht, dass die Verhältnisse in den angestammten Familien immer einfach waren. Werner Binggeli kehrte nach seiner Zeit als Verdingbub zu seinem leiblichen Vater und dessen zweiter Ehefrau zurück. Der Vater war Alkoholiker und die Situation in der neuen Familie für den Knaben nicht einfach. Die Dorfgemeinschaft unterstützte ihn, indem sie ihm Arbeit auf verschiedenen Höfen vermittelte oder später bei seinem Weggang von zuhause half.

Auch weitere ehemalige Verdingkinder berichten davon, dass es ihnen zuhause noch schlechter ergangen sei. Die Tatsache aber, dass die Umplatzierung in den allermeisten Fällen von außen bestimmt wurde, ließ den Kindern keine Wahl, wie sie die Beziehung zur leiblichen Familie gestalten wollten. Für Besuche oder manchmal auch zur Unterstützung der Pflegeeltern kehrten sie immer wieder an den Verdingort zurück oder blieben nach ihrer Mündigkeit dort, auch wenn die Ausbeutung oftmals fortgesetzt wurde. Sie kannten in vielen Fällen keine andere Familie. Dies gilt besonders für jene Verdingkinder, die bereits im Säuglingsalter von ihren Eltern getrennt wurden.

Die fehlende Liebe in der Kindheit hatte Folgen für das weitere Leben, erzählen viele ehemalige Verdingkinder. Mit der harten Arbeit, dem schlechten oder wenigen Essen, sogar mit den Schlägen hätten sie leben können, nicht aber ohne Liebe. Das Gefühl, nicht dazuzugehören, und der fehlende Austausch mit ihrer Umwelt erschwerte ehemaligen Verdingkindern das weitere Leben. Isolation und Einsamkeit blieben oftmals lebenslange Begleiter. Das Weitergeben von Geborgenheit und Liebe war und ist ein großes Anliegen bei der Erziehung der eigenen Kinder.

Für viele Verdingkinder war es schwer, ihr Schweigen zu brechen, einen Weg aus der Isolation zu finden und sich wieder an einem Ort niederzulassen. Viele blieben entwurzelt und suchten ein Leben lang nach Wegen, um das Erlebte zu verdrängen, zu vergessen oder zu verarbeiten. Einige von ihnen haben – meist durch harte Arbeit – eine Form der Bewältigung ihrer Kindheitserlebnisse gefunden.

Heidy Hartmann, 1938, Thurgau, Nidwalden, Zürich

»Dieses Ausgeschlossensein, kein Körperkontakt, außer Schlägen!«

Gleich nach der Geburt wurde Heidy Hartmann durch die Gemeindebehörden, die auch ihren Vornamen bestimmten, ihrer Mutter weggenommen und in ein Kinderheim im Kanton Thurgau gebracht. Ihre Mutter war damals verwitwet und hatte schon acht Kinder. Sie war an offener Tuberkulose erkrankt und hatte die Kinder damit angesteckt; fünf starben in der Folge an der Krankheit.

Als sie sechzehn Monate alt war, nahm ein Pfarrerehepaar Heidy Hartmann in Pflege. So kam sie zunächst nach Nidwalden und zog später mit dem Ehepaar nach Zürich. Die Abmachung der Pflegeeltern mit der Gemeinde sah vor, dass das Kind ab dem Alter von neun Jahren für seinen Unterhalt arbeiten sollte.

Die Pflegemutter erkannte früh, dass sie mit dem Mädchen nicht viel anfangen konnte, und wollte es zurückgeben. Doch ihr Schwiegervater, ebenfalls ein Pfarrer, redete ihr ins Gewissen und sie behielt das Kind. »Und ich glaube, dort hat das Verhängnis begonnen. Ich denke, in einem solchen Moment hätte man es [das Kind] zurückgeben dürfen, wenn man merkt, dass man nicht miteinander zurecht kommt.«

Schon von klein auf wurde Heidy Hartmann nicht als gleichwertiges Familienmitglied akzeptiert. Bei den zweimal jährlich stattfindenden Familienfesten durfte sie mitgehen, musste aber gleich nach dem Essen in die Küche gehen und zusammen mit den Angestellten Geschirr spülen. Bei den Mahlzeiten mit den Pflegeeltern saß sie zwar am selben Tisch, erhielt aber Sprechverbot. Die Pflegeeltern sprachen über das Mädchen, aber nicht mit ihr.

Die Bestrafungen für Regelverstöße fielen unterschiedlich aus. So erhielt Heidy Hartmann zum Beispiel eine ganze Saison Badeverbot, weil sie vergessen hatte, ihre Badehosen aufzuhängen. Für Schläge musste sie sich jeweils ausziehen und niederknien. Die Folgen der Schläge mit einem Messingmaßstab sind noch heute auf Röntgenbildern sichtbar. Einmal verdächtigten die Pflegeeltern Heidy Hartmann fälschlicherweise, eine Dose Ananas genommen zu haben. Daraufhin sperrten sie das Mädchen eine Woche lang bei Wasser und Brot im Badezimmer ein, nur zur Schule gehen durfte sie. Als die Pflegeeltern ihren Irrtum erkannten, stellten sie dem Kind eine Schüssel Haferbrei und ein Glas Milch hin und schickten es danach auf sein Zimmer zum Schlafen, eine Entschuldigung erhielt es nie. Immer wieder wurden die Bestrafungen mit Bibelzitaten und Verweisen auf Gottes Wille gerechtfertigt: »›Gott will das‹ oder ›Wer seinen Sohn liebt, der schlägt ihn.‹ [...] Was da unter dem Deckmanntel des Frommen geschieht, das ist eine Katastrophe!«

Seit ihrem Umzug in den Kanton Zürich wurde kein Dienstpersonal mehr eingestellt, und Heidy Hartmann führte den gesamten Haushalt allein. »Hier begann dann eigentlich meine Leidenszeit.« Das Mädchen arbeitete den ganzen Tag. Sie durfte die Arbeit nur unterbrechen, um zur Schule zu gehen. Kontakte zu anderen Kindern gab es kaum. Wenn ein Kind an die Haustüre kam, um zu fragen, ob sie zum Spielen käme, erwiderte ihre Pflegemutter: »›Nein, Heidy muss jetzt arbeiten. Aber wenn du schon da bist, könntest du mir zur Hand gehen.‹ Dann kamen sie natürlich nie mehr.«

Heidy Hartmann hatte kein eigenes Kinderzimmer. Sie erhielt eine Abstellkammer auf dem Dachboden zugewiesen. Der Weg dorthin war für das Mädchen jedesmal eine Qual: Es hatte fürchterliche Angst. Die Angst war wohl auch der Auslöser für ein Nervenfieber, nachdem sie in den Keller gesperrt und dort vergessen worden war.

Auch in der Schule erging es Heidy Hartmann nicht gut. Nach Schulschluss lief sie immer schnell nach Hause, damit sie von den anderen Schülern nicht verprügelt wurde, oder wartete, bis alle weg

Fortsetzung S. 161

Paul Senn und die Verdingkinderproblematik

Paul Senn, 1901 in Rothrist AG geboren, wuchs in Bern auf und war nach seiner Ausbildung zum Grafiker als Reportage-Fotograf tätig. Schon früh begann er, sich für Schwache und Randständige zu engagieren. So publizierte er v.a. in links stehenden und sozialkritischen Blättern wie dem *Aufstieg* oder, in der *Zeit,* als Peter Surava (1912–1995) dort Redaktor war, für die *Nation.*

1940 wandte sich Paul Senn erstmals den Verding- und Heimkindern zu. Im Aufstieg erschienen am 8. und 15. März unter dem Übertitel «Die Welt der Verdingkinder» mehrseitige Artikel. Ohne zwischen der Art der Unterbringung zu unterscheiden, führen seine Bilder Mädchen und Knaben vor Augen, die entweder in einem Heim oder in Pflegefamilien platziert waren. Einen Teil der Buben hatte Senn bei einem Besuch im Knabenerziehungsheim Oberbipp fotografiert, andere sowie die Mädchen in ihren Pflegefamilien. So erschütternd die Aufnahmen auch sind, die von einem Journalisten verfassten Texte gehen in keiner Weise auf die prekäre Situation der Kinder ein, sondern stellen ihre Platzierung, wie es damals üblich war, als Weg zur Problemlösung dar. Insbesondere die Feldarbeit wurde als probates Mittel für die Erziehung der Kinder zu tauglichen Arbeitskräften angesehen.

So oder so war der Grad der Kritik, der in den Reportagen Senns zum Ausdruck kam, von der jeweiligen Redaktion abhängig. Mit Peter Surava publizierte er 1944 in der Nation so aufrüttelnde Berichte wie denjenigen über den sexuell missbrauchten Verdingbuben Chrigel oder das Heim Sonnenberg in Kriens, wo klar und deutlich eine Veränderung der Situation und rechtliche Schritte gefordert wurden. In der *Schweizer Illustrierten* im Gotthelfjahr 1946 hingegen wird die Fremdplatzierung wiederum als zwar schlimmes, aber unvermeidliches Übel dargestellt. An der schonungslosen Aussage der Bilder Senns ändern die unterschiedlichen Haltungen der Redaktionen nichts. Sie sind einzigartige und seltene Dokumente eines zwar vergangenen, aber leider nicht verarbeiteten, schrecklichen Kapitels der schweizerischen Geschichte.

Markus Schürpf
Leiter Paul Senn-Archiv, Kunstmuseum Bern
www.paulsenn.ch

Bildnachweise und Originallegenden zu den einzelnen Fotos siehe S. 305 ff.

Die Buben vor dem Heimleiter, Knabenerziehungsheim Oberbipp, Kanton Bern, 1940.

Verdingbub während des Besuchs des Armeninspektors, Kanton Bern, 1940.

Knaben in der Erziehungsanstalt Sonnenberg bei der Arbeit, Kriens, 1944.

Verdingmädchen während des Besuchs des Armeninspektors, Kanton Bern, 1940.

Knaben beim Schweinehüten, Knabenerziehungsheim Oberbipp, Kanton Bern, 1940.

Schuhkontrolle bei einem Verdingmädchen durch den Armeninspektor, Kanton Bern, 1940.

Knaben bei der Feldarbeit, Knabenerziehungsheim Oberbipp, Kanton Bern, 1940.

Amtsvormund beim Besuch bei einer Pflegefamilie, Kanton Bern, 1946.

Mutter und Pflegemutter mit zwei Kindern, Kanton Bern, 1946.

Knabe beim Holzhacken, Knabenerziehungsheim Oberbipp, Kanton Bern, 1940.

Knabe aus dem Knabenerziehungsheim Oberbipp, Kanton Bern, 1940.

Zahnkontrolle bei einem Verdingmädchen durch den Armeninspektor, Kanton Bern, 1940.

Pflegekind auf dem Weg zu den Kaninchen, Kanton Bern, 1946.

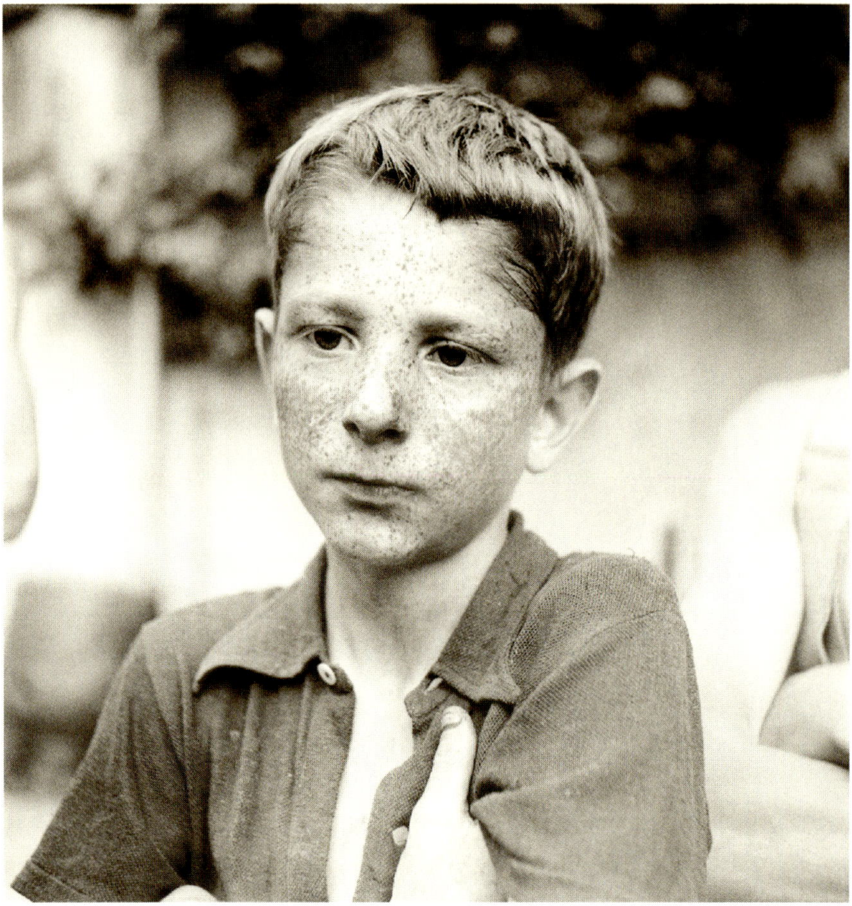

Knabe in der Erziehungsanstalt Sonnenberg bei der Arbeit, Kriens, 1944.

Knaben in der Erziehungsanstalt Sonnenberg bei der Arbeit, Kriens, 1944.

Mann mit einem Knaben, vermutlich ein Pflegevater mit seinem Pflegekind, Kanton Bern, 1946.

Pflegemädchen beim Stricken, Kanton Bern, 1946.

Die Familie des Verdingbuben »Chrigel«, Seeberg, Kanton Bern, 1944.

Familie im Kanton Bern, deren drei ältere Kinder bereits fremdplatziert sind, Kanton Bern, 1946.

Knaben bei der Feldarbeit, Knabenerziehungsheim Oberbipp, Kanton Bern, 1940.

waren. Dann allerdings erhielt sie zuhause Schläge fürs Zuspätkommen. Aber nicht die Schläge machten dem Mädchen am meisten zu schaffen, sondern die seelischen Qualen. »Dieses Ausgeschlossensein, kein Körperkontakt, außer Schlägen!« Damit kämpft Heidy Hartmann bis heute. Als Kind dachte sie immer, in der Gemeinde habe niemand von ihrem Martyrium gewusst. Erst als sie als Erwachsene in die Gemeinde zurückkehrte, gestand ihr eine ehemalige Vormundschaftsmitarbeiterin, dass es alle gewusst hätten, aber niemand etwas gegen den Pfarrer habe unternehmen wollen.

Nach der sechsten Klasse besuchte Heidy Hartmann die Sekundarschule und wollte danach Säuglingsschwester werden. An ihrer Konfirmation meinte ihr Pflegevater jedoch, dies sei nichts für sie. »Also solche wie dich kann man dort nicht gebrauchen. Du stammst aus zerrütteten und erblich belasteten Familienverhältnissen.« Ein weiteres Argument war, dass Heidy Hartmann unehelich geboren wurde. »Selbst bei meiner Heirat stand noch drauf: unehelich geboren.«

Und so absolvierte Heidy Hartmann eine Gärtnerlehre. Die Hälfte des Ausbildungsgeldes übernahm der Frauenverein, dem die Schule gehörte. Später, als sie bereits alleinerziehende Mutter von zwei Kindern war, ließ sie sich auf dem zweiten Bildungsweg zur Hochbauzeichnerin ausbilden.

Für ihre Pflegeeltern war es wichtig, wie sie nach außen hin wirkten. Und obwohl sie ihrem Pflegekind keine Liebe entgegenbrachten, so war es ihnen doch ein Anliegen, dass es ihren Namen trug. Adoptiert wurde Heidy Hartmann jedoch nicht. Deshalb sagt sie heute: »Mein Nachname bedeutet mir nicht viel, denn der hat so oft gewechselt.«

Als die Pflegemutter starb, versprach der Pflegevater jener Person, die ihn pflegen würde, das Haus als Erbe. Auf Drängen ihres damaligen Ehemannes ließ Heidy Hartmann sich darauf ein. Doch die Rückkehr nach Zürich tat ihr nicht gut. Ihre Ehe ging in die Brüche, und sie wurde schwer krank, bis sie schließlich wegging.

Aus erster Ehe hat Heidy Hartmann zwei Kinder und mit ihrem

zweiten Ehemann nochmals zwei. Erst mit ihrer eigenen Familie lernte sie das Gefühl der Zusammengehörigkeit, der Liebe und körperlichen Nähe kennen. Als Kind hatte sie dafür einen imaginären Hund und Tagträume, in denen sie sich in Gedanken aus ihrem Körper löste und einer ihr flüchtig bekannten Frau immer wieder kleine Freuden bereitete.

Heidy Hartmann hat sich in ihren schweren Stunden immer wieder gewünscht, zu ihrem Patenonkel gehen zu können. Dort verbrachte sie einmal ihre Ferien und wurde in der Familie herzlich willkommen geheißen. Als sie einmal weglief, fuhr sie mit ihrem Fahrrad quer durch die Ostschweiz zu dieser Familie. Später erfuhr sie, dass ihr Patenonkel und seine Frau sie zu sich holen wollten, dass ihnen aber jemand zuvorgekommen war. Nur einmal verbrachte sie die Ferien bei ihrem Patenonkel. Danach kam sie in verschiedene Kinderheime, wenn ihre Pflegeeltern in die Ferien gingen.

Schließlich half ihr der Gedanke an ihre leibliche Mutter, die sie verehrte, aber nicht persönlich kannte. Ihre Vorstellung wurde jedoch jäh zerstört, als sie bei ihrer Mündigkeit irrtümlicherweise die Adresse ihrer leiblichen Mutter zugeschickt erhielt. Sie fuhr sofort mit dem Fahrrad zu ihr, um sie kennenzulernen. Doch Heidy Hartmann konnte zu ihr und zu ihren Halbgeschwistern keine enge Beziehung mehr aufbauen.

Als Heidy Hartmann im November 2004 am ersten Treffen ehemaliger Verdingkinder in Glattbrugg teilnahm, fühlte sie sich mit ihrem Schicksal nicht mehr allein. Sie merkte aber auch, dass nicht alle die Möglichkeit gehabt haben, ihre Erlebnisse mithilfe von Therapien aufzuarbeiten. Heidy Hartmann trifft sich heute regelmäßig mit anderen ehemaligen Verdingkindern. Heute ist sie im Ruhestand, unternimmt Reisen, genießt ihre Kinder und Enkelkinder, Freunde, Nachbarn und ihren Hund. Sie sagt: »Heute bin ich zufrieden mit meinem Leben. Ich schaute zwar nach, was in der *Grümpelchammere* alles herumliegt, aber entsorgen konnte ich es nicht. […] Die Erinnerungen bleiben. Man kann ausmisten, man kann darüber sprechen, aber sie bleiben.«

Loretta Seglias

Marianne Lauser*, 1934, Bern

»Ich habe oft überlegt, wie ich mich kaputt machen könnte«

Der Vater von Marianne Lauser war 57 Jahre alt und in dritter Ehe verheiratet, als sie 1934, als Älteste von fünf Kindern, im Kanton Bern das Licht der Welt erblickte. Ihre Mutter war zu diesem Zeitpunkt 36 Jahre alt. Ihr Vater baute Sommer und Winter mit Schaufel und Schubkarre in Handarbeit Kies aus der Emme ab. Es war eine unheimlich harte Arbeit und das Einkommen gering. Die Mutter arbeitete zwischendurch in einer Stickerei. Sie erlitt 1939 einen schweren Arbeitsunfall, bei dem sie beinahe skalpiert wurde. »Und nachher ist die einfach im Kopf nicht mehr so klar gewesen. Sie hat einfach wenig zu uns geschaut. Und das haben andere Leute gesehen.«

Die Kinder wurden in der Folge in verschiedene Familien platziert und sahen einander während Jahren nicht mehr. Marianne Lauser wurde zuerst in eine Krippe gebracht. Den Geruch dort hat sie noch heute in der Nase. Danach wohnte sie für kurze Zeit bei einer Witwe, die einen Lebensmittelladen führte. Diese hatte aber oft keine Zeit, um sich um sie zu kümmern. Deshalb kam sie in eine Pfegefamilie und sagt zu diesem Lebensabschnitt rückblickend: »Das war das A und O meines Lebens. Die fünf schönsten Jahre in meinem ganzen Leben.« Das Mädchen wurde wie ein eigenes Kind behandelt. Die neun Jahre ältere Tochter ist für sie noch heute wie ihre große Schwester.

Der Pflegevater ging oft mit ihr über Feld und Wald, und sie sammelten Beeren oder Pilze. Durch ihn lernte sie Pflanzen und Tiere kennen und bekam dadurch eine innige Beziehung zur Natur, die bis heute anhält. »Er ging mit mir in die Berge und hat gesagt: ›Das gehört dir. Das gehört alles dir. Das ist deine Heimat.‹ Und da habe ich jeweils gedacht: ›Das ist alles Meins. Das ist alles Meins. Der Berg ist meiner und die Alpenrosen sind meine.‹ Das war ganz gewaltig. Ja, und dort war ich so glücklich.«

Aus familiären Gründen und weil die Behörden der Meinung waren, »das Mädchen müsse noch ein wenig arbeiten lernen«, kam Marianne Lauser am 4. August 1944 zu einem Großbauern im Emmental. Welch ein Unterschied für die Zehnjährige. Sie tauschte einen Ort der Geborgenheit gegen einen Ort, an dem sie dauernd unter Druck stand und für jede Kleinigkeit Strafen drohten. Sämtliche Personen mussten mit »Sie« angesprochen werden, sie durfte die Privaträume nicht betreten, hatte eine unbeheizte Kammer, in die kein Sonnenstrahl hineinkam, und sie war wie die anderen Angestellten lediglich eine Arbeitskraft. Der Tag begann am Morgen um fünf Uhr mit Gras mähen. Später kam noch ein jüngerer Verdingbub aus Basel auf den Hof, der aber in keiner Art und Weise so eingespannt wurde wie sie. Marianne Lauser vermutet, dass Basel für ihn mehr bezahlt hatte. Sie hätte damals aber nie gewagt, nach dem Grund zu fragen.

Erst wenn Marianne Lauser die Milch in die Käserei gebracht, gefrühstückt und das Geschirr abgewaschen hatte, durfte sie zur Schule, was sie meist nur im Laufschritt rechtzeitig schaffte. Wenn sie zu spät kam, musste sie zehn Minuten vor der Türe stehen bleiben und am Mittag diese zehn Minuten nachsitzen. Dadurch kam sie auch zehn Minuten zu spät nach Hause und musste zur Strafe am Sonntagnachmittag ins Bett. Überhaupt verbrachte Marianne Lauser die meisten Sonntagnachmittage als Strafe für irgendetwas im Bett. Da sie unter der Woche früh aufstehen musste, konnte sie so wenigstens etwas Schlaf nachholen.

Marianne Lauser hatte keine Bücher und nichts, was sie geistig gefördert hätte. Trotz allen Widrigkeiten war sie aber eine gute Schülerin. Die Lehrerin wollte sie prüfungsfrei in die Sekundarschule übertreten lassen. Die Pflegemutter erklärte der Lehrerin jedoch, dass das nicht in Frage komme, da Marianne Lauser zum Arbeiten bei ihnen sei und nicht, um Aufgaben zu machen.

Dem Mädchen war es strengstens untersagt, mit jemandem zu sprechen, selbst mit den Angestellten oder dem Verdingbuben durfte sie nicht reden. Die Tiere, insbesondere der Hund und die Katzen, waren ihre einzige Freude. Sie kapselte sich ab und war in der Schule, wo sie aus Müdigkeit oft einschlief, eine Außenseiterin. Auch von einem Lehrer bekam sie zu spüren, dass sie anders war als die anderen. Dieser ließ nur die Verdingkinder das Winterholz auf den Dachboden tragen, mit der Begründung, dass sie Arbeit ja gewohnt seien. Marianne Lauser durfte an den Schulreisen oder bei den Ausflügen in die Badeanstalt nicht teilnehmen, weil man sie nicht aufgenommen habe, »um den Hintern waschen zu gehen«. Bei günstiger Gelegenheit wurde sie von der Großmutter geschlagen: »Dann musste ich die Hosen herunterlassen, den Teppichklopfer abhängen, und in einer finsteren Kammer, in welcher nur Stroh war, neben dem Pferdestall, hat sie mich ausgepeitscht.«

Marianne Lauser war oft verzweifelt, sah keinen Ausweg mehr und hatte Todesgedanken. Fünf Jahre lang wartete sie sehnsüchtig auf den Moment, an dem sie aus der Schule kommen würde: »An Silvester stieg ich jeweils ganz leise wieder aus dem Bett und ging auf Zehenspitzen hinaus, um zu hören, wie die Glocken läuten. Dann habe ich jeweils gedacht, so, jetzt nur noch dreimal hören wie die Glocken läuten und dann muss ich nicht mehr da sein.«

Im Jahr 1947 besuchte Marianne Lauser einmal die Eltern. Da waren auch ihre Geschwister, doch sie erkannte sie nicht mehr und es war keine Bindung da. Erst im Erwachsenenalter ergab sich wieder ein regelmäßiger Kontakt.

Nach Beendigung der Schulzeit musste Marianne Lauser auf Anordnung des Vormundes, den sie sehr selten gesehen hatte und der ihr nie beigestanden war, das Bauernlehrjahr absolvieren. Sie wäre gerne Krankenschwester oder Blumenbinderin geworden. Der Vormund erklärte ihr jedoch: »Du bist ein Weib. Die heiraten sowieso und haben Kinder. Die brauchen keine Lehre zu machen.« Es war allerdings ein schlechter Platz für eine Lehre, an dem die junge Frau nichts lernte und lediglich Magd war. Nach einem halben Jahr hatte der Vormund ein Einsehen und platzierte sie als Dienstmädchen in eine Unternehmerfamilie. Dort erlebte sie wieder einmal die Sonnenseiten des Lebens und wurde wie ein Familienmitglied behandelt. »Das habe ich so geschätzt, wieder einbezogen zu sein, eine Familie zu haben. Und das hat mir gut getan.«

Marianne Lauser lernte mit siebzehn ihren zwei Jahre älteren heutigen Ehemann kennen. Der Vormund war gegen diese Beziehung, und als sie sich nach zwei Jahren verlobte und schwanger wurde, versetzte sie der Vormund zur Strafe in ein Drogenentziehungsheim im Kanton Thurgau. Marianne Lauser hätte zwei Jahre an diesem Ort bleiben und das Kind zur Adoption freigeben sollen. Sie war verzweifelt, musste dort sieben Monate bleiben, bis schließlich eine Angestellte bemerkte, dass etwas nicht stimmte, und die Erziehungsdirektion informierte. Innerhalb von vierzehn Tagen war Marianne Lauser wieder zuhause, heiratete, und dem Vormund wurde das Mandat entzogen.

Am zehnten Hochzeitstag kam das elfte Kind zur Welt. Marianne Lauser war überglücklich mit ihrer großen Familie. Sie hatte immer von einer Familie, von einem Zuhause geträumt, und das hatte sie nun. Nach dem tragischen Unfalltod eines ihrer Kinder wurde eine Beistandschaft errichtet, was für sie einer Bestrafung gleichkam. Sie lebte in ständiger Angst, man könnte ihr die Kinder wegnehmen.

Sie arbeitete oft bis morgens um drei Uhr im Haushalt oder strickte für die Kinder. Es war wenig Geld vorhanden; alles musste gut eingeteilt werden, aber Marianne Lauser schaffte es mit der Unterstützung ihres Mannes und der Kinder.

Seit ihren Erfahrungen im Emmental, wo sie immer alles schnell und auf die Minute genau und sauber halten musste, leidet sie an einem Putzwahn, den sie bis ins Alter nicht mehr losgeworden ist.

Marianne Lauser lebt heute im Kanton Aargau und betrachtet die fünf schwierigen Jahre beim Großbauern als eine »Schule des Lebens«, wo sie gelernt hat, zu verzichten, und auf ihr entbehrungsreiches Leben vorbereitet wurde: »Ich glaube, es ist recht so. Es ist recht so, es ist vorbei. Aber es ist immer noch, wie soll ich sagen? Noch nicht vollständig verarbeitet.«

Marco Leuenberger

Werner Binggeli, 1932, Bern, Zürich

»Der Kuhstall war mein Wohnzimmer«

Als Werner Binggeli fünfeinhalbjährig war, starb seine Mutter, und sein Vater verließ die Familie. An das Leben davor kann er sich kaum noch erinnern, lediglich die Trunksucht seines Vaters ist ihm in Erinnerung geblieben, denn er und sein Bruder mussten ihn oftmals nach Hause holen. So auch, als seine kranke Mutter ins Spital eingeliefert wurde, wo sie später verstarb. Der Knabe und seine Schwester kamen vorübergehend zu Werner Binggelis Patenonkel, dessen Frau die Patentante seiner Schwester war. Auch sein älterer Bruder zog zu seinem Patenonkel.

Das Ehepaar behielt aber nicht beide Kinder, und so wurde Werner Binggeli von der Gemeinde verdingt, um möglichst wenig Kosten zu verursachen.

Von nun an lebte er auf einem Bauernhof im Kanton Bern. Von frühmorgens bis zur Dunkelheit arbeitete er sehr hart. Seine Hausaufgaben durfte er nicht im Haus erledigen, sondern nur draußen im Stall. »Der Kuhstall war mein Wohnzimmer«, meint Werner Binggeli heute, denn ins Wohnzimmer der Bauernfamilie durfte er nicht, und er aß auch nicht mit der Familie. Etwas Magermilch und Brot oder eine Suppe wurde ihm jeweils auf einen kleinen Tisch am Ende des Korridors hingestellt.

Um seinen Hunger zu stillen, kletterte der Knabe nachts, wenn alles ruhig war, aus dem Fenster, schlich in den Stall und molk eine Kuh. Dazu benutzte er ein Glas, das er im Stall versteckt hielt. Als der Bauer seine nächtlichen Ausflüge bemerkte, stellte er ihm Bienenkästen vor das Fenster, sodass Bienen ins Zimmer des Knaben gelangten, in sein Bett krochen und er mehrmals gestochen wurde.

Der Sohn der Familie machte dem Knaben das Leben zusätzlich schwer. »Dann hat er mich mit dem Strick geschlagen und gesagt, ich sei nichts wert.« Um ihm zu zeigen, wie man richtig mit einem Beil umgehe, holte er aus, schlug zu und hackte sich dabei beinahe den Daumen ab. »Und dann habe ich gesagt: ›Das ist irgendwie seine Strafe.‹« Von nun an hatte Werner Binggeli noch mehr unter dessen Gemeinheiten zu leiden.

Der Knabe musste jeweils ein enormes Arbeitspensum bewältigen und bekam erst zu essen, wenn dieses geschafft war. »Dann war Hochzeit und ich war den ganzen Tag allein [auf dem Hof]. Sie haben mir Körbe hingestellt, in einem Weizenfeld. Ich musste Unkraut ausreißen. ›Wenn du diese gefüllt hast, dann bekommst du Abendessen, sonst nicht!‹«

Wenn er aus Angst in der Nacht das Bett nässte, wurde er am anderen Morgen an den Beinen hochgehoben und kopfüber in den Brunnen vor dem Haus getaucht. Immer mit dem Satz: »Wenn Du nicht mehr das Bett nässt, hören wir damit auf.«

Zur Strafe wurde Werner Binggeli oft während vielen Stunden im Keller eingesperrt. Auch einmal, nachdem seine Lehrerin ihn im Winter über Mittag in der Schule eine warme Suppe essen ließ und er deshalb erst am Nachmittag nach Hause kam. Er erzählte dies am folgenden Tag seiner Lehrerin, die den Bauern daraufhin zur Rede stellte, doch ohne Erfolg.

Jedes Mal, wenn jemand auf den Hof kam, wurde der Knabe in den Keller gesperrt, sodass er niemandem von seiner Situation berichten konnte. Auch sein Patenonkel versuchte mehrmals, ihn zu besuchen. Ihm wurde immer gesagt, der Knabe spiele gerade mit den Nachbarskindern.

Als Werner Binggeli sich einmal vor den Gemeinheiten des Bauernsohnes vesteckte, blieb er eine ganze Nacht und einen Tag in einem Jauchefass sitzen und flüchtete in der kommenden Nacht zu seinem Patenonkel. Dieser sorgte nun – zusammen mit der Lehrerin – dafür, dass der Knabe nicht mehr an diesen Ort zurückkehren musste.

Er wurde zu seinem Vater gebracht, der die Familie nach dem frühen Tod der Mutter verlassen hatte und ebenfalls im Kanton Bern wohnte. Seine Stiefmutter machte ihm deutlich, dass er nicht willkommen war.

Werner Binggeli verdiente mit unterschiedlichen Arbeiten Geld für seinen Vater. Er trug Brote und Zeitschriften aus und hütete die Ziegen des Dorfes. Während des Sommers wurde er zur Arbeit auf die Alp geschickt. Alle Knaben, die im Sommer dort arbeiteten, verließen die Winterschule vor ihrem Ende und kamen erst zurück, nachdem das neue Schuljahr bereits wieder begonnen hatte.

Die Dorfgemeinschaft wusste von der Trunksucht seines Vaters und den Umständen, in denen er lebte. Man unterstützte den Knaben, indem man ihm Arbeitsstellen auf verschiedenen Höfen vermittelte. Dort fand er immer wieder Familienanschluss.

Eines Tages lernte er einen Viehhändler aus dem Säuliamt im Kanton Zürich kennen, der ihm Arbeit auf seinem Hof anbot. Der Gemeindepräsident seines Wohnortes organisierte daraufhin alles, und Werner Binggeli verließ mit siebzehn Jahren seinen Vater, mit nur einem kleinen Koffer. Nach seiner Ankunft wurde er zum ersten Mal in seinem Leben ins Wirtshaus eingeladen. Als sein neuer Arbeitgeber erfuhr, dass er nicht mehr als einen kleinen Koffer besaß, kaufte er ihm tags darauf neue Kleider.

In der folgenden Zeit arbeitete Werner Binggeli auf unterschiedlichen Höfen in dieser Gegend, bis ihm jemand eine Stelle als Handlanger in einem Gipsergeschäft in der Stadt vermittelte. Die Arbeit als Handlanger gefiel Werner Binggeli nicht. Als er bei seinem Arbeitgeber kündigen wollte, bot ihm dieser eine verkürzte Lehre an. Werner Binggeli nahm das Angebot an und wurde in den kommenden Jahren zum Gipser und später zum Gipsermeister ausgebildet, weil er das Geschäft seines Meisters übernehmen sollte. Doch er wollte nicht in die Stadt ziehen. Sein Arbeitgeber riet ihm, sich selbständig zu machen. Werner Binggeli beherzigte seinen Rat, und schon bald blühte sein Geschäft.

Durch den frühen Krebstod seiner Frau war Werner Binggeli allein für seine vier Kinder verantwortlich. Drei waren damals bereits in der Lehre. Ein Sohn wuchs bei seinem Schwager auf. Werner Binggelis zweite Frau, die ihn eigentlich hätte unterstützen sollen, brachte ihn später um sein Heim. Heute hat er wieder eine Freundin und lebt im Kanton Zürich.

Schon als kleiner Knabe fand Werner Binggeli Trost, Kraft, Zuversicht und Selbstvertrauen in seinem Glauben, der ihn auch heute begleitet in seinem aktiven Leben.

Loretta Seglias

Alfred Ryter, 1940, Bern

»Dieses Heimweh – niemand hörte uns, niemand nahm uns wahr«

Alfred Ryter wuchs zusammen mit fünf Geschwistern im Kanton Bern auf. Als seine Mutter 1948 schwer erkrankte und Operationen und lange Kuraufenthalte folgten, wurden er – nicht ganz achtjährig – und zwei seiner Brüder aus finanzieller Not verdingt. Sein Vater brachte ihn zu einer kinderlosen Bauernfamilie, zwei unbekannte Männer begleiteten sie.

Abends wurde er in die *Tenne* geworfen, ohne Licht und ohne Toilette. Ein altes Sofa, Säcke und alte Wolldecken waren von nun an sein Bett. Er litt furchtbar unter der Trennung von seinen Eltern und Geschwistern. Alfred Ryter wehrte sich vergebens, wenn sie ihn am Abend da hinein warfen. »Ich habe mich gewehrt, geheult, aber ich hatte keine Chance gegen sie.« Er flehte, weinte und trat mit den Füßen ans verschlossene Tenntor. Nicht selten erwachte er am Morgen kniend oder liegend hinter dem Tor.

Hunger war von nun an sein ständiger Begleiter. Um den Hunger zu stillen, aß er Hühnerfutter und *Chrüsch,* das in der *Tenne* gelagert war. Alfred Ryter fragt sich heute: »Warum hat sich niemand um uns gekümmert? Der Lehrer oder die Nachbarn hätten doch hören oder sehen müssen, dass wir schwer litten und verwahrlosten. Niemand machte sich etwas aus uns. Warum macht man so etwas mit einem Kind? Warum tat man uns das an?«

Am Morgen wurde er vom Bauern geweckt, und wenn er von der Stallarbeit zurückkam, bekam er von der Bäuerin ein Stück Brot und eine Tasse mit verdünnter Milch. Die Bäuerin sagte jeweils zu ihm: »Ich muss die Milch abkühlen, damit du rechtzeitig zur Schule kommst.« Dieses Frühstück musste genügen bis zum Abendessen. In den beinahe zwei Jahren, die er auf diesem Hof verbrachte, erhielt er kein einziges Mal Fleisch und nur selten Gemüse. Essen musste er immer allein. Zum Mittagessen wurde er nicht gerufen. Zuerst hatten seine Pflegeeltern noch Ausreden dafür – er hätte geschlafen und sie hätten ihn nicht aufwecken wollen –, später jedoch nicht mehr.

Zur Bestrafung erhielt der Knabe neben Schlägen noch weniger zu essen. Er magerte stark ab. »Ich war nur noch ein *Hämpfeli.*« Irgendwann leistete er keinen Widerstand mehr. Er ließ alles über sich ergehen. Er sagt heute: »Das ist komisch, wenn ich denke, wie ich am Anfang gefleht, geweint und gebrüllt habe, und plötzlich war das weg. Ich hätte das nicht anders ausgehalten. Das war im Prinzip eine Gnade.«

Die beiden Brüder von Alfred Ryter wurden in der Nähe auf einen Bauernhof verdingt, auch sie hatten keine guten Plätze. Alle drei besuchten dieselbe Schule. Sie trafen sich jeweils auf dem Schulweg und gingen oft gar nicht zur Schule, sondern verbrachten Zeit miteinander. Um ihren Hunger zu stillen, stahl besonders sein ältester Bruder Hans Lebensmittel. Er brachte oft ein Ovosport, Brot oder sonst etwas Essbares zu ihrem Versteck in einer alten Scheune mit. Hans wurde später beim Stehlen erwischt und in eine Anstalt eingewiesen. Nur noch an Weihnachten durfte er fortan nach Hause. Er nahm sich später das Leben. »Dieses Heimweh, niemand hörte uns, niemand nahm uns wahr, es war eine Zeit, die furchtbar war.«

Während den Ferien verbrachte jeweils eine Familie aus Basel mit zwei Kindern ihren Urlaub auf dem Hof. Alfred Ryter sah sie mit ihren Spielsachen spielen. Er selbst hatte keine. Auch fehlte ihm die Zeit zum Spielen. Nur am Sonntagnachmittag musste der Knabe nicht arbeiten. Dann wurde er in die *Tenne* eingesperrt, bis er am Abend erneut zur Arbeit geholt wurde. An Ostern suchten die Kinder der Ferienfamilie mit viel Freude ihre Osternester. Auch Alfred Ryter hoffte auf ein Nest: »Ich hatte aber bis zum Mittag die Hoffnung nicht aufgegeben, dass der Osterhase mich doch nicht vergessen hatte. Aber er hatte mich vergessen!«

Stattdessen wurde der Knabe zwischen den Stallarbeiten am Morgen und am Abend eingesperrt. An Weihnachten erging es Alfred Ryter nicht anders. Heute noch holen ihn besonders an diesen beiden Feiertagen die schlimmen Erlebnisse aus seiner Kindheit ein.

Nach zwei Jahren kehrte Alfred Ryter wieder nach Hause zurück. Obwohl er liebevoll aufgenommen wurde, empfand er für seine Eltern nicht mehr dieselbe Zuneigung wie vorher. Weil die Mutter nach einem halben Jahr krankheitshalber erneut wegmusste, wurde der Knabe wieder auf einen Bauernhof im selben Kanton verdingt. Dort wurde er vom Bauern und seinem Sohn regelmäßig und zum Teil heftig geschlagen. Die Bäuerin schlug ihn nicht, sie verteidigte ihn aber auch nicht. Geliebt wurde er auch an diesem Ort nicht. Aber er bekam gut und genug zu essen und erzählt: »Es stimmte dort für mich, ich konnte mit dem Sohn des Bauern im gleichen Zimmer schlafen und ich durfte mit ihnen am Tisch essen.« Die Schule besuchte er nur unregelmäßig. Er ging mit dem Bauern auf die Alp und musste hart arbeiten.

Als seine Mutter wieder zu Hause war, ging auch Alfred Ryter erneut in sein Elternhaus zurück. Da besuchte er zum ersten Mal regelmäßig die Schule. Er war nie ein guter Schüler. Schreiben und Lesen konnte er bis zum Schulaustritt nicht richtig. »Ich konnte nicht einmal meinen Namen richtig schreiben.« Von den Lehrern wurde er deshalb oft bestraft. An Ausflügen und am Turnunterricht nahm er nur selten teil. In einem anderen Dorf, wo er eine Weile zur Schule ging, wurde er vom Lehrer und seinen Mitschülern nur »Verdinger« genannt und schließlich aus der Schule gejagt. Die Lehrer zeigten kein Interesse daran, den Knaben schulisch zu unterstützen oder zu fördern. Die einen bestraften ihn für die fehlenden Hausaufgaben oder sperrten ihn während den Pausen ein. In der siebten Klasse erteilte ihm der Lehrer keinen Französischunterricht, weil Alfred Ryter nach Meinung dieses Lehrers sowieso nichts lernen würde. Ein Lehrer ließ ihn im Frühling und im Herbst früher aus der Schule, um Kühe auf die Weide zu treiben. Nur an einem Ort musste der Bauer eine Buße bezahlen, weil er Alfred Ryter nicht zur Schule geschickt hatte.

Eines Tages pinkelte Alfred Ryter einem Lehrer in die versteckte Weinflasche, als er während der Pause wieder einmal im Klassenzimmer eingesperrt wurde. »Nicht viel, aber er hat es wahrscheinlich nie richtig bemerkt.« Der Knabe wusste sich nicht anders zu wehren.

Zu dieser Zeit war er erneut an einen anderen Ort verdingt worden. Diese Pflegemutter nahm ihn zwischendurch auch einmal in den Arm. Alfred Ryter ging nach seinem Schulaustritt ins *Welschland*. Auch dort fand er keinen richtigen Familienanschluss, er gehörte zum Personal. Und Französisch lernte er auch nicht, da beinahe sein gesamtes Umfeld Schweizerdeutsch sprach.

Es folgte eine schwierige und rebellische Zeit. Er war immer noch Bettnässer und verlor deshalb seine erste Arbeitsstelle. Danach kam er in den Kanton Waadt. Der Selbstmord seines älteren Bruders Hans warf ihn komplett aus der Bahn. Er rebellierte, war aufbrausend, aufsäßig und frech. »Ich war unruhig, konnte nichts ertragen. Ich eckte überall an.« Alfred Ryter schlitterte in der Folge von einer Arbeitsstelle zur anderen. Manchmal wurde er schon nach drei Tagen wieder fortgejagt.

Schließlich trat er in die Rekrutenschule ein. Auch dort rebellierte er. Doch es fand sich ein Vorgesetzter, der sich seiner annahm und ihn unterstützte. »Es war das erste Mal, das ich bemerkte, dass es Menschen gab, die mir halfen.«

Danach fand sein Vater für ihn eine Arbeitsstelle bei der Bahn. Auch dort traf er auf gute Vorgesetzte und fasste allmählich wieder Fuß. Doch dann nahm sich auch sein zweiter Bruder Ruedi, zu dem er ein sehr enges Verhältnis gehabt hatte, das Leben. Alfred Ryter fiel erneut in ein tiefes Loch. Er ging nicht zur Arbeit und entwendete Autos; auch ohne Führerausweis. Seine Arbeitgeber ließen ihn jedoch nicht fallen und er behielt seine Arbeitsstelle. Alfred Ryter wurde von seinem Arbeitgeber auch auf Familienausflüge mitgenommen. Und so lernte er seine Frau kennen. Durch das in ihn gesetzte Vertrauen bekam er sein Leben wieder in den Griff. Er brachte es mit viel Fleiß und stetigem Lernen bis zum Stationsbeamten. »Und dann lernte ich, ich lernte, lernte, lernte.« Seine Frau unterstützte ihn, und sie lernten viel gemeinsam. Er schaffte die drittbeste Prüfung, und das trotz seiner schlechten Schulbildung. »Da war ich zum ersten Mal wirklich stolz. Du kannst ja etwas, du bist doch nicht einfach nichts.« Später führte er bei der BLS eine Bahnstation.

Als sein Sohn alt genug war, um in den Kindergarten zu gehen, wäre der Kindergarten über eine Stunde entfernt gewesen. Alfred Ryter beantragte daraufhin seine Versetzung, aber ohne Erfolg. Deshalb wechselte er 1973 seinen Beruf und fand eine Anstellung als Speditionsfachmann auf einem Waffenplatz im Kanton Bern. 1976 bauten er und seine Frau für die Familie ein schönes Eigenheim. Die Familie war am neuen Wohnort rasch integriert. Alfred Ryter war in verschiedenen Vereinen und sportlich aktiv.

An seiner neuen Arbeitsstelle jedoch wurde er von einigen Mitarbeitern gemieden. Sein mangelndes Selbstbewusstsein und das Gefühl, sich nicht wehren zu können, machten ihn zu einem leichten Opfer für Anschuldigungen und Intrigen. Alfred Ryter wurde dadurch ernsthaft krank. Er litt an Magengeschwüren, Erkrankungen der Speiseröhre und des Zwerchfells. Die organischen Erkrankungen waren von Depressionen begleitet. Darunter litten auch seine Frau und seine Kinder. Dennoch versuchte er immer wieder, zu arbeiten. Er verlor schließlich seine Funktion als Vorgesetzter und hatte im Betrieb keine Aufgabe mehr. Zuletzt konnte Alfred Ryter nicht mehr weiterarbeiten und musste mit 58 Jahren seine Arbeit ganz aufgeben. Auf seine letzten Jahre im Berufsleben schaut er mit Schmerz und Groll zurück.

Seit seinem fünfzigsten Altersjahr mehrten sich bei Alfred Ryter Angstzustände und Depressionen, unter denen er und seine Familie schon vorher gelitten hatten. Die Erlebnisse auf dem Bauernhof und der Selbstmord seiner Brüder holten ihn ein. Er erzählte seiner Frau erst jetzt von seiner Vergangenheit als Verdingbub. Erst jetzt konnte sie viele Dinge verstehen und nachvollziehen.

Sie besuchten zusammen den ersten Hof, auf dem er verdingt war. Die gestohlene Kindheit mit den schrecklichen Nächten in der *Tenne* war plötzlich wieder allgegenwärtig. Er fiel in eine starke Depression und musste in eine psychiatrische Klinik eingewiesen werden. Doch hier wurde ihm nicht etwa geholfen, sondern er fand sich hinter verriegelten Türen. Es war die gleiche ausweglose Situation wie damals als Kind in der *Tenne.* Dank eines jungen Arztes und seiner Frau konnte er die Klinik nach einigen Tagen wieder verlassen. Der Besuch auf dem Bauernhof und die Intrigen am Arbeitsplatz forderten ihren Tribut.

Alfred Ryter ist heute Rentner und hofft, das Erlebte zu verarbeiten und seine Depressionen ablegen zu können. »Verdinger« zu sein, prägte sein gesamtes Leben. Auf Spaziergängen mit seinen Enkelkindern, mit der Unterstützung seiner Frau und seiner Freunde sowie der Hilfe seines Hausarztes hofft er, einen Weg aus der Depression zu finden.

Alfred Ryter sagt heute: »Wir hatten gute Eltern, sie hatten einfach kein Geld. Ich hoffe nur, dass meine Mutter nicht wusste, wie es uns erging. Und dass sie es nie erfahren musste.«

Trudi Schmied, Loretta Seglias

Hedwig Wittwer-Bühler, 1920, Bern

»Ich hatte eine wunderbare Jugend«

Hedwig Wittwer weiß nichts von ihrer frühen Kindheit. 1926, im Alter von sechs Jahren, kam sie zu einer Pflegefamilie im Kanton Bern. Damals stand sie unter Schock und redete tagelang nicht. Erinnerungen an ihre eigene Familie hat sie keine. »Die Pflegeeltern wussten schon Bescheid, aber die erzählten mir eigentlich wenig.« Sie weiß nur, dass sie sieben Geschwister hatte. Vier seien auch verdingt worden, die anderen hätten zuhause bleiben können.

Hedwig Wittwer fühlte sich wohl in ihrem neuen zuhause. Sie lebte bei einem älteren Mann, dem »Großvater«, und dessen Tochter, der »Tante«. Die Tante war krank und die beiden brauchten Hilfe bei der Arbeit. Sie waren Selbstversorger, und so half Hedwig Wittwer neben der Schule im Haushalt, im Garten und bei den Tieren. Das Arbeiten empfand sie nicht als schlimm. »Ich lernte arbeiten, das ist ja wichtig. Das braucht man ja im Leben.« Hedwig Wittwer war ein »Kommissionenkind«: Sie erledigte Einkäufe für die Leute im Dorf oder half im Garten mit.

Zur Schule ging sie immer gerne. Der Lehrer war für sie wichtig. Wenn sie etwas bedrückte – »Ich war einfach oft traurig.« –, blieb sie nach der Schule bei ihm und er tröstete sie. Das Mädchen war interessiert und seine Leistungen waren gut. Trotzdem konnte es nach der Schule keine Lehre machen. Das nötige Geld war nicht vorhanden.

Die Pflegeeltern behandelten Hedwig Wittwer gut. Sie erhielt nie Schläge; sie fühlte sich »gut behütet. Mir passierte nichts.« Hedwig Wittwer erinnert sich heute nur an wenige Ereignisse, bei denen sie von anderen Personen ungerecht behandelt wurde. Einmal nahm der Postbote einen Brief von ihr nicht an, weil die Briefmarke mit Tinte verschmiert war. Er behauptete, es sei eine alte Briefmarke. Hedwig

Wittwer weiß jedoch nicht, ob der Postbote auch andere Kinder so behandelte. Ab und zu spürte sie, dass die Leute ihr gegenüber Vorurteile hatten: »Wenn etwas passierte, dann hieß es einfach: ›Ja, die hat es wieder gemacht.‹«

Hedwig Wittwer erinnert sich gern daran, wie sie in den Ferien ihre Patentante besuchte. Diese wohnte in einer Stadt und die Besuche waren etwas Besonderes: »Sie […] arbeitete in einer Fabrik. Sie war verheiratet, hatte aber keine Kinder, und das war immer ein Fest. Wisst Ihr, ein Landkind in der Stadt! Dann ging man dort in den Tearoom. Ja, das war also ein Fest.« Ansonsten blieb Hedwig Wittwer immer im Dorf, außer wenn es Zeit zum Heuen war. Der Großvater hatte Verwandte in den Bergen. Immer wenn sie auf ihrem Hof nichts mehr zu tun hatten, gingen sie jeweils zu diesen Verwandten und halfen ihnen beim Heuen.

Ihren Vormund hat Hedwig Wittwer oft gesehen. Er besuchte sie und sie musste ihm manchmal Kleider und Schuhe zeigen. Jedes Mal erhielt sie von ihm einen Franken. Später, als sie nicht mehr bei ihrer Pflegefamilie wohnte, teilte man ihr eines Tages per Telefon mit, dass man sie aus der Vormundschaft entlassen habe.

Als Hedwig Wittwer mit der Schule fertig war, kam die »Tante« in ein Heim. Der »Großvater« war schon früher gestorben. Hedwig Wittwer musste weg und ging für ein Jahr in die französische Schweiz. Danach arbeitete sie für zwei Jahre wieder im Dorf, bei der Pfarrerfamilie. Diese besorgte ihr später eine Stelle als Zimmermädchen in einem Hotel. Dort lernte sie ein Ehepaar kennen, das sie mit nach Südengland nahm, wo sie im Restaurant mithelfen konnte. Da sie sehr gerne mit Kindern arbeitete, wechselte sie zu einer anderen Familie, und blieb dort weitere zwei Jahre. Doch dann wurde das Heimweh nach der Schweiz zu groß und Hedwig Wittwer kehrte zurück.

Sie heiratete später und führte zusammen mit ihrem Mann eine Buchdruckerei. Bereits nach vier Jahren verstarb ihr Ehemann, und sie heiratete ein zweites Mal. Mit dem zweiten Mann lebte sie dreißig

Jahre lang zusammen, bis zu seinem Tod. Heute wohnt Hedwig Wittwer allein in einer Wohnung im Kanton Bern. Rückblickend sagt sie: »Aber ich hatte eigentlich ein schönes Leben.« Nur die gesundheitlichen Einschränkungen machen ihr heute zu schaffen.

Hedwig Wittwer ist es wichtig zu betonen, dass es auch Verdingkinder gab, die es bei ihren Pflegefamilien gut hatten. Sie erinnert sich gerne an ihre Jugend.

Mirjam Brunner

Verdingt und erniedrigt – Formen der Diskriminierung

Sabine Bitter

Zuhause unerwünscht

Viele ehemalige Verdingkinder berichten über mangelnde Anerkennung, die oft schon in der eigenen Familie einen Teil der prekären Lebensverhältnisse ausmachte. Roger Hostettler zum Beispiel spürte, dass seine Mutter ihn nicht haben wollte. Als Erwachsener las er in den Akten der Basler Vormundschaftsbehörde nach, dass seine Mutter erklärt hatte, mit ihm nicht zurecht zu kommen. Warum sie nicht in der Lage war, ihren Sohn und ihre beiden anderen Kinder bei sich zu behalten, ist unklar. Die finanzielle Lage des Arbeiterhaushalts dürfte angespannt gewesen sein. Zudem wurde Roger Hostettlers Vater, wenn er betrunken war, manchmal gewalttätig. Einmal warf er ein Haustier an die Wand. Die häusliche Situation war wohl auch für die Mutter sehr schwierig. Das Verhältnis zwischen Mutter und Sohn ist heute noch belastet. Von einem Gespräch über ihre damalige Situation will sie bis heute nichts wissen. Nicht erwünscht zu sein, möglichst nicht zur Last zu fallen und keine Umstände zu machen – dies hatte Roger Hostettler als Kind verinnerlicht. Wenn er bei seiner Mutter zu Besuch war, wünschte er sich zum Essen Ravioli aus der Büchse: So brauchte sie nicht aufwendig zu kochen, und er erfüllte die Erwartung, ein »einfaches« und »billiges« Kind zu sein.

Elmar Burri musste Ende der 1930er-Jahre schon als Kleinkind sein Elternhaus verlassen: Sein Vater gab ihn weg, als er zum zweiten Mal heiratete. Seine neue Frau wollte nur drei der vier Kinder aufnehmen, die ihr Mann in die Ehe brachte. Elmar gleiche zu sehr seiner leiblichen Mutter, sagte sie. Möglicherweise wollte sie vermeiden, dass der Knabe sie an die erste Frau ihres Mannes erinnerte. Diese Ablehnung führte dazu, dass er bei Verwandten untergebracht wurde.

Mindere Arbeit

Kinderarbeit in Haus und Hof war in der Schweiz im 20. Jahrhundert weit verbreitet. Besonders während der beiden Weltkriege, als viele Männer im Dienst waren, mussten Kinder mithelfen. Betrachtet man die Arbeitsverhältnisse der Verdingkinder in der Land- und Hauswirtschaft aber genauer, so zeigt sich, dass die Belastung unzumutbare Formen annahm: Roger Hostettler musste auch in den Stall zum Misten, als er krank war. Und Elfie Stiefmaier hatte sogar am Tag der Konfirmation die Stallarbeit zu erledigen.

Aus den Erzählungen geht hervor, dass die Pflegeeltern oft nicht nur die Menge, sondern auch die Qualität der Arbeit dazu benutzten, um die Verdingkinder zu deklassieren. Roger Hostettler erzählt, dass der Pflegevater selbst beim Verteilen der Gülle auf dem Acker noch einen Unterschied machte. Er schaute darauf, dass sich vor allem der Verdingbub die Hände schmutzig machte: »Es war immer mein Job, die Rohre, die voll Gülle waren, herumzuschleppen und zusammenzuschließen. Der Bauer stand am Schlauch und verspritzte die Gülle.«

Die meisten Verdingkinder erfuhren keine Zuwendung von ihren Pflegefamilien und konnten sich dort auch nicht weiterentwicklen. Das Fehlen dieser Qualitäten schreibt der französische Historiker Philippe Ariès der Familie in der vorindustriellen Zeit zu. Im modernen Zeitalter dagegen werde Kindheit als spezifische Lebensphase und das Kind als Wesen begriffen, das besondere Bedürfnisse habe, Zuneigung und eine sorgfältige Erziehung brauche.[1] Daraus mag man den Schluss ziehen, dass in der Schweiz noch im 20. Jahrhundert Tausende von Verdingkindern in Verhältnissen lebten, die man nicht einer aufgeklärten Moderne zuschreiben kann.

Familienleben zweiter Klasse

Die meisten Pflegeeltern behandelten die Verdingkinder schlechter als ihre eigenen Kinder. Auch im Kleinen konnte es große Unterschiede geben: Roger Hostettler wusch sich draußen am Brunnen mit kaltem Wasser, während die Pflegefamilie in der Küche warmes Wasser zur Verfügung hatte, das zuvor auf dem Herd erwärmt worden war. Warmes Wasser floss in den 1960er-Jahren auf diesem Bauernhof noch nicht aus der Leitung und musste erst bereitgestellt werden; einen Aufwand, den man für ein Verdingkind nicht betrieb.

Auch bei den Mahlzeiten zeigten sich Diskriminierungen. Sogar beim Lebertran, den die Kinder zur Nahrungsergänzung bekamen, wurde ein Unterschied gemacht, wie Roger Hostettler erzählt: »Ich bekam gewöhnlichen Lebertran, und ihre eigenen Kinder erhielten jenen mit Orangengeschmack.« So hinterließ der Lebertran noch am Nachmittag einen üblen Nachgeschmack. Resi Eggenberger erinnert sich, nur Kartoffeln und Gemüse gegessen zu haben, während es für die Pflegefamilie auch Fleisch gab.

Verdingkinder hatten außerdem oft den Ruf, von schlechter Abstammung und verdorben zu sein, zu lügen und zu stehlen. Nachdem Christine Hauser auf Kosten der Pflegemutter ein Päcklein Vanillezucker gekauft und diesen gegessen hatte, wurde sie »Kriminelle« gescholten, die wie ihre Herkunftsfamilie »nichts wert« sei. Elfie Stiefmaier wurde als »Uneheliche« beschimpft und für eine »Lügnerin« gehalten: Als sie ein Kleinkind fallen gelassen hatte, beschuldigte die Pflegemutter sie, es absichtlich getan zu haben.

Wenn sich die Verdingkinder nicht so verhielten, wie man es von ihnen erwartete, berücksichtigte niemand die schwierigen Verhältnisse, aus denen sie kamen. Aus den Erinnerungen geht vielmehr hervor, dass ihnen grundsätzliche moralische Defizite zugeschrieben wurden: Ein Verdingkind galt als ein besonders »korrektionsbedürftiges Individuum«.[2] So wurde Roger Hostettler hin und wieder einer Charakterprüfung unterzogen: Seine Pflegeeltern führten ihn in Versuchung, indem sie Geld herumliegen ließen. Wenn der Knabe zugriff, wurde er diszipliniert: Die Pflegeeltern entlarvten den »Dieb« und bestraften ihn.

Verdingkinder durften sich nichts erlauben und es wurde ihnen nichts geschenkt: Als Resi Eggenberger von ihrer leiblichen Mutter ein paar Würstchen erhielt, wurde sie von ihrer Pflegemutter blau geschlagen mit der Begründung, sie habe sich nicht an die Anweisung gehalten, von niemandem etwas anzunehmen. Die Tafel Schokolade, die Elfie Stiefmaier von einer Tante bekam, wurde von den Pflegeeltern zurückbehalten. Als Roger Hostettler von seinem Vater Geld erhielt, verlangten die Pflegeeltern vom Beistand, diese Geschenke des Vaters zu stoppen. Diese unterbundene Zuwendung, diese »Verknappung elementarer Freuden« gehört zur »Logik des Unterdrückens«, wie Arno Plack in seiner Analyse des Bösen schreibt.[3]

Diese Diskriminierungen zeigen, dass die Skala der Erniedrigung und Misshandlung nach unten offen ist: Als Elfie Stiefmaier einmal vergaß, einen Nachttopf zu leeren, schüttete die Pflegemutter ihr zur Strafe den Urin über den Kopf. Sie musste verschmutzt und stinkend zur Schule gehen und traute sich nicht, das Klassenzimmer zu betreten. Die Frau des Lehrers brachte sie in ihre Wohnung und wusch ihr die Haare. Als Elfie Stiefmaier nach Hause ging und sich darüber freute, gut zu riechen, wurde sie so stark verprügelt, dass offene Wunden zurückblieben, die später eiterten. Ihr ging es in der Folge so schlecht, dass sie während des Schulunterrichts in Ohnmacht fiel. Der Lehrer und seine Frau brachten sie zum Arzt und wandten sich an den Pfarrer, der einen neuen Platz für sie fand.

Schlechte Schule

Die meisten Frauen und Männer, die hier ihre Erfahrungen zu Protokoll gaben, hatten keine Chance auf eine gute Schulbildung. Noch in den 1960er-Jahren, als Studierende in vielen Ländern auf die Strasse gingen und Bildung für alle forderten, mussten Verdingkinder in der Schweiz froh sein, wenn sie den Unterricht überhaupt regelmäßig besuchen konnten und Zeit für Hausaufgaben hatten. So ist es nicht erstaunlich, dass viele von ihnen in der Schule nicht gut mithalten konnten. Elmar Burri erzählt, dass sein Lehrer zwar Verständnis für seine Situation hatte, aber nichts unternahm, damit er zum Lernen kam. Seine Schulleistungen waren eher schlecht, und einmal musste er eine Klasse wiederholen.

Oft wurden diese Kinder im Klassenzimmer zusätzlich diskriminiert: Weil ihre Pflegeeltern für sie keinen Stoff kauften, musste Elfie Stiefmaier alte Hemdkragen ausbessern, während die anderen Mädchen neue Schürzen mit schönen Säumen nähen durften: »Die hätten sicher nie, nie für mich einen Schürzenstoff gekauft. Ich musste immer nur flicken.«

Der Lebensweg der Verdingkinder galt als vorgezeichnet: Die Pflegeeltern gaben Elmar Burri immer wieder zu verstehen, dass er nur Knecht werde. Als Elfie Stiefmaier mit zwölf Jahren vorübergehend bei einer Pflegefamilie lebte, wo sie nicht als billige Arbeitskraft ausgenutzt wurde, sondern nur leichte Hausarbeiten übernehmen musste, schritt der Vormund ein: »Das geht natürlich nicht, da verfaulst du, wenn du nicht mehr machen musst. So wirst du nie eine richtige Arbeitskraft. Wir brauchen Mädchen, die arbeiten können, die Knechte sind im Militärdienst.«

Auch Christine Hauser erinnert sich an die Vorgabe der Herren der Fürsorgebehörde. Diese vertraten die Meinung, sie brauche keinen Beruf zu lernen, da sie ja ohnehin heiraten würde. Die Pflegemutter unterstellte ihr, sowieso bald mit einem unehelichen Kind dazustehen. Selbst Roger Hostettler, der ein sehr guter Schüler war, blieb der Zugang zu einer weiterführenden Schule und einer Lehrstelle seiner Wahl – er wollte Grafiker werden – versperrt: Er wurde von seiner Mutter und dem Beistand in ein Heim für straffällige Jugendliche eingewiesen, ohne dass er sich etwas hatte zuschulden kommen lassen. Es lag kein richterlicher Beschluss vor, der für eine Einweisung in dieses Heim nötig gewesen wäre.

»Ich war in der untersten Schublade«

Aus den Erinnerungen der ehemaligen Verdingkinder geht hervor, dass das Wohl des Kindes in den Pflegefamilien, in der Schule und bei der Fürsorge- und Vormundschaftsbehörde kaum ein Thema war. So musste Christine Hauser feststellen, dass die Inspektoren, die den Pflegeplatz von Amtes wegen ab und zu kontrollierten, sich gar nie um sie kümmerten. Es fiel ihnen nicht auf, dass sie vor ihrem Besuch ihre Sachen von einer dunklen Kammer in ein komfortables Zimmer bringen musste, damit die Pflegeeltern in einem besseren Licht erschienen. Die Besucher ließen sich gut bewirten und hielten Christine Hauser an, dankbar dafür zu sein, dass sie es »so gut getroffen« habe. Sie pflegten mit ihr nicht einmal zu sprechen und fragten sie auch nicht, wie es ihr gehe: »Es interessierte sie nicht: Ich war in der untersten Schublade.«

Auch bei Roger Hostettler waren diese Kontrollbesuche eine Farce: Wenn der Beistand vorbei kam, sorgte die Pflegefamilie dafür, dass er den Knaben gar nicht zu Gesicht bekam, indem sie etwa vorgab, er sei gerade auf einer Schulreise.

Die Beziehungen zwischen Pflegeeltern und Verdingkindern werden in vielen Fällen als nicht vertrauensvoll, nicht zuverlässig und nicht beständig geschildert. Von Geborgenheit keine Spur, und oft wurden nicht einmal die materiellen Grundbedürfnisse erfüllt. So fehlten wesentliche Voraussetzungen für eine ungestörte Entwicklung eines Kindes.[4]

Unter dem familiären Ausschluss, der versteckten oder offenen Diskriminierung und der Ignoranz der Behörden leiden viele ehemalige Verdingkinder noch heute. Roger Hostettler belastete im Erwachsenenalter die Vorstellung, dass seine Reiterkollegen hinter vorgehaltener Hand schlecht über ihn und seine Vergangenheit reden könnten. Dieses Gefühl der Stigmatisierung überkam ihn auch, als er bei der Basler Vormundschaftsbehörde in den 1980er-Jahren abgewiesen wurde, als er sein Dossier einsehen wollte. Erst nachdem er mit einem Anwalt vorsprach, bekam er Einblick in die Akten, die über ihn angelegt worden waren. Aber selbst dann wurde er vonseiten der Behörden misstrauisch behandelt: Ein Beamter stand als Aufpasser daneben, während er seine Unterlagen studierte. Roger Hostettler stellt fest, dass die Erfahrungen als Verdingkind seine späteren Beziehungen beeinflusst haben. Wenn er von jemandem verletzt worden war, reagierte er jeweils »wahnsinnig enttäuscht«.

Christine Hauser betrachtete sich selbst lange als Mensch ohne Kenntnisse und Fähigkeiten. Sie getraute sich nicht, ihren eigenen Kindern bei den Hausaufgaben zu helfen. Zudem mied sie die Gesellschaft von anderen Menschen außerhalb ihrer Familie, weil sie fürchtete, dass sich diese nach ihrer Herkunft erkundigen könnten. Mit vierzig Jahren wurde die psychische Belastung so groß, dass sie Hilfe brauchte. Christine Hauser weiß heute, dass sie schon als Kind schwere Depressionen hatte; damals, als sie nur noch eine schwarze Wand vor sich sah.

Neben diesen Verletzungen tauchen in der Lebensgeschichte vieler ehemaliger Verdingkinder immer wieder Leerstellen auf: Unklar ist etwa, ob Roger Hostettler, der kinderlos geblieben ist, als Jugendlicher bei einer Hodenoperation im Basler Kinderspital ohne sein Wissen unterbunden wurde. Eine belastende Frage, die er bis jetzt nicht zu klären gewagt hat: »Also, wenn es tatsächlich so wäre, wie gehe ich dann damit um? Dann würde ich noch zorniger oder wütender. Dann ist es vielleicht besser, ich weiß es gar nicht.«

Die Diskriminierungen und Misshandlungen, an die sich die ehemaligen Verdingkinder erinnern, scheinen kaum vorstellbar. Vermutlich waren viele Pflegeeltern überlastet, unzufrieden, überfordert und deshalb nicht in der Lage, ein fremdes Kind angemessen zu betreuen. Die historische Forschung hat sich bis jetzt kaum mit den Betroffenen und schon gar nicht mit den Handelnden im Verdingwesen befasst. Hier bleiben also vorerst viele Lücken.

In den Lebenserinnerungen ehemaliger Verdingkinder kommen viele Vormünder und Beistände vor, die ihre Macht missbrauchten und die Diskriminierung der Kinder noch verstärkten. Auch Lehrer und Pfarrer schauten weg oder unternahmen wenig, um die Misere zu beenden. Diese Autoritäten, die gebildeter waren als manche Pflegeeltern im bäuerlichen Milieu, wussten, was Kinder brauchen, um sich zu »eigenverantwortlichen und gemeinschaftsfähigen Persönlichkeiten« entwickeln zu können, zumal dieses Wissen damals längst vorhanden war.[5] Und gerade in der ländlichen Dorfgesellschaft, die gerne als solidarische Gemeinschaft geschildert wird, ließ das Mitgefühl für die Schwächsten zu wünschen übrig.

Weiter zeigt sich anhand der Geschichte der Verdingkinder, dass die aufklärerischen Postulate der Moderne wie Kindeswohl und Chancengleichheit bis weit ins 20. Jahrhundert nicht für alle Kinder galten. Davon ausgenommen blieben Kinder, die in Armut aufwuchsen. Armut wird in diesem Zusammenhang nicht nur als materielle Not, sondern »als extreme Form sozialer Ungleichheit und sozialer Benachteiligung« sowie als »starke Einschränkung ihrer Entwicklungs- und Lernmöglichkeiten« verstanden.[6] Gerade diese Kinder fanden auch im modernen Sozialstaat Schweiz kaum Unterstützung und hatten keine Lobby. Die Geschichte der Verdingkinder erscheint so als »ein Alptraum, aus dem wir gerade erst erwachen«.[7]

Christine Hauser-Meier*, 1938, Bern

»Ich galt als faul und taugte zu nichts. Wenn du das immer hörst, dann glaubst du es«

Christine Hauser wurde als dreijähriges Kind von einer Fürsorgerin zuhause abgeholt und zu einem Bauernehepaar im Kanton Bern gebracht. Sie wurde angehalten, die Bauersleute von nun an »Mutter« und »Vater« zu nennen. Zuerst galt sie dort als das hübsche, niedliche, blonde Mädchen. Doch schon bald gab man ihr einen kleinen Holzrechen zum Arbeiten, und von diesem Moment an mutete man ihr viel Arbeit zu. Sie erhielt immer mehr Aufgaben, die sie auszuführen hatte.

Bevor sie in die Schule ging, fütterte sie die Hühner und *rüstete* das Gemüse für das Mittagessen. Danach rannte sie zur Schule, um nicht zu spät zu kommen. Zum Glück gab es dort in der Pause Milch und Brot. Die Pausenmilch half ihr zu überleben, denn das Essen auf dem Hof war sehr schlecht. Die Bäuerin schaffte es nicht, etwas Anständiges auf den Tisch zu bringen. An Sonntagen bekam Christine Hauser oft gar nichts zu essen und musste in einer dunklen Kammer bleiben. Sie hörte dann, wie der Bauer zu seiner Frau sagte: »Hol sie doch auch an den Tisch!« Die Pflegemutter antwortete jeweils: »Nein, sie bekommt heute nichts. Sie war böse und hat eine Tasse zerschlagen.« Doch dies entsprach nicht der Wahrheit. Die Bäuerin wollte das Kind einfach nicht am Tisch haben. Eigentlich war das Mädchen froh über die Arbeit und die »toten Sonntage«. So musste es niemanden sehen, denn es schämte sich maßlos.

Christine Hauser war fast immer mit dem Bauern allein unterwegs. Sie half ihm auf dem Feld und auf den Alpweiden das Heu und das Emd einzubringen. Sie wundert sich heute noch, dass sie im gefährlichen Gelände nie abgestürzt ist. Das Wildheu holten sie teilweise auf sehr steilen Hängen, und auch die Wege zu den Alpweiden waren beschwerlich. Der Bauer schärfte Christine Hauser immer wieder ein, sie solle aufpassen, dass sie nie trockenes Heu unter ihren *Holzböden* habe, sonst rutsche sie weg.

Christine Hauser schlief auf einem Strohsack in einer dunklen Kammer ohne Licht. Sie hatte nur eine Laterne, die ihr später, als sie jeweils Bücher aus der Bibliothek mit nach Hause nahm, das nötige Licht zum Lesen gab.

Einmal im Jahr kamen die Vertreter der Fürsorgebehörde auf den Bauernhof und inspizierten den Pflegeplatz. Da sie sich jeweils anmeldeten, musste sie ihre Habe in ein Zimmer bringen, in dem es elektrisches Licht gab. Die Gäste wurden gut bewirtet. Sie sagten zu Christine Hauser, sie solle dankbar sein, dass sie es »so gut getroffen« habe. Wenn die Inspektoren vom Hof verschwunden waren, brachte sie ihre Sachen wieder in die Kammer zurück. Nie fragte einer von ihnen, wie es ihr gehe. Es interessierte sie nicht: »Ich war in der untersten Schublade.«

Sonntags besuchte Christine Hauser jeweils die Sonntagsschule. Als ihr das Sonntagskleid eines Tages nicht mehr passte, weil sie gewachsen war und sie nichts anderes zum Anziehen hatte, durfte sie nicht mehr hingehen. Zur Weihnachtsfeier der Sonntagsschule ging sie trotzdem in die Kirche. Der Pfarrer entdeckte sie, rief sie zu sich und gab ihr ein Geschenk. Er fragte sie auch, warum sie nicht mehr in die Sonntagsschule gekommen sei. Sie sagte ihm den Grund. Aber er reagierte nicht auf die Klage des Kindes. Christine Hauser hatte niemanden, der sehen wollte, wie schlecht es ihr ging. Glück hatte sie einzig damit, dass sie gesund und selten krank war.

Das Mädchen ging regelmäßig für die Pflegeeltern und auch für deren Tochter, die im Nebenhaus wohnte, einkaufen und trug jeweils schwere Taschen zum Haus. Einmal kaufte sie sich vom Geld der Pflegemutter ein Päcklein Vanillezucker und aß es auf: »Von da an galt ich nicht nur als faul […], sondern man bezeichnete mich noch als Kriminelle.« Sie bekam von ihrer Pflegemutter immer wieder zu hören, dass ihre leibliche Familie nichts wert sei und sie selbst auch nicht.

Sie hatte keine Zeit für Freundschaften und kannte niemanden, dem sie ihre Sorgen und Ängste hätte mitteilen können. Wenn sie lachte, wurde sie von der Tochter der Pflegeeltern geschlagen, die mit ihrem Mann nebenan wohnte. Christine Hauser litt später darunter, dass sie als Kind nicht spielen gelernt hatte: Sie konnte auch mit ihren eigenen Kindern nicht spielen. Sie traute sich nicht einmal, mit ihren Kindern Hausaufgaben zu machen, weil sie immer dachte: »Ich kann sowieso nichts.«

Die Gemeinde bezahlte den Pflegeeltern monatlich hundert Franken Kostgeld. Ein Vertreter der Fürsorgebehörde meinte einmal bei einem Besuch, die junge Frau brauche keinen Beruf zu lernen, sie werde ohnehin bald heiraten. Und von der Pflegemutter bekam sie zu hören, sie bringe sowieso bald ein uneheliches Kind zur Welt. So ging Christine Hauser, als sie die Schule beendet hatte, nach Genf, um dort in einer Wäscherei zu arbeiten. Dabei wurde sie gedrängt, einen Vertrag zu unterschreiben, in dem von ihr 850 Franken für ihre Aussteuerwäsche verlangt wurde. Von ihrem monatlichen Lohn von 85 Franken musste sie dann diesen Betrag mühsam abstottern. Die junge Frau wohnte bei einer Tochter der Pflegeeltern, die in Genf als Krankenschwester arbeitete. Dieser Frau schickt Christine Hauser heute noch ab und zu Geld, weil sie arm ist und nur das Nötigste zum Leben hat.

Als Kind hatte Christine Hauser in der Sonntagsschule beten gelernt. Sie glaubte deshalb daran, dass Gott ihre Not sah, dass er sah, wenn man ihr Unrecht tat und ihr nicht glaubte. Sie lernte darauf zu vertrauen, dass Gott ihr die Kraft zum Überleben gab. Doch manchmal sah das Mädchen nur noch eine schwarze Wand vor sich. Christine Hauser glaubt heute, dass das damals schon eine depressive Erkrankung war. Als sie vierzig Jahre alt war, hatte sie eine schwere Depression und ließ sich behandeln. Die ganze Verdinggeschichte kommt ihr auch heute immer wieder hoch, besonders, wenn ihr Mann krank ist. Dann fühlt sie sich allein und hilflos. Christine Hauser meidet auch heute noch die Gesellschaft von anderen Menschen. Sie hat nie gelernt, auf andere Leute zuzugehen, und war zum Beispiel auch nie in einem Verein. Sie hat das Gefühl, die Leute denken: »Wo kommt die denn her?« Deshalb mag sie gegen außen unnahbar und stolz wirken.

Christine Hauser wohnt heute mit ihrem Mann im Kanton Bern in einem eigenen Haus, in dem früher auch das eigene Geschäft untergebracht war. Sie hat drei Kinder und sechs Enkelkinder. Alle ihre Kinder haben gute Berufe erlernt. Besonders stolz ist sie auf ihren Sohn, der heute Gymnasiallehrer ist. Sie ist sehr glücklich darüber, dass ihre Tochter so fröhlich ist und gerne lacht. Auch über den zweiten Sohn, der Tapezierermeister und Dekorateur ist und ein eigenes Geschäft hat, freut sie sich sehr. Die Familie ist Christine Hauser wichtig: Wenn es ihrem Mann und ihrer Familie gutgeht, fühlt auch sie sich glücklich und stark.

Trudi Schmied

Elfie Stiefmaier-Vögeli, 1926, Zürich, Thurgau, St. Gallen

»Chrampfen *wie ein armer Hund*«

Elfie Stiefmaier wurde als uneheliches Kind geboren und lebte bis zum fünften Lebensjahr bei der Großmutter. Als diese starb, wurde sie von ihrer Mutter vorübergehend in eine Pflegefamilie in den Kanton Zürich gebracht. Die Mutter hatte vom Vater ihres Kindes für Betreuung und Erziehung dreißigtausend Franken bekommen, was damals »ein Wahnsinnsgeld« war. Die Mutter hatte das Geld aber verjubelt; sie war ein *Luftibus* und hatte bald nichts mehr.

Als Elfie Stiefmaier zwölf Jahre alt war, wurde sie an einen fremden Ort platziert: »Man nahm mich ihr weg, ich weiß nicht, ob dies ein Lehrer oder die Gemeinde veranlasst hat.« Das Mädchen wurde von zwei Herren abgeholt, die sie zu einem Käser im Kanton Thurgau brachten, der neben der Käserei eine große Schweinemästerei betrieb. Der Käser hätte sie gerne adoptiert, weil er mit seiner Frau keine Kinder hatte. Aber ihre leibliche Mutter war damit nicht einverstanden. Sie nahm an, ihre Tochter könne ihr später besser helfen, wenn sie nicht adoptiert werde. Elfie Stiefmaier hat heute noch das Gefühl, damals sei es nur darauf angekommen. Am Anfang wollten die Pflegeeltern sie aufpäppeln, weil sie »ein schmaler Wurf« war. Aber sie vertrug die Milch nicht, die deshalb verdünnt und mit einem Zusatz ergänzt wurde.

Ihre Aufgabe war es, 22 Kühe zu hüten, obwohl sie noch nie zuvor eine Kuh gesehen hatte. Allein die Hörner erschreckten sie.

Dann wurde die Pflegemutter krank und Elfie Stiefmaier wurde umplatziert. Es sollte nicht das letzte Mal sein: Sie kam von einer Bauernfamilie zur nächsten, manchmal ohne zu wissen, weshalb. Zunächst lebte sie bei einem Bauern, der einen Hof gepachtet hatte. Sie musste zwar auch hier mitarbeiten, hatte es aber insgesamt schön.

Eines Morgens schimpfte die Bäuerin dennoch mit ihr. Elfie Stiefmaier weiß heute nicht mehr, warum. Vielleicht hatte sie den Küchenboden zu wenig gut gereinigt? Kurz darauf half sie, Gras für die Kühe vom Wagen abzuladen. Dabei kroch das Kleinkind der Pflegefamilie auf den Wagen. Elfie Stiefmaier wollte es herunternehmen und ließ es fallen. Die Bäuerin dachte, sie hätte dies absichtlich getan, weil sie am Morgen gescholten worden war. Dem kleinen Kind war nichts passiert, denn es war auf die *Grasmahd* gefallen. Die Bäuerin aber beharrte darauf, dass Elfie Stiefmaier das Kind absichtlich fallen gelassen habe. Der Meister sagte zu ihr: »Weißt du, die Frau erträgt es einfach nicht, sie glaubt dir das nicht.«

Als Elfie Stiefmaier in der fünften Klasse war, wurde sie bei zwei alten Leuten auf einem Hof untergebracht. Dort musste sie die ganze Stall- und Feldarbeit machen, obwohl sie weder melken noch mähen gelernt hatte. Diese Leute machten keinen Hehl daraus, dass sie lieber jemanden gewollt hätten, der die Schule bereits hinter sich hat und voll arbeiten konnte; eine billige Arbeitskraft eben. So kam sie bald wieder an einen neuen Ort. Hier passte sie auf drei Kinder auf und half ein wenig in der Küche, putzte und spülte das Geschirr. Als der Vormund einmal vorbeikam, sagte er: »Das geht natürlich nicht, da verfaulst du, wenn du nicht mehr machen musst. So wirst du nie eine richtige Arbeitskraft, wir brauchen Mädchen, die arbeiten können, die Knechte sind im Militärdienst.«

Daraufhin wurde Elfie Stiefmaier wieder verschoben. Sie kam in einen Haushalt, in dem sie *chrampfen* musste wie ein »armer Hund«. Eines Tages lief sie davon; barfuß, mit den Schulsachen unter dem Arm, rannte sie zum Bahnhof und fuhr zu ihrer Mutter. Diese sagte: »So schnell hättest du nicht kommen dürfen, ich habe noch nichts organisieren können, um dich irgendwo zu verstecken.« Ihre Mutter wandte sich an die Polizei und erstattete Meldung. Immerhin musste sie nicht mehr an den Ort zurück, sondern kam für kurze Zeit zu einem Pfarrer, bis ein neuer Platz gefunden war.

Mit fünfzehn Jahren kam das junge Mädchen zu einer weiteren Familie. Über die Pflegeeltern sagt Elfie Stiefmaier heute: »Sie war eine Hyäne von einer Frau, und er war auch ein Böser.« Sie hatten gleichzeitig einen Verdingbuben, der ein Jahr älter war als sie und die Schule bereits beendet hatte. Sie erinnert sich, dass es wegen jeder Kleinigkeit »*uf de Grind*« gab. Dass sie »unehelich« seien, bekamen sie beide ständig zu hören. Der Verdingbub und sie haben den Vorwurf gar nicht verstanden: Sie dachten immer, sei seien doch nicht »unehrlich«.

Als die Pflegemutter ein Kind bekam – sie waren gerade beim Emden –, nahm der Knabe ein paar Äpfel mit und sagte zu Elfie Stiefmaier: »Komm, wir setzen uns auf die Bank. Die hat ja jetzt ihr Kind bekommen, und wir haben Ruhe.« Als sie aber unter dem Baum saßen und die Äpfel aßen, kam die Bäuerin wie eine Furie angerannt. Sie glaubten es kaum. »Sie hatte um elf Uhr geboren und kam am Nachmittag schon wieder und tat blöd.« Daraufhin wurde Elfie Stiefmaier vom Bauern zum ersten Mal mit einer Geißel auf den Rücken geschlagen. Von dem Moment an durften die beiden Jugendlichen nicht mehr zusammen schwatzen. An Weihnachten musste sie im kalten Zimmer bleiben und hörte, wie die anderen unten sangen. Sie bekam kein Geschenk, gar nichts. Die Schokolade, die ihr ihre Tante geschickt hatte, wurde ihr weggenommen.

Der Bauer hatte einen geistig behinderten Bruder. Dieser Mann benutzte nachts zum Urinieren einen Hafen, den Elfie Stiefmaier am Morgen zu leeren hatte. Um zum Plumpsklo zu gelangen, wie es auf Thurgauer Bauernhöfen üblich war, musste sie durch die *Tenne* und den Stall. Dort leerte sie den Hafen. Einmal vergaß sie, den Nachttopf rechtzeitig zu leeren. Die Pflegemutter schüttete ihr zur Strafe den Inhalt über den Kopf. Das Mädchen durfte sich nicht einmal waschen. Es blieb ihm nichts anderes übrig, als verschmutzt und stinkend zur Schule zu gehen: »Ich traute mich nicht, hineinzugehen, denn ich schämte mich.« Da kam die Frau des Lehrers herunter – damals wohnten die Lehrer auf dem Land oft im Schulhaus – und fragte, was sie da mache und warum sie so seltsam rieche. Sie nahm sich ihrer an, brachte sie in ihre Wohnung, wusch ihr die Haare und spritzte Parfum drauf. Elfie Stiefmaier ging strahlend nach Hause und sagte: »Jetzt dufte ich wenigstens einmal fein.« Doch darauf bekam sie erneut Schläge. Kurz darauf fiel sie in der Schule in Ohnmacht. Sie wurde in die Wohnung des Lehrers gebracht und die Lehrersfrau fragte, was los sei. Als ihr die Lehrersfrau die Kleider auszog, schrie sie vor Schmerzen. Der Körper des Mädchens war übersät mit vereiterten Striemen von den Schlägen. Die Lehrersfrau sagte zu ihr: »Dorthin lasse ich dich nicht mehr gehen, das kommt gar nicht infrage.«

Der Lehrer und seine Frau brachten Elfie Stiefmaier zum Arzt, der die Wunden verband. Auch der Arzt sagte, es gehe nicht an, dass die Jugendliche so behandelt werde. Er setzte sich mit dem Pfarrer in Verbindung, der sie für ein paar Tage zu sich nahm.

So kam es zu einer weiteren Umplatzierung: Der neue Pflegevater war der Meinung, die Siebtklässlerin sei lange genug in die Schule gegangen und könne nun als Magd arbeiten. Die Herren von der Vormundschaftsbehörde bliesen ins gleiche Horn. Um auf dem Land zu bestehen, brauche es keine Sekundarschule. Doch Elfie Stiefmaier wollte weg vom Land. Sie ging gern zur Schule und kam überall gut mit. Da sie zuhause keine Zeit für die Schulaufgaben hatte, versuchte sie, diese während des Unterrichts zu erledigen. Der Lehrer wusste es zu schätzen und sagte manchmal: »Du machst etwas Feines, andere würden schwatzen.« Sie konzentrierte sich aufs Rechnen und Schreiben. Geografie dagegen interessierte sie nicht, denn sie nahm an, dass sie dieses Wissen nicht brauchen werde.

Von den Schulkindern wurde sie manchmal ausgelacht. Sie hänselten sie wegen der schlechten Kleider, die sie trug. Schwer hatte sie es im Handarbeitsunterricht: Da musste sie alte Hemdkragen flicken, während die anderen Schülerinnen neue Schürzen mit schönen Hohlsäumen nähen durften. »Die hätten sicher nie, nie für mich einen

Schürzenstoff gekauft. Ich musste immer nur flicken.« Glücklicherweise riet eine Nachbarin Elfie Stiefmaiers Mutter, die Tochter weiterhin in die Schule zu schicken: »Ich sehe die drei Herren heute noch, als ich doch wieder in die Schule durfte!« Die Folge davon war, dass das Mädchen erneut die Pflegefamilie wechseln musste.

Dann kam die Zeit der Konfirmation. Sie hatte kein eigenes Konfirmationskleid, sondern bekam das *Saaltochter*-Kleid ihrer Mutter, und der Pflegevater kaufte ihr neue Schuhe. Doch diese waren aus Karton, sodass die Sohlen bereits nach dem Ausflug der Konfirmanden durchgetreten waren. »Am Morgen der Konfirmation musste ich noch den ganzen Stall machen. Als der Pfarrer mich abholen wollte, war ich noch im Stallgewand. Während er in der Stube auf mich wartete, beschuldigten die Pflegeeltern mich, dass ich extra zu langsam gearbeitet hätte. Dies war nicht wahr, ich wäre doch gerne sauber bereitgestanden.«

Zu diesem Zeitpunkt traf die Patin ihrer Mutter eine Abmachung mit dem Vormund und sorgte dafür, dass Elfie Stiefmaier ein Haushaltslehrjahr machen konnte. Ihre Kenntnisse musste sie danach im Haushalt des Bauernsekretärs im Kanton St. Gallen anwenden: »Seine Frau war nur zwei oder drei Jahre älter als ich. Aber sie konnte nicht kochen und hat von mir verlangt, dass ich als Köchin zu ihr komme.« Mit dem Kochen war es so eine Sache: Elfie Stiefmaier kaufte *Heftli*, mit denen sie etwas zustande brachte. Auch hier arbeitete sie hart. Der Bauernsekretär ließ sie für seine ganze Verwandtschaft Früchte und Gemüse einkochen. Dafür stand sie bereits um fünf Uhr morgens auf.

Durch die Vermittlung ihrer Mutter kam Elfie Stiefmaier schließlich als Zimmermädchen ins Engadin, wo sie später eine Lehrstelle als *Saaltochter* antreten konnte. Der Direktor unterstützte sie und versuchte, ihr die Selbstzweifel zu nehmen: »Denk deiner Lebtage daran: Was man will, das kann man. Du musst immer denken: Was der kann, kann ich auch!« Diese Aussage nahm sich Elfie Stiefmaier zu Herzen.

Ihr Traum war es, aus diesen Verhältnissen herauszukommen, und sie schwor sich, nie einen Bauern zu heiraten, was sie später trotzdem tat. Aber der Wunsch, nicht ihr Leben lang auf andere Leute angewiesen zu sein, hat sich erfüllt.

Mit den Behörden hatte Elfie Stiefmaier als Kind keinen Kontakt, nur mit dem Vormund. Wenn er kam, musste sie jeweils den Sonntagsrock anziehen und sich seine Mahnungen anhören: »Tu ja recht, sonst kommst du in eine Anstalt, tu ja recht!« Sie hatte Angst davor, in eine Anstalt zu kommen. Erst als Erwachsene dachte sie, dass es den Kindern und Jugendlichen dort möglicherweise besser ergangen war als ihr.

Brigitte Balz

Elmar Burri*, 1935, Bern

»Die warme Stube hat einfach gefehlt«

Als Elmar Burri zwei Jahre alt war, starb seine Mutter und hinterließ vier Kinder: Das älteste war sechs Jahre, das jüngste neun Monate alt. Sein Vater heiratete bald wieder. Doch seine neue Frau weigerte sich, Elmar Burri zu akzeptieren, weil der Knabe stark seiner leiblichen Mutter glich. Er wurde deshalb bei seinem *Götti* und dessen Frau untergebracht, einem kinderlosen Ehepaar, das in der Nähe wohnte. Er hielt den *Götti* für seinen Vater und nannte ihn auch so. Er war schockiert, als dieser ihm eines Tages seinen richtigen Vater vorstellte; damals, als ein Mann vorbeikam, um Geld zu bringen. Dass dieser andere Mann plötzlich sein Vater sein sollte, traf ihn sehr – für ihn brach eine Welt zusammen.

Ein weiteres einschneidendes Erlebnis war, als der *Götti* 1941 in den Aktivdienst berufen wurde. Da seine Frau krank und schwach war, konnte sie den sechsjährigen Buben nicht betreuen. Die Fürsorgebehörde brachte ihn deshalb in eine andere Pflegefamilie, wiederum zu einem kinderlosen Ehepaar. Doch auf diesem Bauernhof im Kanton Bern blieb Elmar Burri nur drei Monate: Der Bauer trat ihn einmal in den Hintern, möglicherweise im Jähzorn. Nachbarn hatten die Szene beobachtet und meldeten es den Behörden, sodass der Knabe erneut umziehen musste. Er kam auf einen Bauernhof im selben Kanton, wo er zehn Jahre blieb. Die neuen Pflegeeltern hatten auch keine Kinder. Auf dem Hof wohnte auch die Großmutter eines Elternteils. Der Pflegevater hatte als *Burgerpräsident* und Kirchgemeinderat im Dorf eine wichtige Funktion. Seine Frau aber war dort unbeliebt.

Zum Hof gehörten sechs Kühe, zwei Pferde und einige Schweine. Elmar Burri hatte den Eindruck, dass er nur zum Arbeiten gut war. Und Arbeit gab es viel: melken, Gras mähen, Heu wenden, holzen im

Wald, Holz hacken, mit dem Pferdefuhrwerk die Milch zur Käserei bringen – alles Tätigkeiten, die man ohne Maschinen verrichtete. Morgens vor der Schule ging er in den Stall und dann in die Käserei. Vor und nach dem Mittagessen hatte er die Pferde zu füttern und zu tränken. Nach der Schule am Nachmittag ging es wieder in den Stall, aufs Feld oder in den Wald: melken, misten, mähen, Futter bereitstellen. Ständig hörte er: »Mach dies! Mach jenes!« Wenn ein Bauer heute sagt, er sei müde, dann kann ihm das Elmar Burri nicht recht glauben.

Der Pflegevater sagte nicht viel, er gab nur Anweisungen. Mit ihm kam der Knabe gut zurecht. Mit der Bäuerin aber hatte er immer wieder Scherereien. Sie hatte kein Verständnis für ihn: »Das Fingerspitzengefühl fehlte ihr völlig.« Als Elmar Burri als Zweitklässler plötzlich wieder das Bett nässte, brachte sie das Bettzeug auf den Hof, wo er es »in der Öffentlichkeit« selbst waschen musste. Dabei schauten ihm Schulkinder zu. Die Großmutter griff zwar manchmal ein, wenn sie fand, es werde ihm zu viel Unrecht angetan. Aber den Mund verbrennen wollte auch sie sich nicht.

Im Dorf lebte auch sein Vormund, der Stationsvorsteher war und nebenher als Kleinbauer ein paar Tiere hatte. Elmar Burri sah ihn ab und zu beim *Grasen*. Er getraute sich nicht, ihn ins Vertrauen zu ziehen, denn er hatte Angst, sein Pflegevater würde es erfahren.

Freizeit hatte er kaum: Im Winter waren seine Schulkollegen draußen beim Schlitteln und er hackte Holz. Die Bauersfrau ließ dabei jeweils das Fenster offen, damit sie hören konnte, ob er auch wirklich arbeitete. Manchmal trickste er sie aus, indem er sich von einem Kollegen ablösen ließ, sodass auch er einmal hinuntersausen konnte. Im Sommer stahl er sich ab und zu davon, um mit den anderen im nahen Weiher oder im Fluss baden zu gehen. Auch Ferien hatte er nie.

Elmar Burri bezeichnet die Pflegeeltern nicht grundsätzlich als schlecht. Er bekam immer dasselbe wie die Bauersleute zu essen und saß mit ihnen am gleichen Tisch. Aber sie waren geizig: Wenn er neue Schuhe brauchte, musste ihm sein Vater welche besorgen. Wenn er zur

Abwechslung an einen Fußballmatch wollte, stahl er Geld aus dem Portemonnaie, weil er keins hatte. Nie hätten die Pflegeeltern ihm etwas gekauft. Sein Zimmer war das ungeheizte *Chuchischtübli:* Im Winter waren die Scheiben morgens gefroren, und seine Nase war eiskalt. Vor allem aber fehlte ihm die menschliche Wärme.

Für Hausaufgaben hatte der Knabe kaum Zeit, besonders im Sommer. Wenn die anderen Schulkinder ihre Hausaufgaben vorzeigen mussten, sagte der Lehrer verständnisvoll zu ihm, er habe gesehen, dass er gestern wieder bis tief in die Nacht habe arbeiten müssen, es sei »schon gut«. Wenn es elf Uhr wurde, durfte Elmar Burri auf den *Estrich* rennen, um pünktlich das Schulglöcklein zu läuten. So wussten die Leute auf dem Feld, dass es bald Mittag ist. Während Jahren hatte er in der Schule diese Aufgabe. In der Klasse fühlte er sich zwar akzeptiert, doch seine Noten waren meist nur knapp genügend. Einmal reichte es nicht, und er musste die Klasse wiederholen. Aus ihm gebe es ohnehin nur einen Knecht, hieß es.

Als er sechzehn Jahre alt war, besprach er sich mit seinem Vormund, um für ein Jahr ins *Welschland* zu gehen. Das war für ihn ein Wendepunkt: Vom Bernbiet ins Waadtland, vom kinderlosen Ehepaar zu einer Bauernfamilie mit drei Kindern und einer weiteren Arbeitskraft aus der Deutschschweiz. Auch hier hieß es hart arbeiten, von morgens früh bis abends spät, jeden Tag und auch am Wochenende. Aber es gab siebzig Franken Lohn im Monat und dazu neue Freiheiten: ein wenig Freizeit. Der Jugendliche ging ab und zu ins Kino oder ging bis in die frühen Morgenstunden aus. In dieser Familie war die Stimmung anders: Man lachte zusammen, und man fand beim Heuen auch einmal Zeit für eine kurze Pause, saß auf dem Heuwagen und trank sauren Most. Dies war für Elmar Burri eine schöne Zeit: »Man sah, wie es auch hätte sein können, es war fast eine Ersatzfamilie.« Später besuchte er den »Patron« und die »Madame« oft und auch ihren Sohn, der später den Hof übernahm. Der Kontakt besteht noch heute.

Nach dem *Welschlandjahr* begann Elmar Burri eine Lehre als Käser im Emmental. Auch hier hatte er Glück: Er bekam Kost und Logis bei der Käserfamilie und verdiente monatlich siebzig Franken. Doch Probleme mit seinem Arm zwangen ihn später, den Käserberuf aufzugeben. Er ging ins Solothurnische und arbeitete dort beim Stadtbauamt. 1963 verstarb ein Bademeister des Stadtbads kurz vor Beginn der Badesaison und man bot Elmar Burri dessen Stelle an. Danach arbeitete er zehn Jahre lang im Außendienst für den Vertrieb von Reinigungsmitteln und Desinfektionsprodukten: So kam er bis nach St. Moritz und ins Tessin, manchmal war er 55 000 Kilometer jährlich im Auto unterwegs.

Mit 48 wechselte er noch einmal die Stelle: Er wurde Bademeister und Chefreiniger in einer Strafanstalt im Kanton Bern. Er betreute Putzgruppen mit vier bis fünf Insassen. Hier traf er immer wieder auf Menschen, die ihre Taten mit ihrer schlechten Jugend begründeten. Aber das konnte er nicht gelten lassen: Es komme darauf an, was einer aus seinem Leben mache, hielt er ihnen entgegen. Manch einer befolgte seine Ratschläge. Wenn er heute ab und zu an einen Fußballmatch geht, dann kommt es vor, dass ihm plötzlich einer auf die Schultern klopft und ihn grüßt: ein Ehemaliger aus der Putzgruppe. Das freut ihn sehr.

Auch seinen Kindern gegenüber verhielt er sich streng, aber korrekt. Klar war für ihn, der mit 24 Jahren heiratete und bald Vater wurde, dass seine Kinder es besser haben sollten als er. Das bedeutete aber nicht, dass sie alles durften: »Man muss den Kindern zeigen, was sie dürfen und was nicht.« Elmar Burri glaubt, dass ihm das gelungen ist. Bis heute wohnt er mit seiner Familie im Kanton Bern. Sein Sohn und seine Schwiegertochter wohnen im gleichen Haus, auf einer anderen Etage. Und seine Tochter wohnt nur einige Straßen von ihm entfernt.

Elmar Burri hat Kontakt zu seinen beiden Schwestern, aber nicht zu seinem Bruder, der sich abgeschottet hat. Auch der Kontakt mit dem Vater blieb frostig. Leider hatte dieser damals nicht den Mut, seiner neuen Frau zu sagen, dass sie nicht zusammenkommen würden, wenn sie das Kind nicht akzeptiert. Sein Vater hat sich später dafür entschuldigt, dass er ihn weggegeben hatte. »Du musst dich nicht entschuldigen«, sagte der Sohn zu ihm. Er versteht, dass es für seinen Vater damals ein Problem war, mit vier Kindern wieder eine Frau zu finden. Im Jahr 1976, als der Vater vor seinem Tod für kurze Zeit bei ihm wohnte, sagte er zu seinem Sohn, dass er stolz auf ihn sei, stolz darauf, dass er es zu etwas gebracht habe und ein eigenes Haus besitze. Er, der nur hätte Knecht werden sollen.

Seit 2000 ist Elmar Burri pensioniert. Jetzt will er die Zeit genießen, die ihm noch bleibt. Denn was passiert ist, kann er nicht rückgängig machen: Es ist einfach passiert. Und schließlich hat er in diesen Jahren auch viel gelernt, was ihm im Leben immer wieder zugute kam: zum Beispiel hart arbeiten zu können. Was ihm gefehlt hat, war Zuneigung: Bis heute fällt es ihm schwer, Liebe und Gefühle zu zeigen, weil er das nie bekommen hatte. Er, der seit fünfzig Jahren verheiratet ist, hat mit dem Wort «Liebe» immer noch seine Mühe. Liebe hätte er als Kind von seiner Mutter bekommen sollen, doch dem war nicht so. Die »warme Stube« hat er erst durch seine Frau und seine beiden Kinder kennengelernt.

Thomas Löliger

Resi Eggenberger*, 1943, Basel-Landschaft

»Ich hasste meine Mutter so«

Resi Eggenberger wurde 1943 im Kanton Basel-Stadt geboren. Als sie etwa drei Jahre alt war, kam es zur Scheidung ihrer Eltern. Ihre Mutter ließ das kleine Mädchen in dieser Zeit zusammen mit ihrer jüngeren Schwester oft allein in einem Laufgitter in der Wohnung zurück, während sie sich mit Männern traf. Nachbarn machten die Behörden darauf aufmerksam. Zunächst wurden die Kinder wegen Unterernährung für drei Monate in ein Spital gebracht, und dann kamen sie in ein Kinderheim im Kanton Basel-Landschaft.

Als Resi Eggenberger fünf Jahre alt war, wurde sie zu einer Familie auf einen kleinen Bauernhof im selben Kanton gebracht. Im Haus das Bett zu machen und das Geschirr zu spülen, war noch das Leichteste: »Ich wurde wirklich nicht verschont. Ich musste vor allem draußen arbeiten, kaum drinnen.« Eine der Aufgaben von Resi Eggenberger war es, schwere Milchkanister in die Käserei zu bringen. Die Folgen davon spürt sie noch immer, denn ihr Rücken wurde damals stark beschädigt: Gehen und Aufstehen fällt ihr heute schwer. Bei jedem Wetter half sie dem Pflegevater auf dem Feld. Er war jähzornig und schlug sie oft. Die Pflegemutter von Resi Eggenberger redete fast nie mit dem Kind. In guter Erinnerung hat das Mädchen hingegen die Schwester der Pflegemutter, »Tante G.«, die sie sehr nett behandelte. Sie strickte ihr Höschen und Socken und gab ihr manchmal heimlich Süßigkeiten, bevor sie ins Bett ging. An Weihnachten erhielt das Mädchen eine Tafel Schokolade und von »Tante G.« gestrickte Kleider.

Die Mahlzeiten nahm die Familie gemeinsam ein. Die Pflegeeltern waren in der Heilsarmee und beteten vor jedem Essen. Während der Mahlzeit durften die Pflegekinder – neben Resi Eggenberger lebte noch ein anderes Verdingkind in der Familie –, nicht reden, sonst wurden sie geschlagen. Wenn sie sich nicht daran hielten, wurde ihnen damit gedroht, dass sie in eine Anstalt gesteckt würden. Zur Strafe wurden sie oft ohne Mahlzeit ins Bett geschickt. Sie bekamen nur Kartoffeln und Gemüse, Fleisch und Käse gab es für sie nie. Auch Früchte für die Schulpause wurden ihnen nicht mitgegeben. Dies, obwohl auf dem Hof reichlich Obst geerntet wurde.

Jeden Freitag versammelten sich die Mitglieder der Heilsarmee im Haus der Pflegefamilie. Es waren etwa zehn Gäste, die »Halleluja« sangen. Die beiden Verdingkinder schliefen darüber ein. Resi Eggenberger hasste die *Sieche.*

In der Schule kam Resi Eggenberger nicht gut mit: Sie hatte keine Zeit für Hausaufgaben. Niemand erklärte ihr den Schulstoff. Und es war auch keiner da, der ihr half, ein halbes Schuljahr nachzuholen, nachdem sie wegen Lungentuberkulose dem Unterricht lange ferngeblieben war.

Als Resi Eggenberger acht Jahre alt war, kam ihr Vater mit seiner zweiten Frau zu Besuch. Das Kind hatte bis zu jenem Moment nicht einmal gewusst, dass es ihn überhaupt gab. Die Pflegemutter stellte es vor die Türe, sodass es dem Mann und seiner Frau gegenüberstand, ohne ein Ahnung zu haben, wer da stand. Vom Vater wurde sie dann gefragt, ob sie mit ihm mitkomme. Er sagte: »Ich bin dein Vater.« Sie fragte sich, ob sie jetzt zwei Väter habe. Ihre Pflegeeltern machten sich nicht die Mühe, ihr den Sachverhalt zu erklären. Dies brachte sie völlig durcheinander. Die weiteren Besuche des Vaters wurden von den Pflegeeltern nicht gerne gesehen. Als er eines Tages wieder seinen Besuch ankündigte, wurde Resi Eggenberger von der Pflegemutter in den dunklen Vorratskeller gesperrt, in dem es Mäuse und Ratten hatte. Als ihr Vater wütend wurde, weil er seine Tochter trotz Ankündigung nicht sehen konnte, wurde ihm erzählt, sie sei bei einer Freundin.

Bald darauf sah Resi Eggenberger auch ihre Mutter wieder. An einem Mittwoch während der Handarbeitsstunde wurde sie vor die Tür gerufen. Dort stand ihr eine Frau gegenüber, die sagte, sie sei ihre richtige Mutter. Resi Eggenberger war nun vollends verwirrt. Von da an besuchte ihre Mutter sie jeweils an Samstagen während der Schulpause. Einmal schenkte sie ihr ein paar Würstchen, die sie freudig nach Hause brachte. Die Pflegemutter aber schlug sie blau deswegen, weil die beiden Verdingkinder die strikte Anweisung erhalten hatten, von niemandem etwas anzunehmen und mit niemandem zu reden. Die Würstchen verschwanden in der Vorratskammer. Auch große Geschenke, die sie von ihrer leiblichen Mutter erhielt, wie etwa eine Skihose und einen Davoser Schlitten, durfte sie nicht behalten.

Von ihrem Pflegevater wurde Resi Eggenberger regelmäßig zu sexuellen Handlungen genötigt. Im Alter von neun Jahren geschah es immer wieder, dass er sie auf den Schoß nahm, wo sie »etwas Hartes« spürte. Ihr Pflegevater erzählte ihr, es sei ein Sackmesser. Als sie einmal allein mit ihm im Stall war, öffnete er seine Hose und bat sie, das »Sackmesser« zu halten. Als sie sich weigerte, erklärte er ihr, dass das alle Väter mit ihren Töchtern tun würden. Resi Eggenberger hatte Angst davor, in eine Anstalt gesteckt zu werden, wenn sie nicht tat, was man von ihr verlangte. Damit war ihr immer wieder gedroht worden. Zudem war sie von niemandem aufgeklärt worden. So tat sie schließlich, was der Pflegevater von ihr verlangte. Als sie sah, wie »etwas Weißes« herausspritzte, rannte sie davon und versteckte sich in der Küche.

Mit ihrer Pflegemutter oder »Tante G.« wollte sie nicht darüber reden, weil sie dachte: »Ja, wenn der ›Vati‹ sagt, das machten die Väter alle mit den Mädchen, dann ist das in Ordnung.« Sie hatte aber immer eine gewisse Angst vor ihm, ohne zu wissen, warum. Nach diesem Vorfall ließ der Pflegevater sie ein paar Tage in Ruhe. Dann aber drängte er sie erneut in die Stallecke und verlangte von ihr, ihn anzufassen. Später, als sie mit dem Pflegevater das Heu zum Trocknen auf der Heubühne verteilen musste, kam es wieder zu einem Vorfall. Der Pflegevater reichte ihr mit einer Gabel das Heu von unten hinauf.

Weil es ihm nicht schnell genug ging, stieg er zu ihr auf die Heubühne hinauf. Dann verlangte er von ihr erneut, ihn anzufassen. Resi Eggenberger setzte sich und schüttelte immer wieder den Kopf. Da packte er sie und riss ihr die Hosen herunter. Während sie sich wehrte, hörte sie plötzlich den Bauern von Nachbarshof, der mit ihnen den Heustock teilte, rufen: »He, was machst du da?« Mit einem Satz sprang der Nachbar hinzu und drohte dem Pflegevater, ihn mit der Heugabel »kaputt zu machen«, wenn er das Mädchen nicht sofort loslasse. »Da hatte ich einen Schutzengel. Wenn dieser Mann nicht gekommen wäre, dann hätte der andere mich vergewaltigt, davon bin ich hundertprozentig überzeugt.«

Bald darauf wurde Resi Eggenberger, nun elf Jahre alt, von ihrer Mutter besucht. Auf die Frage, ob es ihr gut gehe und ob die Pflegeeltern sie gut behandeln würden, erzählte sie ihr alles. Innerhalb eines Monats wurde das Mädchen abgeholt. Zunächst kam sie zu ihrer leiblichen Mutter und ihrem neuen Partner. Ihre Situation verbesserte sich dadurch aber nicht. Ihre Mutter wollte sie zwingen, vor Gericht gegen den Pflegevater auszusagen, und schleppte sie zu einem Arzt, der ein Gutachten ausstellen sollte, das eine Vergewaltigung belegen sollte. Doch Resi Eggenberger weigerte sich zu sagen, der Pflegevater hätte sie vergewaltigt. Daraufhin wurde sie von ihrer Mutter mit einem Stock verprügelt. Ihre Mutter hatte als Kind ebenfalls einschlägige Erfahrungen gemacht: Sie war mit elf Jahren von ihrem eigenen Vater vergewaltigt und geschwängert worden und wurde in ein Heim für ledige Mütter gesteckt.

Resi Eggenberger wohnte jetzt bei ihrer Mutter. Aber diese war oft weg und ließ das Kind mit dem neuen Partner allein zuhause. Eines Abends, als sie mit diesem fernsah, bat er sie, sich auf seinen Schoß zu setzen. Sie bekam Angst und flüchtete in ihr Zimmer. Um sich zu schützen, schob sie eine Kommode unter den Türgriff. Am nächsten Tag erzählte sie ihrer Mutter davon. Diese riet ihr, dem Vormund nichts davon zu sagen, weil sie sonst wieder weg müsse.

Häufig wurde sie auch von ihrer Mutter geschlagen und als »Dreckszigeuner« beschimpft; manchmal zwang sie das Kind, die Schule zu schwänzen und stattdessen die Treppe des Wohnhauses zu putzen. Als sie es nicht mehr aushielt, fuhr Resi Eggenberger mit dem Zug zu ihrem Vormund und erzählte ihm alles. Am nächsten Tag kam sie in eine Pflegefamilie, wieder im Kanton Basel-Landschaft. Bei dieser Bauernfamilie wurde sie gut behandelt. Sie blieb dort, bis der neue Pflegevater sich das Leben nahm. In der Folge wurde das junge Mädchen, das mittlerweile sechzehn Jahre alt war, vom Bruder der Witwe aufgenommen, der ihr neuer Pflegevater wurde.

Als Resi Eggenberger zwanzig Jahre alt war und ihr Erspartes auf der Post abholen wollte, wurde sie vom Pflegevater geschlagen. Sie lief davon und verabredete sich mit ihrem leiblichen Vater. Bald darauf nahm sie eine Stelle in einem Spital an und besuchte ihren Vater an den freien Tagen. »Ich wollte immer Krankenpflegerin werden.« Eine Ausbildung absolvierte sie dafür nicht.

Mit 22 Jahren bekam sie ihr erstes Kind. Von da an kümmerte sie sich um den Haushalt und die Erziehung. Die eigenen Kinder halfen ihr, die Vergangenheit ein Stück weit hinter sich zu lassen. Zwar konnte sie die Erlebnisse nicht vergessen, aber sie verdrängte sie. Ihrem ersten Mann erzählte sie nichts vom sexuellen Missbrauch durch den Pflegevater. Ihre Ehe war durch die Vergangenheit aber belastet. Das Glied ihres Mannes wollte sie nie berühren, weil es sie davor ekelte. Ihr Leben lang wurde sie von der Vergangenheit eingeholt, immer wieder tauchten Erinnerungen und Schuldgefühle auf, die sie zu verdrängen versucht.

Erst vor drei Jahren sprach Resi Eggenberger mit einer Psychologin über ihre Verdingkindergeschichte und den Missbrauch. Dabei ging es auch um die Frage, ob sie an der »sexuellen Nötigung« durch den Pflegevater nicht selbst schuld sei. Obwohl sie schon damals wusste, dass sie keine Schuld auf sich geladen hatte, quält sie diese Frage manchmal heute noch. Immer noch kommt es vor, dass sie nachts

Albträume hat, die von ihrem Pflegevater handeln. Davon wacht sie jeweils in Schweiß gebadet auf.

Mit ihrem leiblichen Vater blieb sie Zeit seines Lebens in Kontakt. Auch ihre Mutter traf sie vor deren Tod zwei- oder dreimal. Sie hatte viel Freude an ihren Großkindern. Resi Eggenberger konnte ihrer Mutter vergeben, auch wenn sie zu ihr eine »Hassliebe« entwickelt hatte. So ging sie zwar an ihre Beerdigung, schafft es aber nicht, ihr Grab zu besuchen. Zu ihrer Schwester hat sie einen guten Kontakt, auch wenn es nicht einfach war, eine Beziehung aufzubauen, weil sie sich als Kinder nur selten sahen.

Mirjam Schlaepfer, Sabine Bitter

Roger Hostettler, 1952, Basel-Landschaft, Bern

»Ich machte immer die mindere Arbeit«

Roger Hostettler kam 1952 als Sohn einer Hilfsarbeiterin und eines Arbeiters in Basel zur Welt. Sein Vater war an verschiedenen Orten tätig, so etwa im Rheinhafen. Er war Alkoholiker und wurde hin und wieder gewalttätig, wenn er betrunken war. Roger Hostettler vermutet, dass er die Mutter manchmal schlug. Einmal schmetterte sein Vater einen Kanarienvogel oder Wellensittich, den sie zuhause hielten, an die Wand: »Wenn er betrunken war, knallte er wahrscheinlich irgendwie durch, aber im Innersten war er ein guter Mensch. Ich habe mit ihm auch einige schöne Sachen erleben können.«

Und die Mutter? Sie wollte ihre Kinder eigentlich nicht haben, davon ist Roger Hostettler überzeugt: »Meine Mutter setzte alles daran, mich nicht zuhause haben zu müssen. Dies entnahm ich auch den Akten. Sie sagte, sie komme mit diesem Kind nicht zu Rande.« Sein älterer Halbbruder war bereits verdingt und seine Halbschwester zur Adoption freigegeben worden. Wie es dazu gekommen war, weiß Roger Hostettler nicht: »Meine Mutter gibt mir darüber keine Auskunft, sie verweigert eine Antwort. Ich habe schon lange keinen Kontakt mehr zu ihr, weil es ein Ding der Unmöglichkeit war, etwas zu erfahren.«

Roger Hostettler kam mit sieben Jahren in ein Kinderheim im Kanton Basel-Landschaft, in dem es ihm gut erging. Zwei Jahre später aber wurde er umplatziert: »Ich weiß nur, dass die Betreuerinnen dort sagten, ich würde nicht in ein Heim gehören, sondern heim zu den Eltern.« Die Erzieherinnen hatten ihn als lustigen kleinen Knaben ohne Probleme charakterisiert. Das neunjährige Kind kam entgegen dieser Empfehlung aber nicht nach Hause, sondern in ein anderes Kinderheim.

Roger Hostettler wird auch heute den Verdacht nicht los, dass seine Mutter durch diese Umplatzierung Geld sparen wollte: »Sie musste jeden Monat nur 75 Franken für Verpflegung und Unterkunft bezahlen, als ich in B. war. Ich war ein billiges Kind. Sie war sehr auf das Geld aus.«

Von diesem Heim aus ging Roger Hostettler in die nahe gelegene Primarschule. Doch hier fühlte er sich nicht besonders wohl, denn er war ein Außenseiter. Manchmal hieß es, mit ihm stimme etwas nicht. Außerdem wurde er mit seinen Schulproblemen allein gelassen. Wenn er Schwierigkeiten mit den Hausaufgaben hatte, war er völlig auf sich gestellt. Im Heim war niemand da, der ihm half. So musste er sich in der Schule immer ein bisschen durchmogeln, und bei Prüfungen schrieb er manchmal bei den Kollegen ab.

Die Wochenenden verbrachte Roger Hostettler bei seiner Mutter oder ihrer Schwester. Wenn er zuhause zu Besuch war, gab er sich als anspruchsloses Kind: Fragte man ihn, was er essen möchte, wünschte er sich immer Ravioli. »Ravioli waren damals eine meiner Lieblingsspeisen. Und sie waren einfach zu machen und kosteten nicht viel.«

Mit elf Jahren wurde er aus dem Heim entlassen und verdingt. Er folgte seinem Halbbruder, der bei einem Bauern im Kanton Bern *versorgt* war. Weil dieser eben die Schule beendet hatte, sollte er die Pflegefamilie verlassen. Der Beistand seiner Mutter brachte Roger Hostettler auf den Hof: »Man sagte, wenn ich weit weg sei, dann könne mein Vater mich nicht so stark beeinflussen.«

Die Familie, die ihn aufnahm, gehörte einer strengen evangelikalen Religionsgemeinschaft an: »Es waren *Stündeler*, die in einer Art Sekte waren, die in diesem Gebiet ziemlich verbreitet war. Schlimm war die Diskrepanz zwischen dem, was sie einem gaben, und dem, was sie von einem forderten.« Der Knabe brachte die frommen Bibelsprüche mit dem Verhalten der Pflegefamilie ihm gegenüber nicht in Einklang: »Man betete immer. Am Sonntagmorgen ging man in die Kirche, am Sonntagnachmittag ins Sektenlokal. Andererseits ließen sie mich arbeiten bis zum Gehtnichtmehr.«

Roger Hostettler ersetzte als Verdingkind den Knecht: »Vieles war Handarbeit. Im Sommer hatte man den ganzen Tag einen Stiel in der Hand. Man verteilte das Heu zum Trocknen. Wir pflügten und eggten noch mit Pferden. Ich machte immer die Hilfsarbeit, eine Kuh dagegen habe ich dort nie gemolken.« Während der Bauer am Melken war, musste Roger Hostettler misten. Immer erhielt er die »mindere Arbeit«: »Es war immer mein Job, die Rohre, die voll Gülle waren, herumzuschleppen und zusammenzuschließen. Der Bauer stand am Schlauch und verspritzte die Gülle. Einmal legte ich mein kleines Radio, das ich immer bei mir trug und das mein Kontakt zur Welt war, bei einem Telefonmast ab. Da kam der Bauer und spritzte die Gülle darüber. Solche Sachen waren an der Tagesordnung.«

Der Knabe musste selbst dann schuften, wenn er krank war. Als er einmal starkes Fieber hatte, befahlen ihm die Pflegeeltern, den Stall zu misten, bevor er sich in der ungeheizten Kammer ins Bett legen durfte.

Als Roger Hostettler dreißig Jahre alt war, besuchte er die Pflegeeltern und fragte sie, warum sie ihn immer nur hätten arbeiten lassen und warum sie ihm nicht etwa Melken oder Traktorfahren beigebracht hatten. Sie räumten ein, Fehler gemacht zu haben. Doch ihre eigenen, mittlerweile erwachsenen Kinder, die bei seinem Besuch anwesend waren, verteidigten die Eltern. Sie empfahlen ihm, sich an Jesus zu wenden, wenn es ihm nicht gut gehe.

Als Verdingbub wurde Roger Hostettler nicht als vollwertiges Familienmitglied behandelt: Die Pflegeeltern und ihre Kinder wuschen sich drinnen in der Küche mit Wasser, das sie auf dem Holzherd erwärmt hatten. Er dagegen musste sich draußen am Brunnen mit kaltem Wasser waschen. Auch beim Essen machten die Pflegeeltern einen Unterschied: »Ich bekam gewöhnlichen Lebertran, und ihre eigenen Kinder erhielten jenen mit Orangengeschmack. Das vergesse ich nie.« Noch am Nachmittag in der Schule hinterließ der Lebertran einen üblen Nachgeschmack.

Die Pflegeeltern stellten hin und wieder sein moralisches Gewissen auf die Probe. So legten sie zum Beispiel einen *Fünfliber* auf das *Stubenbuffet*, um ihn in Versuchung zu führen und zu prüfen, ob er stehle. Einmal nahm Roger Hostettler das Geldstück und kaufte sich davon eine extra große Portion Fleischkäse. Daraufhin wurde er verprügelt, was sonst nicht vorkam. Das Verhältnis zu den Pflegeeltern war nicht gut: »Es war gar kein Verhältnis. Also, es war null Verhältnis da. Ich glaube, von mir her nicht und von ihnen her auch nicht.«

Ein gutes Verhältnis hatte der Knabe mit den Tieren, vor allem mit dem Hofhund. Dieser begleitete ihn jeweils treu auf seinem Gang in die Käserei. Der Fußmarsch dorthin dauerte etwa zwanzig Minuten und ebenso lange wieder zurück. Roger Hostettler war oft allein mit dem Hund unterwegs. Das war für ihn ein schöner Moment, umso mehr, als er sich in der Käserei noch etwas Zeit nahm und mit anderen einen Schwatz hielt.

An Feiertagen fühlte sich Roger Hostettler jeweils als Anhängsel. Er musste dabei sein, wenn seine Pflegeeltern ihren religiösen Verpflichtungen nachgingen: »Wenn sie mich mitschleppten, ging ich halt mit. Ich konnte mich ja nicht dagegen wehren, aber ich nahm innerlich nie daran teil. Ich hing meinen eigenen Gedanken nach oder schlief in der Kirche ein.« Die Pflegeeltern versuchten, ihn in den Posaunenchor ihrer religiösen Gemeinschaft einzubinden. Dort sollte er B-Horn spielen. Da sich aber niemand die Mühe machte, ihm das Notenlesen beizubringen, wurde nichts daraus. Von ihrer Religion wollte Roger Hostettler nichts wissen. Ihn ließen sie gewähren, sein Halbbruder hingegen war von den Pflegeeltern bekehrt worden. Er gehört heute noch dieser religiösen Gemeinschaft an.

Ein Lichtblick war jeweils der Moment, wenn ihn sein Vater besuchte. Dabei kam es vor, dass er ihm ein Taschengeld zusteckte. Einmal erfuhren die Pflegeltern davon und beschwerten sich beim Beistand. Dieser wies den Vater an, seinem Sohn kein Geld mehr zu schenken. Der Vater aber umging die Anweisung, indem er im Dorfladen einen bestimmten Geldbetrag für seinen Sohn hinterlegte, sodass der Knabe dort trotzdem ab und zu etwas für sich besorgen konnte. Auch beim Kleiderkaufen wurde er zum Außenseiter gestempelt: Die Pflegeeltern zahlten statt mit Geld mit Gutscheinen, die sie von den Behörden dafür bekamen. So wurde auch im Kleidergeschäft klar, dass er ein spezieller Kunde war.

Während seiner Zeit als Verdingbub ging Roger Hostettler zur Schule, bis er fünfzehn Jahre alt war. Von den Lehrern fühlte er sich korrekt behandelt. Als Erwachsener nahm er einmal mit einem dieser ehemaligen Lehrer Kontakt auf und traf ihn zu einem Gespräch. Sein früherer Lehrer meinte, dass er wohl zu wenig auf ihn geachtet habe, weil er eher unscheinbar gewesen sei: »Wenn ich mehr Probleme gemacht hätte, dann wäre man wahrscheinlich mehr auf mich aufmerksam geworden.«

Roger Hostettler war ein guter Schüler und bekam ein sehr gutes Abschlusszeugnis: Die schlechteste Note war eine *Fünfeinhalb*. Trotzdem nahmen dies die Pflegeeltern nicht zum Anlass, eine gute Lehrstelle für ihn zu finden. Es hieß vielmehr: »Dieser Lehrer gibt einfach zu gute Noten.« Sie schickten den Knaben zu einem Berufsberater. Weil er in seinen Schulheften sehr schön schrieb und ihm das Schönschreiben Spaß machte, hätte er gerne eine Ausbildung als Grafiker oder Schriftenmaler begonnen. Doch der Berufsberater meinte, seine Schulbildung würde dafür nicht reichen.

Stattdessen wurde er von seiner Mutter und dem Beistand in ein Heim für straffällige Jugendliche im Kanton Basel-Landschaft eingewiesen. Sie gaben vor, dass er hier bleiben könne, bis er wisse, was er lernen wolle. Roger Hostettler vermutet, dass seine Mutter ihn einmal mehr nicht zuhause haben wollte. Und bei der Bauernfamilie hätte er nicht länger bleiben können, weil sie ihm nach dem Schulabschluss einen Lohn hätte zahlen müssen. Um in diesem Heim aufgenommen zu werden, brauchte es eine richterliche Einweisung. Da kamen sonst nur Jugendliche hin, die sich etwas hatten zuschulden kommen lassen.

Roger Hostettler las später in den Akten, dass sich jemand in dieser Institution darüber beklagte, dass kein richterlicher Beschluss vorhanden sei. Es ist für ihn deshalb heute noch ein Rätsel, warum er trotzdem dorthin gebracht wurde.

Dort wurde Landwirtschaft betrieben. Daneben gab es aber auch Lehrbetriebe, etwa eine Schreinerei, eine Schlosserei und eine Gärtnerei. Er begann im Pferdestall zu arbeiten. Für diese Arbeit, die er sehr selbständig ausführen konnte, bekam er erstmals Anerkennung: »Ich war recht frei. Es war dort so, dass die Leistungen nach einem Punktesystem bewertet wurden, und nach diesem bemaß sich dann das Taschengeld. Ich bekam dort einfach immer das Maximum. Am Schluss betreute ich die Pferde selbständig.« Im Verlauf der zwei Jahre in dieser Institution nahm Roger Hostettler das Heft selber in die Hand. Er bewarb sich für eine Stelle in Kanada, die er zwar bekommen hätte, dann aber doch nicht antrat. Er suchte stattdessen eine Lehrstelle als Bereiter, traf zunächst aber eine schlechte Wahl. Bald fand er eine andere Lehrstelle bei einem bekannten Reiter. Dort wurde Roger Hostettler aber schlecht behandelt, wie die anderen Lehrlinge auch. Doch er biss die Zähne zusammen und schloss die Lehre ab.

Danach begann er als Reitlehrer im Kanton Basel-Landschaft zu arbeiten. Ab und zu ritt er auch an regionalen Turnieren mit. Er vermutete damals, dass der eine oder andere Reiter wusste, dass er im Heim gewesen war. Dies verunsicherte ihn manchmal, etwa wenn er an einem Concours startete und sich vorstellte, dass die anderen Reiter über ihn reden und auf seine Vergangenheit zu sprechen kommen könnten.

Mit achtundzwanzig Jahren wollte Roger Hostettler etwas anderes tun: Er dachte daran, eine zusätzliche Lehre als Schreiner zu beginnen, fand aber keine Lehrstelle. Daraufhin arbeitete er einige Jahre lang in einer selbstverwalteten Genossenschaft in Schaffhausen, die neben einer Buchhandlung auch noch ein kleines Restaurant führte. Dort lernte er einen Mitarbeiter des Konsumenten- und Ratgebermagazins

Beobachter kennen, der ihn ermunterte, sich mit seiner Vergangenheit zu befassen und seiner Geschichte als Verdingkind nachzugehen.

So sprach Roger Hostettler Anfang der 1980er-Jahre bei der Basler Vormundschaftsbehörde vor, um einen Einblick in seine Akten zu bekommen. Aber er wurde abgewiesen. Erst mithilfe des »Beobachters«, der ihm einen Anwalt zur Seite stellte, gelang es ihm, seine Akten einzusehen, die über ihn als Heimkind und Verdingbub angelegt worden waren: »Ich durfte sie nur lesen und nicht kopieren. Und während ich las, saß immer jemand von den Behörden daneben. Das war sehr entwürdigend.« Roger Hostettler konnte das Kopierverbot umgehen, indem er die Akten im Amtsraum laut vorlas, während er ein Kassettentonbandgerät laufen ließ. Als er über den Dokumenten saß, staunte er nicht schlecht: Er hatte ein ganz anderes Bild von sich als die Leute, die sich in den Akten über ihn äußerten. Er stellte auch fest, dass vieles nicht der Wahrheit entsprach: Bei den rapportierten Besuchen des Beistands auf dem Bauernhof hieß es etwa, der Knabe sei nicht da, sondern auf einer Schulreise. Dies stimmte aber nicht. Die Pflegefamilie hatte vielmehr verhindert, dass der Beistand den Knaben überhaupt zu Gesicht bekam.

Vor wenigen Jahren sprach Roger Hostettler noch einmal bei der Vormundschaftsbehörde vor mit der Bitte, ihm seine Akten auszuhändigen. Der Beamte antwortete ihm diesmal, die Dokumente seien in der Zwischenzeit vernichtet worden. Er erklärte ihm: »Das geschah zu Ihrem eigenen Schutz. Wenn Sie sich einmal für eine Stelle bewerben, dann ist da nicht noch ein *Tolggen.*« Tatsache ist, dass Roger Hostettler bis heute nicht einmal einen Geburtsschein besitzt.

Roger Hostettler empfindet die Zeit als Verdingbub rückblickend als sehr belastend und würde sie am liebsten aus seinem Leben streichen. Für ihn ist heute klar, dass diese Fremdplatzierung weitreichende Folgen für sein ganzes Leben hatte: Zum einen trug er von der harten körperlichen Arbeit einen Schaden an den Gelenken davon. Die Kartoffelsäcke, die bis zu fünfzig Kilogramm wogen, waren zu schwer.

Zum anderen erlitt er auch psychische Blessuren: Als er als junger Mann Beziehungen zu Frauen einging, wurde er oft von Verlustängsten geplagt. Er war immer sehr empfindlich und erlebte sich als »Mimose«. Wenn er sich heute von jemandem ungerecht behandelt fühlt, ist er schnell enttäuscht. Er wird in solchen Situationen wütend und zieht sofort Konsequenzen.

Trotz der eingeschränkten Berufswahl hat Roger Hostettler es zu etwas gebracht: Er bestand die Lastwagen- und die Kleinbusprüfung und besitzt heute einen eigenen Taxibetrieb. Er lebt mit seiner Partnerin im Kanton Basel-Stadt. Wenn er im Taxi in der Stadt herumfährt, kommt es vor, dass er seine Mutter auf der Straße sieht. »Sie ging einmal am Aeschenplatz vor mir über den Fußgängerstreifen, da ging mir der Gedanke durch den Kopf, ich könnte jetzt Gas geben. Da ist Wut und Hass. Also für mich ist dieses Kapitel erst abgeschlossen, wenn sie gestorben ist. Das mutet vielleicht ein bisschen seltsam an, aber diese Frau hat in meinem Leben sehr viel kaputtgemacht.«

Seine Vergangenheit als Verdingkind hat er hinter sich gelassen, auch wenn sie ab und zu wieder hochkommt. Unbeantwortet ist für ihn die Frage, ob er bei einer Hodenoperation, der er sich als Jugendlicher in einem Kinderspital unterziehen musste, ohne sein Wissen sterilisiert worden ist. Eine Ungewissheit, der er bis heute nicht hat nachgehen mögen: »Also, wenn es tatsächlich so wäre, wie gehe ich dann damit um? Dann würde ich noch zorniger oder wütender. Dann ist es vielleicht besser, ich weiß es gar nicht.«

Sabine Bitter

Gewalt und Machtmissbrauch

Ueli Mäder

»Ich wurde auch bestraft, ohne es verdient zu haben«

Barbara Roth wurde 1935 geboren und früh verdingt. Sie litt vor allem unter der verbalen Abwertung. »Aus Dir wird nie etwas«, bekam sie immer wieder zu hören. Verdingkinder erfuhren psychische, physische und strukturelle Gewalt. Dieses Kapitel verknüpft verschiedene Formen der Gewalt mit dem, was Verdingkinder erlebten. Es wird auch danach gefragt, wie sich Gewalt verarbeiten lässt.

Rechtliche Ansätze betrachten Gewalt als Eingriff in die Privatsphäre einer anderen Person. Soziologische bezeichnen physischen und psychischen Zwang als Gewalt. Sie unterscheiden zwischen direkter und indirekter Gewalt, potenzieller und manifester, personaler und struktureller.[1] Die personale Gewalt steht bei aktuellen Debatten im Vordergrund. Sie lässt sich konkret fassen, benennt Täter und manchmal auch Opfer. Als »strukturelle Gewalt« bezeichnet Konfliktforscher Johan Galtung[2] gesellschaftliche Bedingungen. Dazu gehören auch soziale Benachteiligungen, die Verdingkinder erlebten.

Mitten aus der Gesellschaft

Stark vereinfacht gibt es drei verschiedene Ansätze von Gewalt. Der erste betont die strukturellen Voraussetzungen. Er äußert sich beispielsweise in der Armut, die dazu führte, Kinder zu verdingen. Der zweite Ansatz bezieht sich auf die Sozialisation. Er thematisiert, wie Familien und Schulen die Verdingkinder behandelten. Der dritte Ansatz hebt situative und affektive Momente hervor. Er erweckt den Anschein, als ob die Gewalt quasi zufällig entstünde.

Wilhelm Heitmeyer[3] beschreibt, was zu Gewalt führt: Ohnmacht (durch forcierte Konkurrenz), Verunsicherung (durch häufige Biografiebrüche), Vereinzelung (durch Auflösung familiärer und kultureller Milieus) sowie Desintegration (durch Desorientierung und fehlende Perspektiven). Der rasche Wandel disponiert zudem zu Überforderung und Stress, und dadurch zu autoritärem Verhalten. Aber dann müssten ja viel mehr Menschen gewalttätig sein, lautet ein Einwand. Er wendet sich dagegen, Gewalt immer erklären und verstehen zu wollen. Trutz von Trotha[4] will nicht jeder Gewalt einen Sinn geben. Das verleite bloß dazu, die pathologisierte »Lust an Gewalttätigkeit« zu verkennen.

Heute wird die Gewalt oft personalisiert. Die strukturelle Gewalt scheint passé zu sein. Die Kritische Konfliktforschung der 1970er-Jahre thematisierte, wie Gewalt mitten aus der Gesellschaft kommt und sich, wie bei Verdingkindern, in ungleichen Lebenschancen äußert. Franz Josef Krafeld[5] leitet die Bereitschaft zur Gewalt aus Sozialisationserfahrungen ab. Wir lernen von Kindesalter an, aus Schwächen anderer Vorteile zu ergattern. Walter Hollstein[6] beschreibt, wie sich männliche Sozialisation an Härte, Macht, Distanz, Konkurrenz und Leistung orientiert. Die Fixierung auf äußere Werte (Geld, Erfolg) schränkt das Gefühlsleben ein und fördert die Leere, die Entfremdung und das Autoritäre. Buben müssen sich ständig beweisen, was die Beziehungsfähigkeit wenig fördert.

Gewalt entsteht auch aus fehlgeleiteter Bedürftigkeit. Sie sucht sich immer wieder ein Ventil. Verdingkinder bekamen das Treten nach unten zu spüren. Einzelne wiederholten später das, worunter sie früher selbst gelitten haben. Wer Gewalt erfährt, gibt sie oft weiter.

»Du kannst nichts und du bist nichts.«

Barbara Roth wurde zu einer Bäckerfamilie verdingt. Ihrer Hauptaufgabe, der Betreuung des jüngeren Sohnes der Pflegefamilie, ging sie nur zwischendurch nach, da sie ständig von anderen Arbeiten in Anspruch genommen wurde. Ihr Tag begann um sechs Uhr. Nach dem Aufstehen musste sie putzen, Schnee schaufeln, Brot austragen, im Laden und im Haushalt helfen und war oft bis spät abends beschäftigt. Als sie sich einmal nicht gut fühlte, spielte sie auf ihrer Blockflöte, bis ihr die Pflegemutter diese aus Wut entriss und im Ofen verbrannte. »Also, es sind schon schlimme Zeiten gewesen«, sagt sie dazu.

Barbara Roth war immer gut angezogen; darauf legte die Pflegemutter wert, und sie bekam auch immer genügend zu essen. Unter den ständigen verbalen Abwertungen – etwa dass ihr immer wieder gesagt wurde, sie sei nichts und sie werde nichts –, litt das Mädchen sehr. Nach außen hin konnte die Pflegefamilie aber den Schein wahren.

»Ein Hund hatte es schöner als ich«, so beschreibt Franz Buchschacher seine Kindheit. Er kam 1926 als eines von achtzehn Kindern im Kanton Bern zur Welt. Der Vater konnte als Maurer nicht die ganze Familie ernähren. So wurden alle Kinder bis auf die jüngste Tochter verdingt. Franz Buchschacher wurde bereits im zweiten Lebensjahr einer älteren Frau in Obhut gegeben. »Sie zog mich auf wie die eigene Mutter«, erzählt er.

Als der Knabe sechs Jahre alt war, starb seine Pflegemutter. Er wurde mit anderen Verdingkindern an eine Versammlung in der Gemeinde gebracht. Die Bauern betasteten die Kinder, um zu erkunden, wie kräftig sie waren. Dann wählten sie die Stärksten aus. Franz Buchschacher war schmächtig. Niemand wollte ihn. Er blieb bis zum Schluss übrig. Schließlich nahm ihn der Weibel der Gemeinde mit, der auch noch einen Hof bewirtschaftete. Franz Buchschacher erinnert sich, wie der Bauer sagte: »Der ist ja nichts wert, der kann ja nicht arbeiten, aber ich nehme ihn mit, den lehre ich arbeiten.« Über dem Hühnerstall bekam der Sechsjährige eine Kammer. Zum Schlafen diente ihm eine Strohmatte. Die Kammer war voll Ungeziefer und im Winter eisig kalt. Am Morgen musste der Knabe um fünf Uhr aufstehen und auf dem Hof arbeiten. Für Schulaufgaben fand er keine Zeit. Der Lehrer schlug ihn und ließ ihn nachsitzen. Kam der Knabe dann zu spät nach Hause, erhielt er nochmals Schläge. Der Bauer verprügelte ihn im Saustall mit einem Seil, bis er blutete und nicht mehr sitzen konnte.

Einmal zeigte Franz Buchschacher dem Dorfpolizist seine schweren Verletzungen. Der Polizist drohte dem Gemeindeweibel mit einer Anklage. Der Weibel musste bestätigen, den Knaben nicht mehr zu schlagen, ließ sich das aber nicht bieten. Er nahm Franz Buchschacher zum Gemeindepräsidenten mit und beklagte sich, den Bub nicht mehr strafen zu dürfen. Der Gemeindepräsident anerbot ihm, dass er den Buben in Zukunft zur Züchtigung zu ihm bringen könne, und stellte so die alte Ordnung wieder her.

Hugo Hersberger verbrachte seine Jugend in einer Bauernfamilie. Die Pflegemutter schlug den Knaben oft und hielt abends auch ihren Sohn dazu an, bei den Prügelstrafen zu helfen. »Das stundenlange Warten, bis er heimkam, das war das Schlimmste«, erzählt Hugo Hersberger. Der Knabe musste sich jeweils ausziehen und den Kopf in einen *Zuber* stecken. Dann wurde er mit einem Lederriemen ausgepeitscht. Der Knabe erhielt fast täglich Schläge. Die Bäuerin schlug ihn, weil er sie nicht Mutter nannte. Dass sich Hugo Hersberger zum abendlichen Strafritual entkleiden musste, deutet auf die Sexualisierung der Gewalt hin und stellte ihn noch mehr bloß.

Verdingkinder erlebten immer wieder sexuelle Übergriffe. Walter Zürcher wurde vom Pflegevater regelmäßig gezwungen, ihn im Stall manuell zu befriedigen. Als die Bäuerin das entdeckte, kam der Knabe in eine andere Familie, in der er hart arbeiten musste. Meistens kam er erst abends erschöpft dazu, seine Hausaufgaben zu machen. Von der Familie erfuhr er kaum Zuneigung oder Zärtlichkeit. Er galt als Arbeitskraft. An Weihnachten und festlichen Anlässen wollte die Familie unter sich sein. Der Knabe gehörte nicht wirklich dazu. Er befand sich auch in der Schule und im Dorf »drinnen und draußen«.

Armin Stutz wusste lange Zeit nicht, wer seine Eltern waren. Er wuchs in einem Waisenhaus im Kanton Luzern auf. Ordensschwestern betreuten ihn und die anderen Kinder. Eine Schwester spielte jeweils »nicht nur mit meinem Schwänzchen«, berichtet Armin Stutz. »Und wir mussten ihr unter den Ding fassen. Sie hat jeweils die hellen Strumpfhosen heruntergezogen. An das mag ich mich noch gut erinnern.« Wenn die Kinder das Bett nässten, wurden ihnen am folgenden Tag die nassen Tücher ins Gesicht gerieben. Als Armin Stutz alt genug war, um zu arbeiten, kam er zu einem Bauern. Dieser war sehr arm und hatte selbst viele Kinder; Armin Stutz litt unter Hunger. Die Zustände, in denen er und ein weiteres ehemaliges Verdingkind lebten, waren im Dorf bekannt. Aber niemand unterstützte die beiden. Einmal beschrieb der Knabe in einem Aufsatz über Ferienerlebnisse seinen harten Arbeitstag und die Misshandlungen. Darauf konfrontierte der Lehrer den Bauern mit diesen Vorwürfen. Dessen Sohn züchtigte den Knaben danach derart mit einem Lederriemen, dass er eine Wunde davontrug, die sich bis heute immer wieder öffnet. Armin Stutz beklagte sich fortan nie mehr. Und das Dorf schwieg mit.

Resigniert und empört

Verdingkinder nahmen ihre Benachteiligungen oft über lange Zeit hin. Der erfahrene Mangel verstellte ihnen manchmal den eigenen Blick derart, dass sie das Unrecht als persönliches Versagen betrachteten. Viele Verdingkinder litten darunter, es nicht wie andere geschafft zu haben. Sie machten sich Vorwürfe und fühlten sich schuldig. Wenn ehemalige Verdingkinder kritisieren, »ich wurde auch bestraft, ohne es verdient zu haben«, schlägt die Schwarze Pädagogik durch.

Um diesen Prozessen und Schuldgefühlen entgegenzuwirken, müssen sich die Betroffenen bewusst werden, dass eine missliche Situation kein Schicksal, sondern veränderbar ist. Der Hinweis auf gesellschaftlich verursachte, gemeinsame Betroffenheiten entlastet von persönlichen Schuldgefühlen, die unter Bedingungen der Vereinzelung besonders ausgeprägt sind.[7]

Verdingkinder empfanden ihre Ohnmacht teilweise als individuelle Schwäche. So lassen sich gesellschaftliche Widersprüche einfacher auf jene abwälzen, die unauffällig bleiben (wollen). Wer sich mit dem Vorhandenen abfindet, schützt sich gegen weitere Enttäuschungen. Die Angst führt zum Rückzug und zu einem Pakt mit dem Verzicht. Dagegen helfen Erfahrungen gelungener Lebenspraxis, wofür sich in den Interviews auch Beispiele finden. Das Vertrauen in eigene Kompetenzen muss manchmal Schritt für Schritt erlernt werden. Große Ziele sind in Teilziele zu zerlegen, die sich in absehbarer Frist erreichen lassen. Die Erfahrung motiviert, dass Veränderungen möglich sind. Sie lenkt den Blick vom scheinbar Unabdingbaren zum Möglichen. Die innerlich blockierende »Du solltest-Anforderung« verwandelt sich in eine »Ich kann etwas-Haltung«. Sie knüpft an vorhandene Interessen und Fertigkeiten an und dient der Bewältigung. Hilfreich ist auch das Erzählen dessen, was war. In ihren späteren Familien haben etliche Verdingkinder ihre Vergangenheit verschwiegen. Transparenz trägt indes dazu bei, Resignation in Empörung zu verwandeln.

Laut Arno Gruen[8] führt Gehorsam dazu, sich selbst abzulehnen und Gewalt gegen sich und andere zu richten. Die Angst vor Autonomie erweist sich als Verrat am Selbst. Erich Fromm[9] deutet die Furcht vor Freiheit als Unterwerfung unter reale und internalisierte Autoritäten. Die frühe Unterdrückung kritischen Denkens fördert die Anpassung und einen zwanghaften Konformismus. Sie disponiert scheinbar bedeutungslos gewordene Individuen dazu, Gewalt zu akzeptieren und je nach Möglichkeit auch selbst auszuüben. Je mehr wir uns nach anonymen Autoritäten richten, umso ohnmächtiger fühlen wir uns.

Armut, Kinderarbeit und Schläge waren bis zur zweiten Hälfte des 20. Jahrhunderts generell verbreitet. Verdingkinder erlebten die Gewalt nicht nur in entlegenen Bauernhöfen; sie kam auch mitten aus dem Dorf. Der aktuelle Gewaltdiskurs vernachlässigt diese strukturellen Bezüge. Er konzentriert sich auf das, was direkt sichtbar ist. Michel Foucault[10] kritisiert, wie unsere Zivilisation die Optimierung der Gewalt humanitär kaschiert. Die Aufklärung zielt auf eine Disziplinierung ab, die Abweichungen ahndet und jene ausschließt, die nicht der Norm entsprechen. Der manifesten Gewalt (»violence«), die eine Person oder Sache schädigt, steht eine andere Gewalt (»power«) entgegen. Sie beinhaltet die Fähigkeit, etwas zu erwirken. Das individuelle Vermögen hängt von der Ausstattung mit jenem ökonomischen Kapital (Geld), sozialen Kapital (Beziehungen) und kulturellen Kapital (Ausbildung) ab,[11] das vielen Verdingkindern fehlte.

Barbara Roth*, 1935, Bern

»Also, es sind schon schlimme Zeiten gewesen«

Barbara Roth war das dritte Kind einer Näherin und eines Küfers. Die Familie lebte im Kanton Bern, wo der Vater in der Küferei seines Vaters arbeitete und schon in jungen Jahren ein Haus kaufen konnte. Nebenbei betrieb er eine Schnapsbrennerei, womit er bei den Bauern auf die *Stör* ging. Barbara Roth vermutet, dass er dadurch zum Alkoholiker wurde, da er in der Winterszeit nach dem Brennen oft bei den Bauern sitzen blieb und den gebrannten Schnaps übermäßig kostete. Schließlich wurde das Haus wegen den Alkoholproblemen des Vaters zwangsversteigert. Versteigert wurde dabei auch der von Barbara Roth so geliebte Hund. Die Familie zog danach zu den Eltern des Vaters, wo sie zwei Zimmer und eine Küche für sich hatte. Zu dieser Zeit lebte die ein Jahr ältere Schwester von Barbara Roth bereits bei kinderlosen Verwandten im Kanton Aargau: »Meine Eltern werden wahrscheinlich froh gewesen sein, dass sie schon mal eines weg hatten.« Nach etwa einem Jahr musste auch der Bruder zur Pflegefamilie der Schwester. So blieb Barbara Roth als Einzige zurück.

Der Alkoholismus des Vaters wurde zunehmend schlimmer. Barbara Roth musste mit ansehen, wie der Vater die Mutter schlug. Schließlich wurde er in eine Entzugsanstalt eingewiesen. Die Mutter versuchte, sich und das Kind allein durchzubringen. Mit ihrer Schwiegermutter verstand sie sich aber nicht so gut. Diese veranlasste, dass auch Barbara Roth fremdplatziert wurde. Am dem Tag, an welchem sie abgeholt werden sollte, versteckte sie sich mit ihrer Mutter im Heu. Die Polizei wurde gerufen und machte klar, dass es kein Zurück gab.

Barbara Roth, die inzwischen die dritte Klasse besuchte, wurde von ihrem Vormund abgeholt und in einem Dorf in der Umgebung in eine Bäckerfamilie gebracht. Die Familie hatte selbst zwei Söhne, von denen der ältere gleich alt war wie Barbara Roth. Eine ihrer Aufgaben war die Betreuung des jüngeren Sohnes. Diese Aufgabe erledigte sie aber eher zwischendurch, da sie ständig von anderen Arbeiten in Anspruch genommen wurde. Sie stand um sechs Uhr auf, putzte, schaufelte Schnee, trug Brot aus, half im Laden und im Haushalt und war oft bis spät abends beschäftigt. Wenn es ihr schlecht ging, spielte sie auf ihrer Blockflöte, bis ihr die Pflegemutter diese in einem Wutanfall aus den Händen riss und im Ofen verbrannte. Barbara Roth sagt heute: »Also, es sind schon schlimme Zeiten gewesen.«

Barbara Roth war immer gut angezogen, darauf legte die Pflegemutter wert, und sie bekam auch immer genügend zu essen. Sie litt aber unter den ständigen verbalen Abwertungen, etwa dass ihr immer wieder gesagt wurde, sie sei nichts und sie werde nichts. Zu schaffen machte ihr, dass der gleichaltrige Sohn kaum etwas helfen musste und offensichtlich bevorzugt wurde. Zudem war auch der Pflegevater ein Trinker. Erst heute ist ihr richtig bewusst, dass es im Dorf so ausgesehen hat, als ob alles in Ordnung sei. Nach außen hin wurde der Schein gewahrt.

Barbara Roth war eine gute Schülerin. Ihr Lehrer dachte, dass sie in die Sekundarschule sollte, aber davon wollten die Pflegeeltern nichts wissen: »Wir haben die doch nicht angenommen, damit sie den ganzen Tag in der Schule sitzt.« Der eigene Sohn dagegen wurde in die Sekundarschule geschickt.

Ihre Geschwister sah Barbara Roth während der ganzen Zeit nie mehr, und der Kontakt zu ihren Eltern wurde mit der Zeit unterbunden, weil sie nach jedem Besuch starkes Heimweh hatte. Sie sah ihre Eltern während mehreren Jahren kaum mehr, außer wenn es ihr gelang, sie heimlich zu besuchen.

Nach der Schule, absolvierte sie ein *Welschlandjahr* und kehrte wieder zu den Pflegeeltern zurück. Anschließend begann sie eine Lehre als Schneiderin im Kanton Bern. Sie wäre gerne Kindergärtnerin geworden, aber dafür reichte die Primarschule nicht aus. Da ihr Vater inzwischen »trocken« war, erkundigte sie sich, ob sie wieder zu ihren Eltern gehen könne. Ihre Pflegeeltern aber sagten: »Jetzt hat man dich so lange gehabt und hat für dich gezahlt und geschaut und jetzt, da man dich brauchen kann, jetzt willst du gehen?« Und so wohnte sie weiter bei ihrer Pflegefamilie.

Nach der Lehre arbeitete sie in einem Konfektionsgeschäft. Wie bereits während der gesamten Lehrzeit arbeitete sie weiterhin in ihrer Freizeit, insbesondere am Samstag und am Sonntag, im Laden. In diese Zeit fiel eine erste Jugendliebe, die allerdings von der Pflegefamilie und von der Familie des Freundes unterbunden wurde. Die Mutter dieses Studenten suchte sie an einem Samstag im Laden auf und verkündete ihr, dass sie sich ihre Schwiegertochter etwas anders vorstellte. Erst fünfzig Jahre später fand Barbara Roth heraus, dass der Pflegvater ihre Briefe an den Freund nicht abgeschickt hatte. »Da habe ich wieder eine frische Wut gespürt und habe gedacht, also wirklich, alles haben sie mir zunichte gemacht, was nur möglich gewesen ist.«

Einige Zeit später lernte Barbara Roth ihren ersten Mann, einen Chauffeur, kennen. Sie wurde schwanger, denn Barbara Roth war nie aufgeklärt worden. Ihre Pflegefamilie zwang sie zu einer Abtreibung, um ihre Familie vor dieser Schande zu bewahren. »Das ist so brutal gewesen. Wie ich allein nach Bern musste, es ist nicht etwa jemand mit mir gekommen, sonst hätte man sie ja vielleicht mit mir gesehen. Das ist so furchtbar gewesen!« Das Krankenhauspersonal riet ihr eindringlich, sie solle die Pflegefamilie verlassen, aber Barbara Roth traute sich nicht.

Nach geraumer Zeit war sie wieder schwanger. Sie konnte sich durchsetzen und behielt das Kind. Sie und ihr Freund heirateten und lebten fortan im oberen Stock im Haus der Pflegeeltern, sodass Barbara Roth auch mit dem Kind weiterhin mitarbeiten konnte. Das Kind war schwer behindert, und da Barbara Roth viel Zeit für die Pflege des Kindes aufwenden musste, wurde das Klima im Haus zunehmend schlechter. Sie und ihr Mann mussten für die Unterkunft bezahlen, obwohl beide im Betrieb mitarbeiteten. Ihr Mann zog sich mehr und mehr zurück, kam immer später nach Hause, bis er Barbara Roth schließlich damit konfrontierte, dass er ausziehe, auch wenn sie nicht mitkomme. »Dann habe ich ihnen gesagt, wir wollten am Sonntag eine Wohnung anschauen gehen. Und dann bin ich natürlich wieder schlechtgemacht worden: ›Du kannst wohl kaum einen Haushalt führen!‹« So verließ Barbara Roth mit 21 Jahren das Haus ihrer Pflegeeltern und brach den Kontakt zu ihnen ab.

Der Kontakt zu ihren Geschwistern und zu ihrem Vater blieb schwierig, aber zu ihrer Mutter konnte sie wieder eine Beziehung aufbauen. Doch diese konnte ihr natürlich auch nicht mehr geben, was sie gebraucht hätte.

Ihre erste Ehe verlief nicht gut. Sie hatten noch drei weitere Kinder, aber ihr Mann, der als Chauffeur über Land fuhr, war selten zuhause. Barbara Roth war oft allein. Das erste Kind starb mit zehn Jahren. Als sie die Beschimpfungen ihres Mannes nicht mehr aushielt, ließ sie sich von ihm scheiden. Sie musste von da an arbeiten gehen, da ihr Mann die Alimente nicht bezahlte. Sie fand eine Stelle in einem Innenausstattungsgeschäft im Kanton Solothurn. Der Geschäftsführer wurde später ihr zweiter Mann. Auch diese Ehe verlief nicht glücklich und wurde geschieden.

Einige Jahre führte Barbara Roth zusammen mit ihrer älteren Tochter ein eigenes Innendekorationsgeschäft in Basel, das gut lief. Seither geht es ihr gut. Heute lebt Barbara Roth in ihrer Eigentumswohnung im Kanton Solothurn von der AHV. Sie erfreut sich immer noch guter Gesundheit und spielt leidenschaftlich Tennis. Sie sagt aber, dass ihre Geschichte sie immer wieder einholt und sie aufgrund ihrer Erfahrungen Mühe hat, Vertrauen aufzubauen.

Yvonne Grendelmeier

Max Schmid, 1932, Aargau

»Der Körper könnte sich vielleicht an die Schläge gewöhnen, aber die Seele gewöhnt sich nie daran«

Mit knapp drei Jahren kam Max Schmid weg von seiner Mutter. Ein Jahr später ließen sich seine Eltern scheiden. Der Vater heiratete seine Geliebte und die Mutter heiratete deren Mann. Max Schmid meint sich zu erinnern, nach dem Partnertausch seiner Eltern mit seinem Vater und der Stiefmutter in den Kanton Aargau gezogen zu sein. Gemäß amtlichen Dokumenten ist Max Schmid indessen direkt zu einer Pflegefamilie im Aargau gekommen. »Ich hatte es dort nicht so gut«, meint Max Schmid im Nachhinein. »Einen Spielgefährten für den zwei Jahre älteren und behinderten Sohn hätte ich abgeben sollen, schlussendlich fraß ich alles aus, was der andere einbrockte«. Die Strafen bestanden aus Kellerarrest oder ohne Essen schlafen gehen.

Im Sommer kam er aus Gründen, an die er sich nicht mehr erinnern kann, zu einer anderen Pflegefamilie im selben Kanton. Das Bettnässen, das Max Schmid bei jedem Wohn- und Familienwechsel anfangs begleitete, versuchte ihm die Pflegemutter auszutreiben. Weil ihre Drohungen nichts nützten, sperrte sie ihn in den Schweinestall. Das Bettnässen ließ sich damit allerdings nicht kurieren, und so griff sie zu anderen Mitteln. Eines Abends begleitete sie Max Schmid in die Schlafkammer; er musste sich bis auf die Unterhose ausziehen. Sie schlug die Bettdecke zurück: Darunter befand sich ein Haufen Brennnesseln. »Ich wollte natürlich nicht in dieses Bett, das ist doch klar.« Betteln half nichts, er wurde gezwungen, in dieses Bett zu steigen, und die Pflegemutter deckte ihn zu.

An solche Kindheitsszenen kann sich Max Schmid sehr gut erinnern. Er sieht sich dabei immer von außen, ist Betrachter seiner selbst. Er sieht sich zum Beispiel mit einem verkohlten Kaffeesieb auf einer angesengten Treppe spielen. Max Schmid war nämlich mit fünf Jahren wieder zu seinem Vater und der Stiefmutter in die Heimatgemeinde gekommen, aber amtlich wurde er dort nicht registriert. Seine Stiefmutter nahm ihn nur zum täglichen Gang ins Dorf mit, wenn sie dem Vater das Mittagessen brachte. Danach wurde Max Schmid mit dem Hund ins Wohnzimmer gesperrt und die Stiefmutter ging zur Arbeit. Auch hier wurde der Knabe bestraft, nämlich wenn die Stiefmutter am Abend Hundehaare auf dem Sofa fand. Dabei wurde Max Schmid vom Hund einmal gebissen, als er versuchte, ihn vom Sofa fernzuhalten. Beide waren wie üblich eingesperrt, als das Nachbarhaus zu brennen begann. Erst viel später erfuhr er, dass sein älterer Bruder ihn aus dem vom Funkenflug bedrohten Haus befreit hatte.

Nach diesem Vorfall wurde Max Schmid in eine Kinderkrippe gebracht. »Da hatte ich endlich Ruhe von allem. Ich wurde von den Kinderschwestern verwöhnt.« Im Gegensatz zu allen anderen Pflegeplätzen fühlte er sich hier ernst genommen und geborgen. Auch gesellschaftspolitische Dinge wurden kindergerecht erklärt, zum Beispiel die Evakuierungsvorbereitungen im Kriegsfall. Max Schmid war von der Heimatgemeinde ein Vormund zugesprochen worden, den er aber nie zu Gesicht bekam. »Tante A.«, eine der Kindergärtnerinnen, nahm ihn während den Ferien mit sich nach Hause auf einen Bauernhof im Kanton Zürich. An die Landesausstellung 1939, den Maienzug und die Bachfischete erinnert er sich gerne.

Max Schmid blieb bis 1941 in der Kinderkrippe. Aber sein Aufenthalt war begrenzt; er war als einziges Kind stationär aufgenommen worden. So kam der Knabe mit neun Jahren zu einer Kleinbauernfamilie im Kanton Aargau. Den Pflegevater hat Max Schmid in guter Erinnerung, er durfte ihm ab und zu bei der Imkerarbeit helfen. In der Familie hatte der Pflegevater nichts zu sagen. Hier führte die Pflegemutter das Zepter. Sie strafte Max Schmid sowohl psychisch als auch physisch. »Es war immer ein Druck da, ich konnte mich am Abend nicht ruhig in die Stube setzen, ohne ein Keifen von ihr zu befürchten.«

Das Credo der Pflegemutter lautete: »Arbeiten, lernen und beten.« Der Knabe wurde von der Familie auch ab und zu weiterverdingt. Lügen, oder das, was die Pflegemutter als Lüge auffasste, wurde bestraft. Weil Max Schmid keinen roten Schinken mochte und sich weigerte, ihn zu essen, erhielt er sieben Sonntage Bettarrest. Als er einmal abzuhauen versuchte, wurde das mit zwei Sonntagen Bettarrest bestraft. Die Laken mit den Spuren des Bettnässens hängte die Pflegemutter nahe der Straße auf, sodass die anderen Schulkinder den gelben Fleck nicht übersehen konnten. Max Schmid hat heute noch Narben von Schlägen mit dem Teppichklopfer. Die Wunden wurden jeweils mit Honig behandelt. »Wenn man geschlagen wird, könnte man sich vielleicht noch daran gewöhnen, aber die Seele gewöhnt sich nie daran«, sagt Max Schmid im Rückblick.

Über den Krieg sprach man hier nicht, Max Schmid blieb mit seinen Ängsten allein. Ein Herr vom Armenerziehungsverein kam zwar einmal pro Jahr zu Besuch, doch der Bub konnte sich ihm nicht anvertrauen.

Einen weiteren Pflegeplatzwechsel erlebte Max Schmid 1947, als Fünfzehnjähriger. Auf einem Bauernhof im selben Kanton mit fünfzehn Stück Vieh und Pferden war er eine billige Arbeitkraft. Er schuftete täglich von drei Uhr morgens bis acht Uhr abends und erhielt dafür alle zwei Wochen fünf Franken. Die Kleider bekam Max Schmid auch hier vom Armenerziehungsverein.

Auch in der Lehre als Mechaniker, die er 1948 begann, war er der Prellbock des Meisters. »Der wusste, wer ich bin und dass er mit mir machen kann, was er will«, meint Max Schmid. Er wohnte während der Ausbildung einige Monate bei seiner Großmutter und danach, ab Ende Jahr, bei einer Witwe. Dort fühlte er sich gut aufgehoben. 1952 bestand er die Lehrabschlussprüfung mit Bravour und ging anschließend ins *Welschland.* Mit zwanzig Jahren erfuhr er beiläufig, dass er nun nicht mehr unter Vormundschaft stand.

Da Max Schmid in der Schule immer gute Leistungen erbracht

hatte, bildete er sich entsprechend weiter. Er besuchte das Abendtechnikum, war sprachgewandt, aber die Vergangenheit holte ihn ein. Wer zu jener Zeit eine gute Stelle bekommen wollte, musste einen entsprechenden Rang im Militär vorweisen können. Eine militärische Laufbahn nach einer Bevormundung war damals undenkbar. Durch die Bevormundung wurden Max Schmid sämtliche Karrieremöglichkeiten verwehrt. »Das hat mein Leben zerstört«, sagt er.

Heute hat Max Schmid zwei erwachsene Söhne. Er ist pensioniert und lebt mit seiner invaliden Frau im Kanton Zürich. Täglich fährt er mit ihr zum Einkaufen. »So kommt sie nach draußen unter die Leute.«

Einen Traum will sich Max Schmid noch erfüllen: ein Buch über seine Erlebnisse schreiben. Der Mann, der ihm dabei helfen wollte, starb unerwartet an einem Hirnschlag. Max Schmid schrieb allein weiter und hat seine Lebenserinnerungen nun zu Papier gebracht. Jetzt fehlt ihm nur noch ein Verleger.

Elisabeth Grob

Walter Zürcher*, 1928, Bern

»Ich habe nicht rebelliert, das hätte ja nichts genützt«

Weihnachten ist ein Stichwort, bei dem Walter Zürcher aufhorcht: In seiner Kindheit konnte er Weihnachten nicht erleben, er wurde bei der zweiten Pflegefamilie zum Skifahren geschickt, während die Mutter, der Vater und die beiden Söhne feierten: »[...] die haben dann Weihnachten gefeiert. Und mir haben sie gesagt, ich müsse skifahren gehen. Ich musste hinaus. Ich habe nichts bekommen. Nicht einmal Schokolade. [...] Ja, das war immer so. Ich war ein guter Skifahrer, gottlob. Ich bin dann gegangen, aber es hat mir trotzdem weh getan, nicht zu feiern mit der Familie.« Auch der Geburtstag wurde nie gefeiert, was für ihn ebenfalls erniedrigend war. Seit Walter Zürcher verheiratet ist, sind ihm deshalb Familienfeste wichtig – er legt großen Wert darauf, dass sie immer gefeiert werden.

Walter Zürcher wurde 1928 als viertes von acht Kindern geboren. Er war sieben Jahre alt, als sein Vater im Alter von 36 Jahren starb. Die Mutter, welche fortan als Putzfrau und Tagelöhnerin arbeitete, konnte nicht für acht Kinder aufkommen. Aus diesem Grund wurden zuerst sechs Geschwister als Verdingkinder fremdplatziert, später auch die älteste Tochter, die anfangs zuhause war und sich um die jüngste Tochter kümmerte.

Walter Zürcher kam zuerst zu einem Ehepaar im Kanton Bern, bei welchem auch der Bruder des Pflegevaters wohnte. Die beiden erwachsenen Kinder waren bereits ausgezogen, kamen jedoch ab und an zu Besuch. Zu Beginn hatte Walter Zürcher eine gute Zeit bei dieser Familie: Er musste lediglich eine Stunde pro Tag arbeiten, denn sie hatten nur eine Kuh und eine Ziege, die es zu versorgen galt. Die Pflegemutter mochte er sehr gern, er hätte sie sogar als richtige Mutter akzeptiert. Sie war liebevoll, intelligent und half ihm stets bei den Hausaufgaben.

Nach einiger Zeit kam jedoch die Wende: Der Pflegevater zwang Walter Zürcher regelmäßig, ihn manuell zu befriedigen. Er rief ihn jeweils unter dem Vorwand, im Stall etwas helfen zu müssen, zu sich: »Das war schlimm. Er hat mich gepackt. Ich müsse im Stall helfen. Wegen einer Kuh muss man nicht helfen. [...] Richtig brutal hat der mich jeweils rangezogen.«

Die Pflegemutter muss die Szenerie eines Tages beobachtet haben, denn plötzlich haben ihn die Pflegeeltern fortgeschickt; angeblich, weil es keine Arbeit mehr gebe – dabei musste er sowieso fast nie arbeiten. Der Pflegevater hat ihm beim Abschied ein Fahrrad geschenkt, wahrscheinlich, damit er den Mund hielt, vielleicht aber auch aus schlechtem Gewissen.

Mit zwölf Jahren kam Walter Zürcher in die zweite Pflegefamilie, ebenfalls im Kanton Bern. Das Ehepaar hatte zwei kleine Söhne, und ein Bruder des Pflegevaters arbeitete dort als Knecht. Es war ein mittlerer Betrieb mit elf Kühen, drei Kälbern, einem Kaninchen und Hühnern. Hier herrschte eine andere Atmosphäre als in der ersten Familie: Walter Zürcher musste von sechs bis acht Uhr morgens im Stall arbeiten, danach eine halbe Stunde zur Schule laufen, am Mittag zurück zum Mittagessen, anschließend bis um vier Uhr zur Schule und dann ohne Pause wieder an die Arbeit bis acht oder neun Uhr abends. Um zehn Uhr machte er, völlig erschöpft, seine Hausaufgaben. Freizeit existierte nicht mehr, er war nur noch zum Arbeiten und für die Schule da.

Hinzu kam, dass er keinerlei Zuneigung oder Zärtlichkeit von der Familie erfuhr; er war einfach ihr Angestellter. Er wurde zwar nicht geschlagen und bekam genug zu essen, aber die Demütigungen und das Ausgeschlossenwerden wurden besonders an Tagen wie Weihnachten und dem Geburtstag deutlich. Er gehörte nicht zur Familie und das wurde ihm immer wieder gezeigt.

Seine leibliche Mutter sah er höchstens einmal im Jahr, und auch zu seinen Geschwistern hatte er keinerlei Kontakt. Es verletzte ihn sehr, dass seine eigene Mutter nie Zeit für ihn hatte und es ihr egal zu sein schien, wie es ihm ging. Ein einziges Mal durfte er eine Woche lang zu ihr in die Ferien – dies sei eine der schönsten Wochen seiner Kindheit gewesen.

Der Kontakt zu anderen Kindern war ihm verwehrt; er hatte keine Zeit zum Spielen. Die einzige Vertrauensperson war ein Schulfreund aus der Nachbarschaft: »Der Einzige, den ich hatte, wenn ich zur Schule ging. Immerhin noch den. Sonst nichts. Ja, es waren traurige Sachen.«

Walter Zürcher hat – mit einer Ausnahme – nie rebelliert und hat sich nie gewehrt, denn es hätte seiner Meinung nach nichts geändert. Erst mit sechzehn Jahren, als er eine Lehre beginnen wollte und ihm das nicht erlaubt wurde, beschwerte er sich. Belohnt wurde er mit einem Fußtritt in den Hintern und der Antwort, er müsse noch ein Jahr dableiben und arbeiten.

Somit musste er »den Knecht spielen«, bis er siebzehn Jahre alt war. Seine zuvor guten Schulnoten hatten sich nach dem Wechsel zur zweiten Familie rapide verschlechtert, weil er unter den herrschenden Bedingungen keine Leistung mehr erbringen konnte und ihm im Gegensatz zur ersten Pflegefamilie niemand mehr half. Seinen Wunschberuf Lehrer musste er deshalb begraben und eine Lehre als Dachdecker absolvieren. Dennoch bedeutete die Lehre für ihn Freiheit und einen Neuanfang – endlich war er nicht mehr der unmündige, ungeliebte Knecht, sondern konnte beweisen, was in ihm steckt.

Berufliche Anerkennung ist ihm bis heute sehr wichtig, denn in seiner Kindheit und Jugend erhielt er das nicht. Er arbeitete sein ganzes Leben bis zur Pensionierung sehr hart. Das war er sich gewohnt von der Zeit als Verdingkind bei der zweiten Familie. Er wurde Präsident des Dachdeckerverbands, Oberleutnant bei der Feuerwehr und Geschworener beim Arbeitsgericht.

Heute lebt Walter Zürcher mit seiner ebenfalls pensionierten Frau im Kanton Zürich. Die vier Töchter sind alle berufstätig und von zuhause ausgezogen. Walter Zürcher ist es sehr wichtig, dass es seinen Töchtern gut geht; sie sollten eine unbeschwerte Kindheit und Jugend erleben und beruflich alle Möglichkeiten ausschöpfen.

Nicolette Seiterle

Hans Crivelli, 1922, Zürich

»Das möchte ich nie mehr erleben«

Von seiner frühen Kindheit weiß Hans Crivelli nicht mehr viel. Seine Mutter und sein Vater waren Tessiner, und er hatte eine zwei Jahre ältere Schwester. Er kann sich noch erinnern, wie er als Vierjähriger sein Zuhause verlassen musste. Seine Eltern stritten sich immer wieder. »Dann verreiste der Vater, die Mutter ging später auch, und ich war mit meiner Schwester bei den Großeltern. Und dort auch nicht lange. Ich kann mich gut erinnern, dass wir dann einfach in den Zug gesetzt wurden und nach Zürich kamen, in ein Kinderheim.«

In diesem Kinderheim fühlte sich Hans Crivelli eingesperrt. Dazu kam, dass alle anderen Kinder Deutsch sprachen und er und seine Schwester kein Wort verstanden, da sie nur Italienisch sprachen. Er fühlte sich allein und isoliert. Nach einem halben Jahr in diesem Kinderheim wurden Hans Crivelli und seine Schwester von einer Frau abgeholt. Diese Frau wählte die beiden aus der Kinderschar als ihre Pflegekinder aus. Hans Crivelli weiß, warum sie sich gerade für ihn und seine Schwester entschied: »Das ist ja logisch, dass sie auf uns zeigte. Wir waren sonnengebräunt.«

Zu Beginn hatten es die beiden Geschwister ganz gut bei ihrer Pflegefamilie im Kanton Zürich. Die Pflegemutter sei »wie eine Mutter« gewesen. Doch eines Tages, Hans Crivelli war etwa zehn Jahre alt, kam der leibliche Vater zu Besuch, der unterdessen von der Mutter geschieden war. Bis jetzt hatte er für seine beiden Kinder je ein monatliches Kostgeld von dreißig Franken bezahlt. An diesem Tag eröffnete er ihnen, dass er ab sofort nur noch für seine Tochter bezahlen würde. Für seinen Sohn könne er nichts mehr zahlen. Die Pflegemutter bot an, dass Hans Crivelli für seinen Unterhalt arbeiten könne. Der Vater stimmte zu, und ab diesem Tag änderte sich vieles. Neben Hans Crivelli und seiner Schwester lebten noch weitere vier Pflegekinder bei dieser Familie. Für alle außer Hans Crivelli wurde Kostgeld bezahlt. Dies bekam er ab sofort zu spüren. Er musste härter arbeiten und wurde als einziger von der Pflegemutter geschlagen. Manchmal so stark, dass er blutete oder Beulen hatte. Die Pflegemutter trank sehr viel Alkohol und war häufig betrunken, wenn sie den Knaben verprügelte.

Die Pflegefamilie lebte auf einem kleinen Bauernhof. Der Pflegvater arbeitete unter der Woche im Elektrizitätswerk, in einer Sägerei und half anderen Bauern, sodass die Arbeiten auf dem eigenen Hof vor allem morgens, abends und an den Wochenenden zu erledigen waren. Hans Crivelli musste vor und nach der Schule immer mithelfen. Und auch am Wochenende, wenn die anderen Kinder spielten, kümmerte er sich um das Vieh oder erledigte andere Arbeiten. Er hatte nur selten Freizeit. In die Kirche ließ die Pflegemutter Hans Crivelli aber gehen. Er war Katholik und ging mittwochs in den Unterricht und sonntags in die Kirche. Obwohl er nicht gerne in die Kirche ging, genoss er es, wenn er jeweils seine schönen schwarzen Schuhe anziehen konnte und nicht den ganzen Sonntag im Stall verbringen musste.

Geschlafen hat Hans Crivelli mit drei anderen Knaben in einem Zimmer, wobei er mit einem das Bett teilen musste. Dieser Knabe war Bettnässer. So hatte Hans Crivelli jeden Morgen ein nasses Hemd, weil der andere Bub ins Bett pinkelte. Von der Pflegemutter bekam Hans Crivelli dann Prügel, weil sie auch ihn beschuldigte, ins Bett gemacht zu haben. Mit dem stinkenden Hemd musste er jeweils zur Schule, denn ein Hemd wurde eine Woche getragen. Waschen konnte er sich nur in der Küche gemeinsam mit den anderen, die Zähne putzte er sich nie. Sein ungepflegtes Auftreten war einer der Hauptgründe, warum Hans Crivelli in der Schule gehänselt wurde. Auch manche Lehrer schikanierten ihn, und er musste immer wieder Prügel einstecken. Wenn er sich zuhause darüber beklagte, hieß es nur: »Du hast Prügel erhalten? Dann kannst du gleich noch mehr haben.« Daraufhin erzählte er seiner Pflegemutter nichts mehr. Überhaupt konnte er sich niemandem anvertrauen. Sein Vormund besuchte ihn etwa vier Mal in all den Jahren, drohte ihm aber: »Wenn du hier nicht gut tust, kann ich auf den Knopf drücken und du bist unten im Tessin in einem Heim.«

Wenn er anderen, zum Beispiel dem Gemeindeweibel, von seiner schlechten Behandlung erzählte, wollte man nichts davon wissen. Laut Hans Crivelli war den meisten das Verhalten der Pflegemutter bekannt, doch Unterstützung bekam er von niemandem. Vom Pflegevater wurde Hans Crivelli nie geschlagen. Er glaubt sogar, »der hatte eher ein wenig Mitleid mit mir. Der ging auch ab und zu einmal mit mir im Wald spazieren und so. Ich bekam immer einen Süßmost und einen Nussgipfel.« Dies schätzte Hans Crivelli, denn zu Essen bekam er nie genug. Trotz der anstrengenden körperlichen Arbeit musste er eigentlich immer hungrig vom Tisch. Um sich ein Stück Schokolade oder ähnliches zu verdienen, ging er häufig zu anderen Leuten und erledigte den Einkauf für sie.

Hans Crivelli besuchte die Sekundarschule und beendete diese, weil dies für das Erlernen eines »rechten Berufes« nötig war, wie es hieß. Hans Crivelli wollte Lokomotivführer werden, und er machte eine Lehre als Eisendreher, da eine Lehre in einem mechanischen Beruf Voraussetzung dafür war. Da er nun in einem Lehrbetrieb arbeitete, war er nicht mehr so viel zuhause. Am Wochenende musste er jedoch immer noch auf dem Hof mithelfen. Mit zunehmendem Alter ging er wenn immer möglich an Sonntagabenden tanzen. Er war ein guter Tänzer, und dieses Hobby bereitete ihm viel Freude.

Mit neunzehn Jahren lernte er seine spätere Frau kennen. Zu Beginn war sie einfach eine Freundin, die ihm zuhörte und Verständnis hatte. Als es ernster wurde, musste er sich Vorwände einfallen lassen, damit er sich mit ihr treffen konnte. So half er ihrem Vater zum Beispiel oft beim Holzen, damit er einen Grund hatte, auch sie zu sehen.

Die Pflegemutter war gegen die Beziehung und versuchte, Hans Crivelli vor seiner Freundin schlechtzumachen. Das war der Auslöser, weshalb der junge Mann mit zwanzig Jahren seine wenigen Dinge zusammenpackte und die Pflegefamilie verließ. Er schlug sich mit verschiedenen Jobs durch, bis er eine gute Stelle als Verkaufs-Chauffeur erhielt. Einige Jahre später ließ er sich umschulen und wurde Textilverkäufer. In der Zwischenzeit hatte er geheiratet, und seine Frau hatte einen Sohn geboren.

1962 übernahmen Hans Crivelli und seine Frau ein kleines Hotel, das sie achtzehn Jahre lang führten. Er hatte in seiner Kindheit und Jugend hart arbeiten gelernt: Dies zahlte sich nun aus. Hans Crivelli verbrachte viele Jahre gemeinsam mit seiner Frau in einem eigenen Haus im Kanton Zürich. Leider ist seine Frau 2007 verstorben. Ohne sie wäre er nie so weit gekommen, denkt Hans Crivelli, und schaut stolz auf sein Lebenswerk zurück. Er hat sich von ganz unten hochgearbeitet, ist aber dennoch bescheiden geblieben. Die grundlosen Prügeleien der Pflegemutter belasten ihn indessen heute noch.

Mirjam Brunner

Hugo Hersberger, 1935, Solothurn

»Das stundenlange Warten, bis er heimkam und mich prügelte…«

Hugo Hersberger wurde als sechstes von zwölf Kindern im Kanton Basel-Landschaft geboren. Er weiß nicht, wie er mit neun oder zehn Jahren ins Solothurnische kam, und nimmt nicht an, dass die Behörden involviert waren. Er wurde wohl von den Eltern weggegeben. Dennoch erhielt er später einmal Besuch von einem Behördenvertreter an seinem Verdingort. Zwei seiner Brüder waren ebenfalls verdingt, und die ein Jahr ältere Schwester wurde zur Adoption freigegeben. Sein Vater hatte eine *Wagnerei* und die Mutter arbeitete als Näherin. Er hat auch später nicht herausgefunden, wieso gerade er verdingt wurde. Ein Erklärungsversuch ist, dass für so viele Kinder in der Nachkriegszeit nicht genug zu essen da war.

Hugo Hersberger war auf einem Kleinbauernhof verdingt, der zu Fuß etwa dreißig Minuten vom Dorf weg lag. Dort war man auf Zwiebeln spezialisiert, wahrscheinlich Saatzwiebeln. Es waren ältere Leute mit bereits erwachsenen Kindern, die ihn aufnahmen. Der alte Bauer war anständig zu ihm, aber die Frau quälte nicht nur ihn, sondern auch ihren Mann. »Der Alte selber – ich sagte *Ätti* zu ihm – […] mit dem kam ich gut aus. Wir gingen in den Wald zusammen, gingen holzen. Im Winter fällten wir Holz und sonst arbeiteten wir auf dem Feld. Mit dem kam ich immer gut aus. Aber sie war ein richtiges *Räf.*« Als Hugo Hersberger dort lebte, erhängte sich der Bauer an der Türfalle im Wohnzimmer. Dem Knaben hatte er erzählt, dass er sich das Leben nehmen wollte, sagte ihm aber auch, er bliebe noch wegen ihm. »Er hat es nicht mehr länger ausgehalten. Und wenn ich noch länger […], dann wäre mir das wahrscheinlich auch passiert.«

Wenn der Knabe körperlich misshandelt wurde, schlug entweder die Frau selber zu oder beauftragte ihren Sohn damit, der dort wohnte, aber tagsüber auswärts arbeitete. »Dann musste ich mich ausziehen, und er nahm mich und tauchte mich mit dem Kopf in den *Zuber*, dann [hat er mich] mit einem Lederriemen und einem Seil geprügelt. Und wenn ich blau war oder geschwollen [...], wenn es schlimm war, durfte ich nicht in die Schule. Und ich durfte niemandem etwas sagen, sonst [...]« Warum der Sohn der Bäuerin ihn bei seinen Prügelaktionen in einem Raum hinter dem Stall kopfüber in einen Zuber mit Wasser tauchte und ihn damit nahe ans Ersticken brachte, kann er sich nicht erklären. »Ich war sowieso immer bewusstlos vom Wasser. Ich bekam keine Luft [...] Ich weiß nicht, was der erzählt hätte, wenn ich einmal nicht mehr aufgestanden wäre.«

Hugo Hersberger glaubt, dass die Prügel des Sohnes auch vor dessen Vater mehr oder weniger geheimgehalten wurden. Wenn er von den Misshandlungen blaue Flecken hatte, behielt man ihn zuhause, sodass in der Schule niemand etwas merkte. Damit er niemandem von den Schlägen erzählte, drohte man ihm mit noch mehr Schlägen. Das Warten auf die Schläge machte ihm große Angst. Die Pflegemutter drohte ihm die Prügel jeweils für die Rückkehr des Sohnes an. »Das stundenlange Warten, bis er heimkam und mich prügelte. Das war das Schlimmste [...].« Die Ängste hatten Bettnässen und Schlafwandeln zur Folge. Hugo Hersberger wusch seine Wäsche, auch die nasse Bettwäsche, auf einem Waschbrett.

Er bekam Schläge, wenn er etwas später als üblich aus der Schule kam. Neben dem Prügeln wurde er oft in seine fensterlose Kammer eingesperrt. Sein Schlafplatz befand sich nicht in einem Zimmer – obwohl es freie Räume im Haus hatte –, sondern in einer Ecke. Es war eine Abstellkammer ohne Fenster. Wenn die Türe geschlossen wurde, dann konnten Kleintiere trotzdem durch den Spalt ein- und ausgehen. »Schließen konnte man die Türe nicht, aber sie zogen eine Kette durch ein Loch, sodass ich nicht hinauskonnte. Ich glaube, ich wäre auch nicht hinausgegangen, wenn sie nicht geschlossen hätten. Meine Angst war zu groß.«

Zu essen gab es nie viel. Vor allem Kartoffeln und Teigwaren, manchmal einen halben *Cervelat*, ein Stück Schnitzel oder ein wenig Gemüse. »Ich getraute mich nicht zu sagen: ›Ich will noch mehr‹, sonst hätte es wieder geknallt. Ich durfte am Tisch kein Wort reden.«

Zum Anziehen gab es für den Knaben nur getragene und alte Kleidung. Die Schuhe waren oft zu klein oder zu groß, und Hugo Hersberger hatte immer wieder blutige Zehen. In der Schule musste er die Löcher in den Schuhen jeweils mit Karton ausbessern.

Sein Wunsch als Kind war es, dass ihn jemand hole oder dass er am Morgen nicht mehr aufwache. Immerhin hat er es geschafft, dem Druck der Frau in einer Hinsicht nicht nachzugeben: Er hat sie nie Mutter genannt, was sie ihm übelnahm und wofür er Schläge bekam. »Geohrfeigt und an den Haaren gerissen, bis sie nicht mehr konnte [...] Dann musste es [ihr Sohn] machen. [...] Sie war behindert und alles. Deshalb konnte sie mich auch nicht mehr selber prügeln.«

Arbeiten musste er wie ein Knecht. »Ich musste *chrampfen*, arbeiten kann man dem nicht sagen, *chrampfen.*« Er musste um fünf Uhr aufstehen und zuerst *grasen*. Dann ging er in den Stall, mistete aus und fütterte und molk die Kühe. Danach brachte er die frische Milch auf dem Rücken vom abgelegenen Hof in die Käserei. Von dort ging er zurück zum Hof und schließlich in die Schule.

In der Schule wurde er nur von einem der drei Lehrer schlecht behandelt. Er war kein schlechter Schüler und zeigte im Sport gute Leistungen. »Ich ging gerne zur Schule, weil ich von dem Sohn fortkam, obwohl ich dort auch ein wenig Prügel bekam.« Später vernahm Hugo Hersberger, dass die Bäuerin dem Lehrer gesagt habe, er könne ihn »herzhaft prügeln«, falls er nicht anständig sei. Was dieser auch tat: »Ich musste bei der Wandtafel vorne auf ein dreikantiges Scheit knien, bis es blutete, bis das Scheit richtig drin war, im Schlitz.« Nach dem

Schulunterricht bekam der Knabe regelmäßig mit einem Lineal oder Rohrstock Schläge auf die Finger. Wenn die Bäuerin dies danach bemerkte, »bekam ich gerade noch mal Prügel«.

Die Aufgaben erledigte er meistens erst am Morgen vor der Schule. In der Schule sei er ein ganz anderer Mensch gewesen, sagt Hugo Hersberger heute. Für diese Zeit konnte er seine Ängste vergessen. »Ich war richtig lebendig. Wir haben Fußball gespielt auf dem Schulplatz. Und auf dem Heimweg wieder ein ganz anderes Spiel [...]« An Schulausflügen durfte der Knabe nicht teilnehmen – das sei nur etwas für Reiche, sagte die Pflegemutter –, sondern musste in dieser Zeit heuen oder auf dem Feld helfen. Zur Schule musste er allein gehen, die Pflegemutter kontrollierte dies immer. Dennoch traf er sich außer Sichtweite mit dem Nachbarsknaben, und sie gingen den Rest zusammen. Er erzählte niemandem von den abendlichen Prügeleien, auch nicht diesem Schulkameraden, der ihn manchmal auf seine Blessuren ansprach, oder dem Lehrer oder dem Pfarrer. Zu groß war seine Angst, es könnte bekannt werden und wiederum Prügel zur Folge haben. Viele im Dorf kannten den Knaben kaum, und wenn sie ihn etwas fragten, ging er schnell weg, so wie es ihm von der Bäuerin und ihrem Sohn befohlen worden war. Dennoch blieb die schlechte Behandlung des Knaben nicht allen verborgen. Ein Nachbarsbauer, bei welchem sie jeweils dreschen mussten, forderte den Knaben immer wieder auf, zu ihm zu kommen. Er sagte, er würde ihm Haus und Hof übergeben, da er keine eigenen Kinder hatte. Doch Hugo Hersberger getraute sich nicht; zu groß war seine Angst.

Nach dem Schulunterricht ging die Arbeit für den Knaben auf dem Feld, im Stall und im Haus weiter. Er wurde für alle anfallenden Arbeiten eingesetzt. Seine Pflegeeltern pflanzten vorwiegend Zwiebeln an, die sie anschließend verkauften. Daneben bauten sie Hafer, Weizen und Kartoffeln an. Ein weiterer Verdienst kam aus dem Verkauf von Kirschen. Alle Produkte wurden von den Käufern direkt auf dem Hof abgeholt.

Zum Gottesdienst am Sonntag ging er jeweils allein. Die Bäuerin konnte aus gesundheitlichen Gründen nicht mehr daran teilnehmen. Am Sonntagnachmittag hatte der Knabe frei, doch mit anderen Kindern spielen durfte er nicht, er musste auf dem Hof bleiben. »Ich bin nur herumgesessen und habe geweint und einfach *schaurig* Heimweh gehabt, und kein Mensch hat sich um mich gekümmert.« Feiertage wie Ostern oder Weihnachten wurden nicht begangen, nicht nur Hugo Hersberger erhielt keine Geschenke, sondern auch die Bauernfamilie feierte diese Tage kaum. »Nichts, [die Kinder des Bauern] sind höchstens vorbei gekommen, dann haben sie einen Kuchen aufgemacht und den gegessen.«

Dem Knaben wurde lange erfolgreich eingebläut, dass er bei Besuchen der Behörden oder der Eltern sagen solle, es ginge ihm gut und er müsse nicht arbeiten. Als sein Vater nach langer Abwesenheit einmal zu Besuch kam, war die Bäuerin anwesend. Erst mit vierzehn Jahren, also nach fünf Jahren, ergab sich die Möglichkeit, einen kurzen Moment mit dem Vater allein zu sein. Dabei drohte der Knabe seinem Vater indirekt mit Selbstmord oder sonst einem drastischen Ereignis, wenn er ihn nicht von diesem Ort weghole. Der Vater schätzte die Situation endlich richtig ein und holte den Knaben einige Tage später wieder nach Hause, wahrscheinlich ohne Absprache mit den Pflegeltern.

Hugo Hersberger besuchte mit einem Jahr Verzug von seinem Elternhaus aus die Sekundarschule. Leider nahmen ihn die Geschwister nach fünf Jahren Abwesenheit nicht mehr als Bruder auf, sodass er mit zwanzig Jahren das elterliche Haus verließ. Als später das Erbe seiner leiblichen Eltern aufgeteilt wurde, erhielt er von seinen Geschwistern nichts. »Für mich sind das keine Geschwister.« Nur zu einer Schwester und einem Bruder hat er heute noch Kontakt.

Er wohnte und arbeitete später auf einem Campingplatz in der Region Zürich. Schon während seiner Lehre lebte er im Zelt und arbeitete später als Maler und Tapezierer. Als er gesundheitliche Probleme bekam, zog er ins Tessin und machte sich selbständig.

Hugo Hersberger glaubt, dass die schlimmen Erlebnisse in seiner Zeit als Verdingkind keinen Einfluss auf seine berufliche Entwicklung hatten. Er sagt heute, er sei als junger Mensch wahrscheinlich etwas »eigenartig« gewesen, habe aber später im Umgang mit anderen Menschen keine Probleme mehr gehabt: »Mit meinen Schwiegereltern und Kollegen komme ich gut zurecht.«

Als schönes Erlebnis aus seiner Zeit als Verdingkind ist ihm in Erinnerung geblieben, dass die zwei Töchter des Bauern ihn zwei- oder dreimal in den fünf Jahren in eine Hütte in den Bergen mitgenommen haben. Dort verbrachte er einige glückliche Stunden, ohne Arbeit, ohne Schläge und ohne eingesperrt zu sein.

Von der historischen Aufarbeitung des Schweizer Verdingkinderwesens erhofft sich Hugo Hersberger, dass die Ereignisse von damals an die Öffentlichkeit kommen, aber auch, dass Kinder heute nicht mehr in solche Situationen geraten.

Nach seiner Pensionierung blieb er mit seiner Frau im Tessin. Seine Tochter wurde von ihm nie geschlagen.

Liselotte Lüscher, Loretta Seglias

Widerstand, Flucht und Momente des Glücks

Loretta Seglias

Verdingkinder waren an den verschiedenen Orten ihrer Fremdplatzierung vom Wohlwollen ihrer Arbeitgeber und möglichem Dienstpersonal abhängig. Der Umgang und die Bewältigung des Erlebten, als Kind, aber auch später im Erwachsenenleben, fiel sehr unterschiedlich aus.

Flucht und Widerstand können sowohl aktiv als auch passiv, unspektakulär und unbemerkt, stattfinden. Auch der bewusste oder unbewusste Entscheid, sich nicht aufzulehnen, sich nicht zu wehren, kann eine Bewältigungsstrategie sein. Nachfolgend soll vor allem die Situation in der Pflegefamilie zur Zeit der Verdingung betrachtet werden.

Für diese Art von Bewältigung wird in der Forschung der Begriff Coping oder Copingstrategie verwendet – in Anlehnung an die Stressforschung.[1] Die theoretische Annäherung an Bewältigungsstrategien fand zuerst über die Stressforschung statt. Stress wird dabei von jeder Person unterschiedlich empfunden und löst daher auch unterschiedliche Bewältigungsstrategien aus. Coping bezeichnet diesen Umgang mit Stresssituationen im Alltag, in kritischen Lebenssituationen, nach traumatisierenden Erlebnissen oder einer Herausforderung. Dabei ist im wissenschaftlichen Gebrauch der Vorgang und nicht das Ziel entscheidend, und es ist nicht zentral, ob die Strategie erfolgreich war oder nicht. Dennoch soll bei den folgenden Beispielen wo möglich die Konsequenz der gewählten Bewältigungsstrategien aufgezeichnet werden.

»Ja, geh du nur. Wo willst du hin?«

Das gemeinsame Element aller Erzählungen ist das Gefühl des Ausgeliefertseins: nicht über seine Lebensumstände bestimmen zu können und ungenügend oder gar nicht darüber informiert zu sein. Dies begann meistens bereits mit der ersten Fremdplatzierung. Viele Kinder wurden erst am Tag der Verdingung oder gar erst nach Eintreffen am Verdingort über die neue Lebenssituation informiert. Auch bei guter Behandlung und Aufnahme in einer Pflegefamilie war die Fremdplatzierung ein großer Einschnitt im Leben der Kinder.

Das Gefühl des Ausgeliefertseins und der Machtlosigkeit hielt für jene Kinder an, welche keinen guten Pflegeplatz vorfanden. Neben der harten Arbeit, die bei vielen bleibende körperliche Schäden hinterließ, kam oftmals ein weitreichender Machtmissbrauch durch die zuständigen Erwachsenen hinzu.

Die Reaktionen auf diese oftmals als kaum tragbar erlebte Situation waren unterschiedlich. Während sich einige Kinder offen dagegen auflehnten, passten sich andere der Situation an und entschlossen sich, bewusst oder unbewusst, auszuharren. Auf alle Fälle mussten sie einen Umgang mit der Situation finden, um nicht daran zu zerbrechen. Die Hoffnung auf die Volljährigkeit und die damit verbundene Freiheit half ihnen dabei.

Verdingkinder erlebten ihre Situation häufig als nicht veränderbar, und das wohl zu Recht. Zudem wussten viele Kinder nicht wie es ist, wenn das eigene Handeln positive Wirkung zeigt, also keine Bestrafung nach sich zog, sondern eine Verbesserung ihrer Situation bedeutete. Auch Ferdinand Tauscher dachte zunächst nicht daran, sich zu wehren. »Ich habe das damals irgendwie fast als normal empfunden, dass ich so leben muss.«

Auch fürchteten manche Kinder, dass sich ihre Situation durch eine Umplatzierung noch verschlechtern könnte. Denn immer wieder wurde den Kindern damit gedroht, dass sie, wenn sie sich gegen Missstände wehrten, in eine Anstalt eingewiesen würden. Diese Drohung wirkte selbst bei Eltern, die sich gegen die schlechte Behandlung ihrer verdingten Kinder auflehnten.

Manchmal wurde aufkeimender Widerstand durch eine Bemerkung einfach niedergeschmettert. Herbert Rauch drohte seinen Pflegeeltern damit, zu fliehen, worauf er lediglich die Antwort erhielt: »Ja, geh du nur. Wo willst du hin?« So fügten sich viele Kinder in ihr Schicksal und versuchten innerhalb der vorgegebenen Strukturen zu (über)leben. Der emotionale Rückzug war eine weitere Möglichkeit, sich belastenden Situationen zu entziehen, und sich, für die anderen meist unbemerkt, zu widersetzen. Etwa wenn vor den Pflegeltern keine Emotionen, keine Schwäche gezeigt wurde. Rückzug war also eine weitere Strategie der Bewältigung. Dabei flüchteten sich einzelne Kinder in eine Fantasiewelt. Heidy Hartmann besaß einen imaginären Hund und eignete sich im Laufe der Zeit die Eigenschaft an, in belastenden Situationen ihren eigenen Körper »zu verlassen«.

Neben diesen versteckten Formen des Widerstandes gegen unannehmbare Behandlung leisteten die Kinder auch verbalen Widerstand oder verweigerten sich. Herbert Rauch verweigerte zum Beispiel die Arbeit und kam wiederholt nicht nach Hause, was schließlich in einer physischen Flucht gipfelte. Alfred Ryter wurde jeden Abend in die *Tenne* gesperrt. »Ich habe mich gewehrt, geheult, aber ich hatte keine Chance gegen sie.« Er trat gegen das Tor und schrie, bis er vor Erschöpfung einschlief. Dies ging fortan jeden Abend so, bis er nach einiger Zeit aufgab und sich nicht mehr wehrte.

»Ich lief bei diesen Bauern immer fort«

Nicht alle Kinder empfanden ihre Situation als unveränderbar oder akzeptierten sie. Der physische Fluchtversuch barg bei aller Verzweiflung die Hoffnung auf eine Verbesserung der aktuellen Lebensumstände. Er war ein Hilfeschrei gegen die schlechte Behandlung. Nur wurde er selten als solcher interpretiert und verstanden. Die physische Flucht scheint oftmals eine direkte Reaktion auf ein konkretes Ereignis gewesen zu sein. Das Ziel war es, aus der Situation wegzukommen. Ein genaues geografisches Ziel, etwa zu einer bestimmten Person, gab es dabei nicht immer, wohl auch aus dem Mangel einer Bezugsperson. Herbert Rauch flüchtete in einer Winternacht nur mit dem Nachthemd bekleidet vor einer drohenden Bestrafung. Er musste aber wegen der eisigen Kälte und mangels Alternativen wieder zurückkehren.

Bei Johann Rindisbacher zieht sich die physische Flucht durch seine gesamte Kindheit bis ins Erwachsenenleben. Er lief wegen schlechter Behandlung bei den Bauern weg, wurde aufgegriffen und kam an einen neuen Ort; manchmal auch zu seinem Vater. Dies wiederholte sich einige Male. Schließlich wurde er in einem Erziehungsheim untergebracht. Auch dort fand er einen Fluchtweg. Als er neuerlich aufgegriffen wurde, kam er vor Gericht. Es folgte das Jugenderziehungsheim, ein erneuter Ausbruch zusammen mit anderen Jugendlichen, dann das Gefängnis, erneute Flucht, und schließlich das Zuchthaus. Johann Rindisbachers Hilfeschrei wurde von den Verantwortlichen nicht gehört. Stattdessen wurde er mehr und mehr kriminalisiert, weil er während der Flucht Lebensmittel gestohlen hatte, um nicht zu verhungern.

Die Flucht vom Verdingort ohne konkretes Ziel war meist nicht von Erfolg gekrönt. Wenn es ein Ziel gab, so war dies meistens eine bekannte oder verwandte Person. Ferdinand Tauscher flüchtete mit einem Mofa zu seinen Eltern. Kaum angekommen, schickte ihn seine Mutter wieder weg, aus Angst vor der Reaktion des Vaters. Abgesehen von diesem einen Fluchtversuch bezeichnet sich Ferdinand Tauscher als ruhiges Verdingkind. Erst später wurde sein Verhalten auffälliger und er wurde delinquent. Als Folge davon platzierten ihn die Behörden in einem Jugendheim. Dort beteiligte er sich 1971 im Rahmen der »Heimkampagne« an einem kollektiven Ausbruch, um danach wieder in ein Arbeitserziehungsheim zu kommen.

Die »Heimkampagne« hatte zu Beginn der 1970er-Jahre die Verbesserung der Lebens- und Erziehungsbedingungen der in Heimen platzierten Kinder und Jugendlichen zum Ziel. Es setzten tiefgreifende Reformen ein, welche unter anderem eine deutliche Reduzierung der Gruppengröße, humanere Erziehungsmaßnahmen und die bessere Qualifikation der Betreuungspersonen nach sich zog.

Aber nicht nur Männer wählten die Flucht. Alice Alder etwa flüchtete an einen früheren Verdingplatz, wo sie auch eine Weile bleiben konnte. Neben diesen meist spontanen Fluchtversuchen wählten einige Kinder den Weg über die Fluchthilfe: Sie baten außenstehende Erwachsene um Hilfe. Martha Knopf vertraute sich Dorfbewohnern an und erreichte so eine Umplatzierung. Aber auch diese Strategie führte nicht immer zum Erfolg. Johann Rindisbacher zum Beispiel vertraute sich dem Pfarrer an. Doch dieser wandte sich an die Pflegeeltern des Knaben, was Schläge und schließlich den Verlust des Vertrauens in die Kirche zur Folge hatte. Eine Veränderung der Situation erreichte er aber nicht.

Eine andere Form des Widerstandes war die selbständige Suche nach Lehr- oder Arbeitsstellen. Bis zur Volljährigkeit entschieden die Eltern, die Pflegeeltern, die zuständigen Behörden beziehungsweise der Vormund über die Verding- und Arbeitsorte. Martha Knopf jedoch suchte sich mit achtzehn Jahren selbst eine Anstellung.

Eine weitere, tragische Form der Flucht war schließlich der Selbstmord. Die Zahl jener, die sich als junge Menschen das Leben nahmen, ist nicht unbedeutend. Viele Betroffene berichteten in den Gesprächen von Suiziden in der Familie. Dabei schieden die Betroffenen meist nicht während der Verdingung aus dem Leben, sondern als junge Erwachsene.

Angesichts der schwerwiegenden Kindheitserlebnisse und der Versuche, damit umzugehen, stellt sich die Frage, welche unbeschwerten und glücklichen Momente die Verdingkinder erlebt haben. Rückblickend finden die Betroffenen immer wieder Momente des Glücks. Dabei waren Glück und glückliche Momente für jeden etwas anderes.

Glück konnte bedeuten, wenn jemand von einem schlechten Verdingplatz an einen guten Ort umplatziert wurde. Glück konnte auch die Heimkehr zu den leiblichen Eltern sein oder das Erreichen der Volljährigkeit und die damit verbundene Freiheit. Häufig fanden die Verdingkinder das Glück aber nicht in existenziellen Veränderungen, sondern in kurzen Momenten. Marianne Lauser zum Beispiel erinnert sich an ihren ersten Pflegevater, der ihr die Berge zeigte und sagte, dies alles gehöre ihr, denn es sei ihre Heimat. »Das ist alles meins. Der Berg ist meiner und die Alpenrosen sind meine. Das war ganz gewaltig. In diesem Moment war ich glücklich.« Heidy Hartmann verbrachte die glücklichsten Tage ihrer Kindheit in den Ferien bei ihrem Patenonkel, der sie eigentlich bei sich hatte aufnehmen wollen.

Für Alfred Ryter waren die Treffen mit seinen Brüdern kurze Momente des Glücks. Für Herbert Rauch waren dies die Tage, an denen er bei anderen Bauern aushelfen durfte oder die Zeit in der Sonntagsschule. Die Erinnerung an unbeschwerte Momente und Ereignisse halfen den Verdingkindern ein wenig, die jeweiligen Lebensumstände besser zu ertragen.

»Ich hatte doch nie gelernt, was Verantwortung ist«

Erlebnisse in der Kindheit prägen die Menschen ein Leben lang. Die als Kind benutzte Bewältigungsstrategie setzte sich oftmals im Erwachsenenleben fort. Sei es Flucht, Widerstand oder aber »sich in die Situation fügen«. Die Lebensausschnitte zeigen aber immer wieder auch Brüche mit diesen Strategien auf. Das unterstützende Einwirken von Drittpersonen ist dabei meist entscheidend, sei dies durch eine nahestehende Person oder von professioneller Seite. Vielen half auch der Glaube – es musste nicht unbedingt die Institution Kirche sein – über das Erlebte hinweg.

Bei Johann Rindisbacher setzte sich die Flucht, wie bereits beschrieben, in Form einer kriminellen Laufbahn fort. Die Flucht war seine Bewältigungsstrategie und sie zog sich durch alle Bereiche seines

Lebens. Er verließ Frau und Kind, hielt es an keinem Ort lange aus und wechselte häufig die Stelle. »Ich hatte doch nie gelernt, was Verantwortung ist. Wenn mir etwas nicht mehr passte oder wenn ich Angst bekam oder so, packte ich einfach mein Köfferchen und ging.« Erst seine dritte Ehefrau half ihm aus diesem Teufelskreis der Flucht. Heute lebt Johann Rindisbacher gesetzestreu. An seiner letzten Arbeitsstelle vor der Pensionierung blieb er über zehn Jahre.

Für Frauen konnte die Heirat ein Fluchtweg sein: Einige heirateten sehr jung. Leider verliefen diese Ehen nicht immer glücklich. Rosmarie Schmid hielt als Kind die Misshandlungen und Schläge aus und ließ sie aus Angst vor Konsequenzen über sich ergehen. Als erwachsene Frau jedoch setzte sie sich gegen den prügelnden Ehemann zur Wehr und reichte die Scheidung ein. Dies, obwohl auch er sie massiv bedroht hatte. Heute versucht sie mithilfe einer psychiatrischen Behandlung ihre Erlebnisse aufzuarbeiten und zu bewältigen.

Die Betroffenen begannen in ganz unterschiedlichen Lebensphasen mit der aktiven Verarbeitung ihrer Erlebnisse. Während die einen mit der Mündigkeit damit anfingen, sich oftmals auch entsprechend weiterbildeten und ihr näheres Umfeld über ihre Erlebnisse in der Kindheit informierten – ihr Schweigen brachen –, begannen andere damit zum Beispiel nach einer Scheidung oder nach der Pensionierung, wenn das Berufs- und Familienleben nicht mehr im Vordergrund stand.

Nicht alle Betroffenen bewältigten ihre Erlebnisse und deren Folgen, indem sie anderen davon erzählten. Bis heute haben viele Verdingkinder ihre Erlebnisse für sich behalten. Nur wenige sprechen öffentlich, in Autobiografien oder im Rahmen der hier publizierten Gespräche darüber.

Ferdinand Tauscher*, 1951, Bern

»Also viel Freizeit habe ich nicht gehabt, zwei Jahre lang«

Ferdinand Tauscher kam im Kanton Neuenburg als jüngster von vier Brüdern zur Welt. Sein Vater betrieb ein Restaurant, bis er – der kleine Ferdinand ging damals in die dritte Klasse – wegen Absinthbrennens die Bewilligung verlor. In der Folge wechselte der Vater häufig die Stelle. Die mit den vielen Stellenwechseln zusammenhängenden Wohnortswechsel prägten Ferdinand Tauschers Kindheit. Nachdem die Familie in der näheren Umgebung seines Geburtsortes dreimal umgezogen war, ging sie – ein Jahr nachdem der Vater das Restaurant verloren hatte – in die Deutschschweiz. Der Vater hatte eine Anstellung in Zürich gefunden. Ferdinand Tauscher fühlte sich in dieser Zeit oft allein gelassen. Sein Vater hatte Alkoholprobleme und war oft nicht zuhause: »Die Mutter hat immer alles machen müssen, er ist immer fort gewesen, ich weiß nicht wo.«

Der Knabe verbrachte seine Zeit häufig allein im Restaurant im unteren Stockwerk des Hauses, das seine Familie bewohnte. Als der Vater seine Stelle nach drei Jahren erneut verlor, zog die Familie ins Berner Seeland. Bald darauf eröffnete ihm der Vater, dass er die letzten zwei Schuljahre als Verdingbub bei einem Bauern verbringen müsse.

Ferdinand Tauscher mutmaßt heute, dass sein Vater dafür verschiedene Gründe hatte: »Der Vater hatte schon drei Kinder und das reichte ihm vielleicht.« Ferdinand Tauscher fühlte sich vom Vater nicht richtig angenommen. Als viertes Kind fiel er der Familie, die immer wieder finanzielle Probleme hatte, zur Last. Außerdem wollte der Vater als ehemaliger Bauer, »dass ich als Verdingkind zur einem Bauern gehe, damit ich erfahren kann, wie schwer diese Arbeit ist. Er wollte mich einfach dort hineinpferchen.«

Der mittlerweile Vierzehnjährige zog also wiederum in eine ganz neue Umgebung. Vom Vater wurde er an eine Bauernfamilie im Kanton Bern vermittelt. Dort hieß es für ihn nun jeden Morgen um fünf Uhr aufstehen, um neben der Schule die Arbeiten zu verrichten, die auf einem Bauernhof anfallen. Zusammen mit dem kurz vor der Pensionierung stehenden Knecht mähte er das Gras, heuete, erntete, versorgte die drei Kühe, die acht Mastrinder und die Schweine, fegte den Hof usw. »Für alles, was irgendwie anfiel, musste man hinhalten. Wenn man irgendetwas lesen wollte oder sich hinsetzen, irgendetwas machen, dann sind sie einen sicher suchen gekommen. Da konnte man eigentlich nie weg, man war immer dort. [...] Also viel Freizeit habe ich nicht gehabt, zwei Jahre lang.« Rund fünf und im Sommer bis zu zehn Stunden pro Tag arbeitete Ferdinand Tauscher auf dem Bauernhof.

Neben dem Landwirtschaftsbetrieb führte sein Pflegevater ein kleines Transportunternehmen. Mit seinem großen Lastwagen fuhr er Kies aus. Am Samstag war es jeweils die Aufgabe des Verdingbuben, den Lastwagen zu waschen, zu pflegen und die Garage zu unterhalten. Wenn ein Fenster des großen Garagentors zu Bruch ging – was hin und wieder vorkam – musste er von seinem Monatslohn von zwanzig Franken fünf Franken abgeben. Der Pflegevater zeigte sich aber auch hin und wieder erkenntlich für die harte Arbeit, indem er dem Knaben ab und an ein Eis spendierte, wenn er seine Sache gut gemacht hatte.

Im Übrigen empfand Ferdinand Tauscher das Verhältnis zur Pflegefamilie, zu der auch drei jüngere Kinder zählten, als kühl und distanziert. Zwar saß er mit ihnen am Tisch und verbrachte auch die Festtage mit ihnen, aber »sie haben mich schon merken lassen, dass ich nicht zu ihnen gehöre«.

Auch die Leute aus dem Dorf und die Schulkameraden waren zuerst distanziert. Doch dank seines bisherigen Lebensweges durch verschiedene Teile der Schweiz hinterließ er bald einen positiven Eindruck. Er galt als Städter und erzählt, »das hat diese Landleute schon irgendwie beeindruckt«. Auch die Freundschaft, die sich zwischen ihm und dem Sohn eines Großbauern entwickelte, half ihm, sich ein Stück weit ins Dorfleben zu integrieren. Diese Beziehungen ersetzten aber nicht den Kontakt zur eigenen Familie, den er sehr vermisste. Er sei »aus dem ganzen Familienleben eigentlich herausgerissen worden, wie wenn einer im Gefängnis war«.

Obschon er unter der harten Arbeit litt, die lebenslange Rückenschmerzen zur Folge hatte, begehrte Ferdinand Tauscher kaum auf. »Ich habe das damals irgendwie fast als normal empfunden, dass ich so leben muss.« Allerdings wurde ihm seine Situation als Verdingkind doch hin und wieder schmerzlich bewusst. Etwa wenn Studenten zum Landdienst auf den Bauernhof kamen und statt der geplanten zwei Wochen nur zwei Tage blieben, weil sie sich beim Mähen an den scharfen Stoppeln die Beine blutig schnitten oder der harten Arbeit überdrüssig wurden. »Da habe ich schon gemerkt, dass ich bleiben muss und die können kommen und wieder gehen.« Ein einziges Mal nahm er Reißaus und fuhr mit dem Mofa zu seinen Eltern. Als ihm die Mutter aber andeutete, dass es ein großes Donnerwetter geben würde, falls der Vater von dieser Aktion erfahren sollte, kehrte er wieder um. Er war bereits auf dem Rückweg, als sich die Pflegefamilie nach seinem Verbleib erkundigte.

Während der Zeit als Verdingkind war Ferdinand Tauscher nach eigener Einschätzung »ein Ruhiger«, der sich in die Situation fügte. Später, während der Ausbildung zum »Serviceman« – eine Art Tankwartlehre – schlug er ziemlich über die Stränge. Er entwendete Autos aus der Garage, in der er arbeitete, und fuhr heimlich ohne Führerschein damit herum, frisierte Mofas und klaute hin und wieder etwas. Sein delinquentes Verhalten bringt er heute mit seinen Erfahrungen als Verdingkind in Zusammenhang. Er habe auch haben wollen, was andere hatten: »Dass ich das Auto und die Sachen gestohlen habe, ist vielleicht mein Lohn dafür gewesen, dass ich damals so hart habe arbeiten müssen.« Überdies habe auch das Desinteresse des Vaters einen Einfluss auf diese negative Entwicklung gehabt: »Mein Vater hat sich eigentlich nie darum gekümmert, was aus mir wird [...] Er ist nicht eingeschritten, hat sich einfach davor gedrückt.«

Als seine Vergehen aufflogen, musste Ferdinand Tauscher seine Lehre abbrechen und wurde in ein Jugendheim geschickt. Er hielt es dort bald nicht mehr aus, nahm mehrfach Reißaus und wurde immer wieder straffällig, bis er schließlich in ein geschlossenes Arbeitserziehungsheim im Raum Zürich eingewiesen wurde. Hier sei es hart gewesen, erinnert sich Ferdinand Tauscher, es herrschte Disziplin: »Wenn man dort nicht pariert hat, hat man also eine geknallt gekriegt.« Im Arbeitserziehungsheim begann er eine Lehre als Metallbauschlosser / Schmied.

1971 beteiligte er sich an einem kollektiven Ausbruch, der im Rahmen der sogenannten »Heimkampagne« von Vertretern der Zürcher 68er-Szene organisiert wurde. Die Burschen wurden während zwei Wochen zuerst im Toggenburg, dann im Tessin versteckt. Die Heimkampagne forderte tiefgreifende Veränderungen im Erziehungsheimwesen, und die Knaben dienten ihr als Druckmittel. Nach diesem Abenteuer wurde Ferdinand Tauscher in ein anderes Arbeitserziehungsheim verlegt, wo er seine Lehre als Schmied mit einer sehr guten Note abschloss.

Der junge Mann arbeitete sich langsam hoch, fand zunächst temporäre Anstellungen, wurde Chef in einer Trocknungsfirma, kündigte dort aber wegen Meinungsverschiedenheiten.

Als sein erstes Kind unterwegs war, bemühte er sich um eine sichere Arbeitsstelle und fand diese bei einem Umwelttechnikunternehmen im Berner Seeland. Bis heute arbeitet er bei dieser Firma und ist als Servicemonteur und Techniker in der ganzen Schweiz tätig. Dass er nun diesen Beruf ausübt, habe ebenfalls mit seiner Jugend zu tun. Er werde hin und wieder gefragt, wieso er in seinem Alter beruflich so viel umherreise. Vielleicht sei dies so, weil er in seiner Jugend so häufig die Umgebung wechselte und er nun stets das Gefühl habe, weiter umherziehen zu müssen.

Was Ferdinand Tauscher zurzeit stark beschäftigt, ist die Ausbildungssituation seiner achtzehn- und zwanzigjährigen Söhne, denn der jüngere hat noch keine Lehrstelle gefunden. Es ist ihm sehr wichtig, für sie da zu sein – wohl weil er selbst so wenig Unterstützung erfahren hat.

Remo Grolimund

Herbert Rauch*, 1927, Bern

»Mich haben sie ja genommen, um etwas zu verdienen, sonst für nichts«

Herbert Rauch wurde verdingt, weil die Mutter bei der Geburt des zwei Jahre jüngeren Bruders starb. Er hat keine Erinnerungen an seine Mutter. Dass er zwei Geschwister und zwei Halbgeschwister hat, erfuhr Herbert Rauch erst viele Jahre später. Er hat sie nur ein einziges Mal im Leben gesehen und hat keinen Kontakt zu ihnen.

Herbert Rauch erinnert sich, dass er als Dreijähriger im Kanton Bern bei einer Pflegefamilie war. Eines Nachts ging es zu Fuß zu einem Bauern, bei dem er die nächsten dreizehn Jahre seines Lebens verbrachte. Es war ein kleiner, verschuldeter Landwirtschaftsbetrieb mit vier oder fünf Kühen. Von der Pflegemutter erfuhr er irgendwann, dass dieser Platz für ihn durch ein Inserat in der Zeitung gefunden worden war. Die ersten drei, vier Jahre hat Herbert Rauch in positiver Erinnerung. Die Situation änderte sich aber, als die Pflegeeltern selber Kinder bekamen und er schulpflichtig wurde. Von nun an musste er im ungeheizten *Gaden* schlafen und um fünf Uhr aus dem Bett, um beim Grasmähen zu helfen. Als die leiblichen Kinder der Pflegeeltern älter wurden, mussten auch sie arbeiten, jedoch nicht gleich viel wie er. An ihm blieben insbesondere die schmutzigen Arbeiten hängen. Er bekam oft zu hören: »Wir haben dich nicht, um da herumzuspazieren«, oder seitens der Kinder: »Ja, wofür haben wir denn den?«

Immer wieder geschah es, dass die Zeit fürs Frühstück nicht reichte. Herbert Rauch steckte sich dann gekochte Kartoffeln in die eine Hosentasche und ein wenig Salz in die andere. In der Scheune langte er zudem beim Viehfutter zu. Meistens kam er zu spät zur Schule, was eine Kettenreaktion auslöste: Während des Unterrichts musste er zur Strafe hinten im Zimmer gegen die Wand schauend stehen und am

Mittag eine halbe Stunde nachsitzen, was zuhause wiederum Schläge zur Folge hatte. Überhaupt waren Schläge für den Knaben an der Tagesordnung. In einem Wutanfall schlug ihm der Bauer eines Tages mit einer Hacke den Kopf blutig. Es kam auch vor, dass Herbert Rauch an einen Pfosten gebunden und mit einem nassen Seil geschlagen wurde. Die Pflegemutter war jähzornig und hatte eine besondere Methode der Bestrafung: Sie packte ihn am Kragen und schleuderte in rückwärts in die Tischecke. Er hatte früh mit Rückenproblemen zu kämpfen und führt das auf diese Misshandlung zurück.

Der Knabe wurde auch stundenlang in den Schweinestall zur Muttersau oder in den Keller gesperrt, wo er Kartoffeln entkeimen musste. Einmal flüchtete er zur Winterszeit bei Minustemperaturen, barfuß und nur mit dem Nachthemd bekleidet, vor einer drohenden Strafe und versteckte sich während Stunden. Der Kälte wegen musste er ins Haus zurück, wo er mit zwei, drei Ohrfeigen empfangen wurde.

Die Familie gehörte zu einer Sekte und gab sich gegen außen strenggläubig. Zuhause hatte das Ehepaar jedoch oft heftige und handgreifliche Auseinandersetzungen. Herbert Rauch erlebte dies wiederholt und stand dabei jeweils große Ängste aus. Auch sonst hatte er es schwer. Die Kinder der Pflegeeltern merkten schnell, dass man ihn als Sündenbock benützen konnte, und machten davon eifrig Gebrauch. Die Mitschüler plagten ihn, versteckten manchmal Gegenstände in seinem Schreibtisch und stellten ihn dann als Dieb hin, was stets Schläge nach sich zog.

Der Armenvater kontrollierte regelmäßig den Platz. Die Pflegeeltern aber zeigten ihm jeweils den Kleiderschrank und das Zimmer der eigenen Kinder, und der Armenvater war überzeugt, dass er es dort gut hatte. »Dabei gehörte alles den Kindern. Ich hatte schon meine Sachen, vielleicht ein oder zwei Paar Hosen. Bis ich aus der Schule kam, habe ich wohl ein- oder zweimal eine neue Hose erhalten.«

Herbert Rauch hatte zu niemandem Kontakt und konnte sich niemandem anvertrauen. Der Umgang mit anderen Leuten war ihm nämlich verboten worden. Herbert Rauch denkt heute, dass er deswegen sein Leben lang ein Einzelgänger geblieben ist. Als einziger Verdingbub und durch die Sektenzugehörigkeit der Pflegeeltern war er auch in der Schule ein Außenseiter. Wegen eines Unfalls lag der Knabe für sechs Wochen im Spital. Während der ganzen Zeit erhielt er keinen Besuch.

Die schönsten Momente erlebte Herbert Rauch in der Sonntagsschule oder wenn er bei Nachbarn als Arbeitskraft aushalf. Da hatte er freundliche Menschen um sich und erhielt genügend zu essen. Auch wenn Besuch kam oder der Metzger auf dem Hof war, verbrachte Herbert Rauch angenehme Stunden, weil er für diese Zeit in Ruhe gelassen wurde. Zeit zum Spielen oder Freizeit hatte Herbert Rauch nie. Im Alter von 29 Jahren hatte er zum ersten Mal in seinem Leben Ferien.

Herbert Rauch lehnte sich ab und zu auf und drohte damit, wegzulaufen. »Dann hat es jeweils geheissen: ›Ja, geh du nur. Wo willst du hin?‹ Und mit der Zeit habe ich mir überlegt: ›Was nützt mir ein anderer Ort? Ich bin ja trotzdem der Verdingbub. Dann treffe ich es vielleicht dort noch schlechter. Dann bleibst du vielleicht besser da und hältst durch.‹« Irgendwann machte er sich sogar auf den Weg in die Fremdenlegion, kehrte aber an der Grenze zu Frankreich wieder nach Hause zurück.

Herbert Rauch konnte aus gesundheitlichen Gründen sein Leben lang nie die Arbeit machen, die er wollte. Er absolvierte zwar eine Lehre als *Wagner*, konnte aber wegen seinen Rückenproblemen kaum eine Arbeit ausführen, was immer wieder zu Stellenwechseln führte.

Dass er ein Verdingbub war, hat Herbert Rauch in seinem ganzen Leben immer wieder in verschiedensten Situationen zu spüren bekommen. An einer Klassenzusammenkunft sprach niemand mit ihm; er wurde einfach ignoriert: »Dann bin ich aufgestanden, habe bezahlt und gesagt: ›Ich komme nie mehr.‹ Und so war es.« Herbert Rauch hat wegen diesen Erfahrungen bis vor wenigen Jahren verschwiegen, dass er ein Verdingkind war. Anfänglich auch, weil er befürchtete, sonst keine Frau zu finden. Seine Ehefrau und seine Kinder wussten nichts davon. Als er schließlich von seiner Kindheit zu sprechen begann, zeigten sie kein Interesse: »Und dann habe ich auch wieder geschwiegen.«

Herbert Rauch lebt heute wieder allein und ist praktisch ohne Kontakte: Seine Ehefrau wurde kurz nach dem fünfzigsten Hochzeitstag aus gesundheitlichen Gründen in ein Pflegeheim eingewiesen, und der Sohn ist vor wenigen Jahren freiwillig aus dem Leben geschieden. »Die Vergangenheit holt mich wieder ein. Ich war früher allein und jetzt bin ich auch wieder allein«, stellt Herbert Rauch resigniert fest.

Marco Leuenberger

Johann Rindisbacher, 1938, Bern

»Arbeitete ich viel, bekam ich Schläge, arbeitete ich nicht, bekam ich auch Schläge«

Mit viereinhalb Jahren wurde Johann Rindisbacher von seiner Mutter zu einem Bauern ins Emmental gebracht. »Meine Mutter brachte mich mit einem Körbchen und einem Säckchen weg und kam nicht mehr zurück.«

Er war das vierte Kind, sein Vater war Melker und seine Mutter Magd. Die Eltern konnten ihre Kinder nicht ernähren, und so kam es, dass sie Johann Rindisbacher verdingten. Es war von der ersten Stunde an schlimm bei der Pflegefamilie. Er bekam kein Zimmer im Haus, sondern schlief in einer kleinen Kammer im Stall auf einem Strohsack. Er aß in seinem Kämmerlein und durfte nicht mit den anderen in der Küche am Tisch essen. Von Anfang an half er mit, und je größer er wurde, umso härter musste er arbeiten. Er erledigte alle in einem Landwirtschaftsbetrieb anfallenden Arbeiten. Wenn es viel zu tun gab, ging er nicht zur Schule. Darauf reagierten aber weder Lehrer noch Behörden, da sie diese Behandlung guthießen.

Zu dieser Zeit war Johann Rindisbacher noch Bettnässer. Wenn das Bett nass wurde, tauchte ihn der Bauer kopfüber in den Brunnen – Sommer wie Winter. Um das Bettnässen zu verhindern, klemmte ihm der Bauer eine Wäscheklammer ans Glied, was Schmerzen und Probleme beim Urinieren zur Folge hatte, die Johann Rindisbacher auch im Erwachsenenalter noch quälten. Zudem wurde er oft und heftig geschlagen und das nicht nur mit bloßen Händen, sondern auch mit einem Lederriemen oder einem Stock. Einmal vertraute er sich dem Pfarrer an. Doch nach einem Besuch dieses Pfarrers auf dem Hof erhielt er Schläge und damit war sein Vertrauen in die Kirche gebrochen.

Johann Rindisbacher war fünf Jahre bei dieser ersten Pflegefamilie. Als er älter wurde, begann er zu rebellieren, wollte nicht mehr alles machen, was man ihm befahl, und ging manchmal nicht nach Hause. Aus diesen Gründen wollte die Pflegefamilie ihn nicht länger behalten, und er kam zurück zu seinen Eltern und seinen Geschwistern, die damals auf einem Bauernhof im Jura lebten und arbeiteten.

Zuhause ging es ihm aber auch nicht gut. Er wurde von seinem Vater geschlagen und ging oft nicht zur Schule, wo er anfangs nichts verstand, weil er noch kein Französisch sprach. Seine Mutter ging mit einem anderen Mann fremd und verließ vorübergehend die Familie. Als es überhaupt nicht mehr ging, wurde Johann Rindisbacher erneut verdingt. In der Folge war er bei verschiedenen Bauern, wo er oft nicht einmal ein Jahr blieb. »Ich lief bei diesen Bauern immer fort, und später war ich bei vier oder fünf verschiedenen Bauern im Jura hinten. Ich realisierte irgendwie, dass etwas nicht stimmte, dass alles fehl am Platz war, dass ich eigentlich in eine Familie kommen sollte, in der ich ein bisschen Anschluss hätte und in der ich als Mensch behandelt würde.« Wenn er fortlief, stahl er, um sich zu ernähren.

Schließlich kam Johann Rindisbacher in eine Erziehungsanstalt. Aber da war es auch nicht besser. Der Alltag im Heim war durch harte Arbeit geprägt; die Kinder wurden geschlagen und schlecht behandelt. Johann Rindisbacher sagt, er habe dort alles gelernt, um ein »richtiger Gauner« zu werden. Nachdem er auch aus diesem Heim weggelaufen war und aufgegriffen wurde, kam er vor Gericht und wurde verurteilt. Er kam in ein Erziehungsheim für Jugendliche, das damals den Ruf hatte, fast wie ein Gefängnis zu sein. Nach drei Tagen lief Johann Rindisbacher, der körperlich stark und widerstandsfähig war, auch von dort weg. Er brach die Zellentüre auf und befreite andere Insaßen. Darauf folgte seine erste größere Tour, auf der er in Häuser einbrach und Essen und Geld stahl, um durchzukommen. Als er gefasst wurde, verurteilte man ihn zu drei Jahren in einer Strafanstalt. »Je mehr ich in Strafanstalten kam, umso krimineller wurde ich. Dort lernte ich von den anderen, was man alles machen muss.« Nach einem Ausbruch und einer weiteren Tour kam Johann Rindisbacher ins Zuchthaus. Zu dieser Zeit war er etwa zwanzig Jahre alt.

Nach der Zuchthausstrafe ging es eine Weile besser, er arbeitete an verschiedenen Orten. Doch er machte wieder »Blödsinn« und ging zum ersten Mal ins Ausland, nach Holland. In Holland arbeitete er auf einem Schiff und bei der Sanitätspolizei. In diese Zeit fällt seine erste Ehe mit einer Holländerin, die von einem anderen Mann schwanger war, als er sie heiratete. Er adoptierte das erste Kind, eine Tochter, und sie bekamen noch einen Sohn. Als die Beziehung auseinanderging, blieb Johann Rindisbacher der Arbeit fern und verlor seine Stelle. »Ich war vier Jahre bei der Sanitätspolizei in Holland. Ich war Staatsangestellter, doch ich habe alles kaputt gemacht.«

Einige Zeit lebte Johann Rindisbacher auch in Südfrankreich, wo er sich mit Gelegenheitsarbeiten, Einbrüchen und Diebstählen durchschlug, bis er in Marseille im Gefängnis landete. Dort begann er mithilfe eines Mitgefangenen einen Briefkontakt mit einer Engländerin, die später seine zweite Ehefrau wurde. Sie hatte schon Kinder aus einer früheren Beziehung und mit Johann Rindisbacher noch einen Sohn. Sie lebten einige Zeit zusammen in London und später in der Schweiz, bis Johann Rindisbacher ging. »Ich war nicht sesshaft. Ich ließ diese Frau einfach plötzlich im Stich, mit den Kindern. Ich war zu wenig stabil und ich sah das gar nicht. Ich sah diese Verantwortung gar nicht, wie denn? Ich hatte nie gelernt, was Verantwortung ist. Wenn mir etwas nicht mehr passte oder wenn ich Angst bekam, packte ich einfach mein Köfferchen und ging.«

Johann Rindisbacher lebt nun mit seiner dritten Frau wieder in der Schweiz, im Kanton Schaffhausen. Mit seinen Geschwistern hat er gelegentlich, mit seinen Kindern keinen Kontakt mehr. Er hat aber eine gute Beziehung zu den Kindern und Enkelkindern seiner Frau. Seit er mit seiner jetzigen Frau zusammen ist, geht es ihm gut – seit 28 Jahren. Die letzten zehn Jahre vor seiner Pensionierung arbeitete er bei der Schweizer Post. Er beschreibt sich als vollkommen verändert im Vergleich zu früher. Während ihm seinerzeit das Gesetz keinen Eindruck machte, ist er heute gesetzestreu; er kann nicht anders. Noch immer fällt es Johann Rindisbacher schwer, Vertrauen zu Menschen zu fassen, und er leidet bis jetzt darunter, dass ihm in seinem Leben wiederholt gesagt wurde, er sei nichts wert. Zudem bedauert er, dass sein Potenzial nicht gefördert wurde.

Johann Rindisbacher fordert, dass die Behörden jetzt die Verantwortung übernehmen. Sie hätten nichts gegen die schlimmen Verhältnisse unternommen und diese teilweise gutgeheißen. Er erwartet von ihnen, dass auch sie bei der Aufarbeitung der Geschichte mithelfen, zum Beispiel, indem sie Akten an die Betroffenen herausgeben.

Yvonne Grendelmeier

Martha Knopf, 1930, Bern

»Hin- und hergeschoben«

1935 starb die Mutter von Martha Knopf. Die Viereinhalbjährige wurde daraufhin jahrelang von Verwandten hin- und hergeschoben. Zuerst kam sie für kurze Zeit mit ihrem Bruder zu ihrer Taufpatin. Danach wurden die Geschwister getrennt, und Martha Knopf sah ihren Bruder erst mit sechzehn Jahren wieder. Bis zu ihrem zehnten Lebensjahr folgten Aufenthalte bei einer Tante, bei der Großmutter väterlicherseits sowie bei der ersten und zweiten Stiefmutter, als sich ihr Vater wieder verheiratete, scheiden ließ und erneut eine Ehe einging. Die Verhältnisse an all diesen Orten waren ärmlich. Martha Knopf wurde jeweils ohne Vorwarnung vom einen Ort weggeholt und an einen neuen gebracht. Die genauen Umstände und Gründe für die Umplatzierungen erfuhr das Mädchen nicht.

In Erinnerung geblieben sind Martha Knopf vor allem ihre Aufenthalte bei der Tante sowie bei ihrer zweiten Stiefmutter. Die Tante wohnte im oberen Emmental, hatte zwei Söhne und betrieb zusammen mit ihrem Mann eine *Störschneiderei.* Während ihrer Abwesenheit schaute die Großmutter mütterlicherseits nach den Kindern. Mit fünf Jahren kam Martha Knopf für ungefähr ein halbes Jahr dorthin, zwischen dem siebten und neunten Lebensjahr lebte sie ein zweites Mal dort. Die Tante war streng und hielt Martha Knopf zum Arbeiten an. Sie verrichtete verschiedene Hausarbeiten und schaute zu den beiden Söhnen der Tante, die beide jünger waren als sie. Immer wieder wurde sie von der Tante barsch zurechtgewiesen und geschlagen. Später, als Martha Knopf erwachsen war, entschuldigte sich die Tante bei ihr.

Die zweite Stiefmutter bewohnte mit dem Vater von Martha Knopf das Obergeschoß eines Hauses im unteren Emmental, während im

Untergeschoß deren Eltern wohnten. Hier musste sie zwar weniger arbeiten als zuvor bei ihrer Tante, geschlagen wurde sie aber auch hier. Einmal krachte sie durch die Wucht eines Schlages durchs Fenster. Die Nachbarn sagten danach zu ihr: »Du, gestern hat es stark Krach gegeben bei Euch.«

Auf gravierende Weise machten sich die ärmlichen Verhältnisse bemerkbar. Ihr Vater arbeitete zwar in einer Fabrik, doch Martha Knopf vermutet, dass er einen Großteil seines Lohns vertrank und für den Unterhalt der Familie zu wenig Geld übrig blieb. Die Stiefmutter verlegte sich aufs Stehlen von Lebensmitteln bei Bauern und nahm häufig auch das Mädchen mit. Nachts stahlen sie Kartoffeln, Bohnen und Kohl von den Feldern, Gras für die Kaninchen von den Wiesen und Blumen vom Friedhof. Einmal sollte das Mädchen einem Mann, der wohl eine Affäre mit der Stiefmutter hatte, die Uhr vom Handgelenk stehlen, als dieser sich ausruhte.

Martha Knopf wurde dazu animiert, ihren Mitschülerinnen und -schülern Farbstifte, Radiergummis und anderes zu entwenden. Zwar bemerkten die Mitschüler und Kameradinnen, dass Dinge wegkamen, ob sie wussten, wer das Schulmaterial gestohlen hatte, weiß Martha Knopf nicht; das Stehlen hatte jedenfalls keine Folgen für sie.

Mit zehn Jahren lief das Mädchen zum ersten Mal weg. Doch sie wurde nach kurzer Zeit aufgegriffen und zurückgebracht. Bald darauf flüchtete sie erneut. Nach der Rückkehr sagte ihre Stiefmutter: »Zweimal hast du es versucht, und beim dritten Mal wird es dir gelingen.« Und so kam es dann auch. Beim dritten Mal flüchtete Martha Knopf zu Bekannten im Dorf.

Der Grund für die Flucht war die schlechte Behandlung durch die Stiefmutter. Hinzu kam, dass das Mädchen vom eigenen Vater sexuell missbraucht wurde. Dieser hatte sie bereits vergewaltigt, als sie sechs Jahre alt war, und musste dafür ins Gefängnis. Martha Knopf erinnert sich daran, wie der Vater ihr nachträglich in Anwesenheit der zweiten Stiefmutter Vorwürfe machte: Sie solle sich schämen, den eigenen Vater ins Gefängnis gebracht zu haben. Auch bei der zweiten Stiefmutter kam es wieder zu sexuellen Übergriffen. Martha Knopf wurde dann zu einem Gemeinderatsmitglied gebracht, der sich um das Armenwesen der Gemeinde kümmerte. Noch am selben Abend kamen der Vater und die Stiefmutter, um das Kind abzuholen. Doch die Bäuerin stellte sich ihnen in den Weg: »Also nein, dieses Kind geben wir Ihnen nicht mehr zurück!«

Von dort aus wurde sie einige Tage später an einen neuen Pflegeplatz im Kanton Bern vermittelt. Auch dort dachte Martha Knopf mehrmals ans Weglaufen. Sie entschied sich aber dagegen, weil sie sich davon keine Verbesserung ihrer Situation versprach. Die Pflegefamilie bewirtschafte einen Kleinbauernbetrieb mit zwei Kühen, zwei Schweinen sowie Hühnern. Die Arbeit auf dem Hof wurde von der Pflegemutter, einer Nachbarin und Martha Knopf bewältigt. Der Pflegevater arbeitete hauptberuflich in einer Fabrik.

Bei der Ankunft von Martha Knopf waren beide Pflegeeltern bereits über sechzig, und keines von deren Kindern wohnte mehr daheim. Zunächst war ein zweites Verdingmädchen anwesend, und im letzten Jahr ihres Aufenthaltes wurde auch ihre Halbschwester auf den Hof verdingt. Eine verheiratete Tochter der Pflegeeltern wohnte überdies in unmittelbarer Nachbarschaft; deren Mann half dem Pflegevater oft beim Melken, wenn dieser in der Fabrik arbeiten musste.

Die Pflegemutter achtete streng darauf, dass Kontakte zwischen Martha Knopf und ihrem leiblichen Vater unterblieben. Während eines weiteren Prozesses kam das Mädchen vorübergehend in ein Jugendheim und musste vor Gericht gegen ihren Vater aussagen. Ob er wieder für den Missbrauch an seiner Tochter bestraft wurde, erfuhr sie nie.

Auf dem Gehöft der Pflegeeltern arbeitete Martha Knopf hart. Bereits um sechs Uhr wurde sie geweckt und fütterte nach dem Frühstück die Hühner und Katzen und brachte mit einem Leiterwagen die Milch in die Käserei. Dieselben Tätigkeiten waren auch abends zu verrichten und zusätzlich war noch Holz und Wasser in die Küche zu tragen.

Sie jätete, brachte das Grünfutter ein und half bei der Heu-, Getreide- und Kartoffelernte mit. Zudem arbeitete Martha Knopf bei einem Großbauern als Ausgleich für das Ausleihen eines Pferdes zum Einfahren der Ernte. Dafür erhielt sie jeweils einen kleinen Lohn, den sie behalten durfte. Im Stall, beim Melken und Ausmisten musste sie nie mithelfen.

Die Arbeit auf dem Feld erledigte das Mädchen barfuß. Bis in den Herbst hinein ging sie ohne Schuhe. Den armen Familien bezahlte die Gemeinde jeweils *Houzböde*, die nicht gefüttert waren. Martha Knopfs Kleider kamen von einer Großtante, und sie trug die Socken, die sie selbst im Handarbeitsunterricht gestrickt hatte. Die Pflegeeltern erhielten für die Aufnahme der Kinder ein Kostgeld.

In ihrer Freizeit – jeweils am Sonntag – traf sich Martha Knopf mit ihren Freundinnen zum Spielen. Sie durfte jedoch das Dorf nicht verlassen. Bei den Pflegeeltern erhielt das Mädchen immer genug zu Essen. Butter und Konfitüre zum Frühstück gab es für sie allerdings nur am Sonntag, obwohl beides auf dem Hof hergestellt wurde und die anderen Familienmitglieder jeden Tag davon aßen.

Alles andere als zufriedenstellend war die Unterkunft. Martha Knopf schlief in einem ungeheizten Zimmer und wusch sich in einem Schopf, wo es kein warmes Wasser gab. Die Waschlappen waren im Winter manchmal gefroren. Die Pflegeeltern dagegen wuschen sich im Wohnzimmer, in der Wärme. Martha Knopf wusch sich im Winter nur das Gesicht; baden und Füße waschen tat sie nur im Sommer.

Einmal im Jahr besuchte ein Vormund die Familie. Dieser wandte sich jedoch nur an die Pflegemutter; mit dem Mädchen wechselte er kaum ein Wort. In der Schule hatte Martha Knopf keine Probleme. Mit den Lehrerinnen und Lehrern kam sie gut aus. In der Bezirksschule reichte wegen der Arbeit daheim die Zeit manchmal nicht, um alle Schulaufgaben zu bewältigen. Sie hatte erst abends nach dem Essen und Abwaschen Zeit dafür. Einmal wurde sie von der Pflegemutter um elf Uhr ins Bett geschickt, als sie noch hinter ihren Hausaufgaben saß.

Für die Pflegemutter war es wichtig, dass Martha Knopf im Handarbeitsunterricht gut war, und sie fragte immer nach dem Stand ihrer Arbeiten. Um ihre Pflegemutter nicht zu enttäuschen, log das Mädchen jeweils, was diese aber meistens bemerkte. Zur Strafe erhielt sie eine Ohrfeige oder wurde mit einer Kelle, einer Bürste oder sonstigen Gerätschaften geschlagen. Martha Knopf betont: »Sie haben mich nicht dermaßen geschlagen, dass ich verletzt gewesen wäre. Einfach, wie man sagt, aus der ersten Wut heraus. [...] Eigentlich meinte es unsere Pflegemutter gut mit uns. Ehrlich gesagt wurden wir nicht misshandelt.« Martha Knopf durfte die Bezirksschule besuchen. Nach Meinung der Pflegemutter war der Weg zur Sekundarschule zu weit, worauf Martha Knopf die näher gelegene Bezirksschule im Kanton Solothurn besuchte.

Die gewünschte Lehre als Schneiderin durfte sie nicht machen. Die Schneiderei sei kein einträgliches Geschäft, meinte die Pflegemutter. Damit habe sie wohl recht gehabt, meint Martha Knopf heute.

Auf ihre Kindheit zurückblickend, sagt Martha Knopf: »Als Kind empfindet man vieles als ungerecht, aber mir ging es bei den Pflegeeltern doch besser als vielen anderen Verdingkindern.« Dennoch haben sich bei Martha Knopf mehrmals Personen über die Strenge der Pflegemutter geäußert. Ein Nachbar beanstandete, die Kinder seien nur billige Arbeitskräfte. Und der Schwiegersohn der Pflegeeltern sagte einmal zu ihr, als sie bei ihm zu Besuch war, sie müsse zu hart arbeiten. Konsequenzen hatten diese Aussagen jedoch nicht.

Die Zeit während den Ferien bezeichnet Martha Knopf heute als die härteste. Am glücklichsten war sie, als sie in die Bezirksschule gehen durfte. Nach Abschluss der Schule ging Martha Knopf für ein Jahr ins *Welschland*. Dort fühlte sie sich wohl und gut aufgehoben. Die Meistersfrau hätte sie am liebsten »Mami« genannt.

Zurück bei den Pflegeeltern, sollte die junge Frau nach dem Willen der Pflegemutter eine Verkäuferinnenlehre im Ortsladen beginnen. So hätte sie neben der Arbeit und der Gewerbeschule auch weiterhin auf dem Hof mitarbeiten können. Dies widerstrebte Martha Knopf aber zutiefst. Ihr Wunsch, noch ein zweites Jahr im *Welschland* bei derselben Familie zu absolvieren, wurde erfüllt. Statt wie im ersten Jahr den Haushalt zu führen und die Kinder zu betreuen, half sie nun im dazugehörigen Laden.

Nach Ablauf dieser Zeit bewarb sie sich mit achtzehn Jahren – ohne Rücksprache mit den Pflegeeltern – als Serviertochter in einem Tearoom im Kanton Basel-Stadt und wurde angestellt. Dafür hatte sie die *Bäcker- und Konditorenzeitung* ihres Meisters durchforstet. Da diese Arbeit wenig einbrachte, wechselte sie schon bald – wiederum ohne die Pflegeeltern zu fragen – zum Postscheckamt.

Obgleich Martha Knopf stets davon träumte, von den Pflegeeltern wegzukommen, war das Gehöft trotzdem ein Daheim für sie. Als sie auswärts wohnte, kam sie regelmäßig zu Besuch und verbrachte ihre Ferien dort, und auch nach ihrer Heirat hielt sie den Kontakt aufrecht. Martha Knopf wurde Patin vom Jüngsten des Sohnes der Pflegeeltern. Bis kurz vor deren Tod hatte sie Kontakt zur Pflegemutter.

Zu ihrem Vater hatte sie später keinen Kontakt mehr. Sie hatte das Bedürfnis nicht, und ihre Pflegemutter hatte diese Begegnungen bewusst nicht zugelassen. Mit ihrer Halbschwester, die während einem Jahr gemeinsam mit ihr auf dem Bauernhof verdingt war, hat sie eine gute Beziehung. Sie und ihr Mann sind Patin und Pate von deren jüngstem Sohn.

Die Erlebnisse in ihrer Kindheit haben Martha Knopf »nicht auf die Moral geschlagen«, wie sie heute sagt. Auch für die Situation der Pflegeeltern, die ein Kind aufnahmen, das »bereits einen Charakter« hatte, zeigt Martha Knopf heute ein gewisses Verständnis. Um ihre schlechten Erfahrungen aus der Kindheit zu verarbeiten, waren der zweijährige *Welschland*-Aufenthalt sowie ihre glückliche Ehe von großer Bedeutung. Heute lebt Martha Knopf zusammen mit ihrem Mann in einer Blockwohnung im Kanton Genf.

Edwin Pfaffen, Loretta Seglias

Rosmarie Schmid, 1946, Bern

»Ich hatte nichts von meinem Leben«

Rosmarie Schmid weiß nur, dass sie halbjährig war, als ihr erster Pflegevater sie und eine Kuh, die er gekauft hatte, nach Hause brachte. »Darüber geredet hat er eigentlich nie«, erinnert sie sich. Viel später erfuhr Rosmarie Schmid von ihrer Halbschwester, dass sie damals im *Schweizerbauer* ausgeschrieben war.

Über den Pflegevater erzählt sie: »Er hatte zwei leibliche und fünf Pflegekinder und nahm kein Geld für die Pflegekinder.« Sie fühlte sich bei diesem herzensguten Mann wohl und daheim. Als der Pflegevater sie adoptieren wollte, wurde dies nicht bewilligt mit der Begründung, er sei zu alt. Wenn die Fürsorgebehörde vorbeikam, machte sie das Mädchen schlecht mit Sätzen wie: »Du bist gleich wie deine Alte« oder »Uneheliche sind sowieso nichts wert«. Der Pflegevater wurde wütend und einmal packte er den Fürsorgepräsidenten am Kragen und jagte ihn fort. Daraufhin wurde das zwölfjährige Mädchen dort weggeholt. »Dort hatte ich es wohl zu schön, deshalb nahm man mich weg.« Anders kann sich Rosmarie Schmid ihre Umplatzierung bis heute nicht erklären.

Das Mädchen kam auf einen anderen Hof im Kanton Bern, wo ein Ehepaar mit einem Sohn und dem Großvater lebte. Vom Sohn wurde sie vergewaltigt und bedroht: »Wenn du etwas sagst, dann mache ich dich kaputt!« Schwere Arbeit war für Rosmarie Schmid an der Tagesordnung. Weil die Schule zu kurz kam, musste sie die Hilfsklasse besuchen. »Dort nannten sie mich nur: ›Die Halbschlaue‹.« Schläge gehörten für Rosmarie Schmid zum Unterricht und zum Leben auf dem Hof. In der Schule wurde sie manchmal auch wegen ihren Kleidern ausgelacht: »Ich musste immer altes Zeug anziehen.«

Die Unterwäsche durfte sie nur einmal in der Woche wechseln. Häufig lief sie sich wund, und manchmal konnte sie kaum mehr gehen, weil sie Blasen hatte. »Nicht einmal genügend zu essen bekam ich; da konnte man froh sein, wenn man überhaupt etwas bekam«, erzählt Rosmarie Schmid. Ständig wurde ihr gesagt: »Du bist nichts und du kannst nichts!« – »Für mich war das ein riesiger Unterschied von vorher zu nachher.«

Später bekam Rosmarie Schmid Arbeitsstellen zugeteilt: »Ich wusste nicht einmal, was für einen Lohn ich bekomme!« Die Vormundschaftsbehörde entschied, wo sie hinkam. Bevor sie ihre erste Stelle antrat, hatte sie das dazugehörige Zimmer besichtigt. Doch als sie dann anfing, bekam sie das Zimmer nicht. Im Winter wurde sie absichtlich mit den Halbschuhen zum Holzen mit den Männern in den hohen Schnee geschickt. »Das macht nichts, wenn du verreckst!«

Als Rosmarie Schmid mit achtzehn Jahren einen Mann kennenlernte, der vielversprechend schien – er war der reichste Bauer im Ort – machte die Fürsorgebehörde Rosmarie Schmid schlecht vor ihm.

Die zweite Arbeitsstelle war bei einer Familie mit acht Kindern, die ein Lebensmittelgeschäft besaßen. Dort arbeitete Rosmarie Schmid von früh bis spät. »*Ausgang* gab es da sowieso keinen.« Ständig wurde ihr gedroht, dass sie in ein Heim gebracht werde, und jede Kleinigkeit wurde dem Vormund gemeldet.

Die junge Frau lernte dort ihren ersten Mann kennen und zog mit ihm um. Sie bekam drei Buben, aber weil der Mann den ganzen Lohn versoff, wusste sie manchmal monatelang nicht, was sie kochen sollte. An Weihnachten sei er sowieso immer besoffen gewesen, erinnert sich Rosmarie Schmid. »Ich musste betteln, damit ich für die Kinder zu essen hatte.« Damit wenigstens ein bisschen Geld hereinkam, begann Rosmarie Schmid Uhrenfedern aufzuziehen. »Manchmal bis zu viertausend Stück pro Tag.« Als sie die Scheidung einreichte, drohte ihr Mann, sie kaputt zu machen.

Rosmarie Schmid heiratete erneut und bekam ein Mädchen. Doch auch von ihrem zweiten Ehemann ließ sie sich scheiden und zog an einen anderen Ort. Sie bekam eine Stelle bei den SBB und war acht Jahre für den Barrierenposten verantwortlich. Von ihren Exmännern bekam sie monatlich hundert Franken Alimente pro Kind. »Wenn ich nicht bei den SBB gearbeitet hätte, hätte ich die Kinder nicht aufziehen können«, sagt Rosmarie Schmid heute.

Vom Barrierenposten kam Rosmarie Schmid zu den öffentlichen WCs eines Bahnhofs. Zusätzlich arbeitete sie als Hauswartin. In dieser Zeit geriet ihr ältester Sohn in die Drogenszene. »Zu allem Überfluss erwischte er AIDS.« Weil es mit dem Sohn Probleme gab, wurde Rosmarie Schmid die Wohnung gekündigt. Sie getraute sich danach nicht mehr, ihn in die neue Wohnung zu bringen. Aber das Schlimmste war für sie, dass ihr Sohn täglich am Bahnhof herumhing, wo sie arbeitete. 1996 starb er mit 29 Jahren in einem Heim im Kanton Bern. »Stellen Sie sich vor, dort unten habe ich über zehn Jahre lang gearbeitet.«

Weil ihre Gesundheit nicht mehr mitspielte, kam Rosmarie Schmid in die Büroreinigung der SBB. »Aber weil das auch privatisiert wurde, landete ich doch wieder unten bei den WCs.« Allerdings konnte sie nur noch fünfzig Prozent arbeiten und musste deshalb eine Stelle als Putzfrau annehmen, damit das Geld reichte.

Obwohl Rosmarie Schmid hoffte, dass sie es irgendwann ein bisschen schön hätte, »hatte ich eigentlich nichts von meinem Leben«. Heute ist sie in psychiatrischer Behandlung und versucht unter anderem, mit den Vergewaltigungen in ihrer Kindheit und dem Tod ihres Sohnes fertigzuwerden.

Benedikta Spannring

Erinnern und erzählen

Historisch-sozialwissenschaftliche Zugänge zu lebensgeschichtlichen Interviews

Heiko Haumann und Ueli Mäder

Endlich sprechen können

Edith Däbler (Jahrgang 1945) kam nach dem Freitod ihres Vaters und dem »Davonlaufen« ihrer Mutter in ein Heim, dann in eine Pflegefamilie, während ihre älteren Geschwister auf verschiedene Bauernhöfe verdingt wurden. Sie musste hart arbeiten, doch es ging ihr in der Pflegefamilie sehr gut. Außerhalb der Familie erlebte sie allerdings viele Demütigungen, die psychische Störungen zur Folge hatten. Trotzdem konnte sie schließlich eine gute Ausbildung machen und ein Leben führen, mit dem sie zufrieden ist.

Rückblickend fasst sie zusammen: »Ich denke, man darf nicht den Umständen die Schuld geben und sagen: ›Ich bin halt dazumal so behandelt worden, [...] und wenn ich nicht so erzogen worden wäre, dann würde ich das auch nicht machen.‹ Sondern, ich glaube, wir haben alle eine Verantwortung für unser Leben.«[1]

Jean-Pierre Enz (Jahrgang 1937) antwortet auf die Frage, ob die Kindheit sein Leben beeinflusst habe: »Ja, aber da bin ich wahrscheinlich viel selber schuld.«[2] Dies sind zwei Beispiele, wie das eigene Schicksal gedeutet wird. Jean-Pierre Enz war nach dem Tod des Vaters an mehreren Orten verdingt, hatte ein schweres Leben auf den Höfen, wurde sexuell missbraucht und häufig geprügelt, hatte beruflich zunächst wenig Glück und erreichte erst sehr spät eine gesicherte Stellung. Im Gespräch mit ihm wird deutlich, wie sich der Erinnerungsvorgang vollzieht. Als er gefragt wird, ob er sich noch an die verschiedenen Plätze erinnern könne, denen er zugeteilt worden war, meint er: »Kaum mehr. Aber ich sehe an einem Ort [...] ein großes

Haus und eine Treppe. Ich sehe einen Bauern, welcher den Kühen Gras in den Trog wirft [...]. Aber wie ich nachher wieder aus dem Bett gekommen bin, das ist weg. [...] Die Zeit bis zur Pflegemutter habe ich immer wieder versucht zu verdrängen. Und ich glaube, es ist mir wahrscheinlich eben doch so stark gelungen, dass ich mich gar nicht mehr an vieles erinnern kann. Weil das hat mir jedes Mal wehgetan, wenn ich mich zurückerinnert habe.«[3]

Erinnerung formt sich im Gespräch. Das zeigen die Aufzeichnungen der über 250 Interviews, die im Rahmen des vom Schweizerischen Nationalfonds geförderten Projekts »Verdingkinder, Schwabengänger, *Spazzacamini* und andere Formen der Fremdplatzierung und Kinderarbeit in der Schweiz im 19. und 20. Jahrhundert« (1. April 2005 bis 31. März 2008) geführt wurden. Die 85 Interviewerinnen und Interviewer verwendeten als Methode das leitfadengestützte offene Gespräch.[4] Es hat sich bewährt, im ersten Teil die Befragten aus ihrem Leben erzählen zu lassen. Manche gaben die Geschichten wieder, von denen sie schon häufiger berichtet hatten, in fast eingeübter Weise.

Im Blick auf die interviewende Person und den Zweck des Forschungsprojektes brachten sie plötzlich neue Wendungen hinein. Andere waren froh, endlich darüber sprechen zu können, was sie schon lange quälte, und die Worte sprudelten aus ihnen heraus. Wieder andere suchten nach einem roten Faden, nach den richtigen Ausdrücken, nach der Erinnerung. Nachfragen waren in diesem Teil in der Regel nicht sinnvoll: Die Gedankengänge und Suchprozesse der ehemaligen Verdingkinder wurden dadurch unterbrochen, und es war für sie oft schwierig, ihre Erzählung wieder aufzunehmen. Im zweiten Teil des Interviews, nach Abschluss der Erzählung, half gezieltes Nachfragen auf der Grundlage des Leitfadens das Ganze zu präzisieren, indem sie sich an weitere Aspekte erinnerten. Manchmal wurde sogar ein neuer Erzählfluss ausgelöst.

Subjektive Deutungen

Die Interviews dokumentieren, wie Menschen in Selbstzeugnissen ihrem Leben einen Sinn zu geben versuchen.[5] Subjektive Deutungen entsprechen nicht unbedingt den sozialen Wirklichkeiten. Sie vermitteln die Sicht von ehemaligen Verdingkindern, die ihre subjektive und einzigartige Wahrheit erzählen. Diese Deutungen sind aber ebenso Wirklichkeit wie die sozialen Umstände, in denen die Verdingkinder lebten. Ihr Selbstverständnis formte sich im Laufe der Zeit, veränderte sich teilweise, nicht zuletzt durch Erfahrungen. Die Befragten erzählten, wie sie das Erlebte in eine für sie verständliche Ordnung brachten, wie sie sich ihr Schicksal erklärten, welches das »Leitmotiv« ihres Lebens war[6], wie sie die Welt verstanden – und sei es, dass sie ihr Leben als sinnlos empfanden.

Wenn wir diesem subjektiven Sinn auf die Spur kommen, öffnen sich Welten. Über das Verständnis für den Menschen, dem wir begegnen, erschließen wir seine Auseinandersetzung mit den vorherrschenden Rollen, Normen und Symbolen, öffnen den Blick für soziale Beziehungen, erkennen Netzwerke und Strukturen, entdecken Ordnungsgefüge. Im Biografischen dokumentiert sich immer auch das Gesellschaftliche.[7] Deshalb ist die Analyse einzelner Lebensverläufe im Rahmen der Biografieforschung ein angemessener Zugang zur qualitativen Sozialforschung, die die Menschen in ihrer alltäglichen Umgebung sieht. Die lebensgeschichtlichen Ansätze legen Wert auf das kommunikative Verstehen zwischen allen Beteiligten.[8] Sie sind eine spezifische Form sozialer Annäherung, in unserem Fall über das Gespräch.

Es geht bei den Interviews um den »inneren Blick« als ein Mittel der Erkenntnis und immer auch um einen eigenen Lernprozess.[9] Ein derartiger Zugang über ein persönliches Gespräch zeigt die Wirklichkeit, wie die Menschen sie wahrnehmen und verarbeiten, und die Bedingungen, unter denen die Menschen handeln.[10] Damit dient die Forschung auch demokratischen Zielen.

Erinnerung formt sich im Gespräch

Der Quellenwert von Erinnerungen wird allerdings häufig bestritten.[11] Gewiss können Erinnerungen – wie wir alle wissen – vielfach trügen. Wenn wir jedoch die Geschichte aus dem Blickwinkel der Menschen betrachten und rekonstruieren wollen,[12] müssen wir die Erinnerungen erst einmal »grundsätzlich als richtig« wahrnehmen und dann – wie jede Quelle – kritisch prüfen. Die Erinnerungsforschung hat Kriterien dazu bereitgestellt. Wir greifen einige Punkte heraus: Die Erinnerung an ein Geschehen verändert sich jedes Mal, wenn wir daran denken; Gefühle, die durch die Gesprächssituation entstehen, wirken sich auf die Darstellung aus; Assoziationen, die während des Gesprächs aufblitzen, lassen die Wiedergabe der Erinnerung manchmal wie eine Montage erscheinen; Medien, öffentliche Diskussionen, Normen und Werte beeinflussen das Denken; das soziale Milieu, in dem sich die Befragten (und wir selbst uns) bewegen, prägt die Vorstellungswelten immer wieder neu.[13]

Vergleichen wir die gesammelten Interviews, stellen wir fest, dass bei allen individuellen Besonderheiten immer wieder dieselben Themen auftauchen. Als Beispiele nennen wir die fehlende Zuwendung durch Bezugspersonen; die häufige emotionale Beziehung zu Tieren; Gefühle der Diskriminierung und Zurücksetzung, die teilweise abgelöst werden durch den Stolz, es im Leben doch noch zu etwas gebracht zu haben; die hohe Bedeutung von Strafen und Gewalt, ebenso von sexuellem Missbrauch; Armut; der Stellenwert der Religion; die problematische Rolle der Vormünder und Behörden; Ähnlichkeiten der Überlebensstrategien. So unzuverlässig die Erinnerung im Detail sein kann, lässt sich aus diesen Übereinstimmungen folgern, dass die Erinnerungen der ehemaligen Verdingkinder keineswegs falsch sind. Sie geben nicht nur Auskunft über ihr eigenes Denken und über ihre Vorstellungen, sondern vermitteln auch dichte Informationen über ihre früheren Lebensverhältnisse – sie sind eine erstrangige Quelle.

Einblicke in Lebenswelten

Doch noch mehr: Durch die Berücksichtigung der Aspekte, die die Erinnerungsvorgänge beeinflussen, können wir dem Verhältnis von Erinnerungen eines einzelnen Menschen und denjenigen einer Gruppe, der er angehört, nachspüren. Die Lebenswelten der Akteure mit ihren Netzwerken, gesellschaftlichen Bedingungen, Handlungsspielräumen, Strategien und Deutungsmustern können rekonstruiert werden.[14] Dies bedingt ein strenges und aufwendiges methodisches Vorgehen: Man muss unterscheiden zwischen der Ebene der Erzählung in der Gegenwart, der Ebene des tatsächlich Erlebten und der Ebene der Sinngebung.[15] Darüber hinaus sind Schlüsselerlebnisse und biografische Wendepunkte herauszufiltern, von denen aus die Erinnerungen interpretiert werden können.[16] Für die Würdigung des gesamten Interviews müssen schließlich alle Ebenen wieder aufeinander bezogen werden.

Folgender Auszug aus einem Interview beschreibt ein Schlüsselerlebnis: Clara Bärwart (Jahrgang 1938) wurde nach einem zehnjährigen Aufenthalt im Kinderheim mit vierzehn Jahren dem Vater zurückgegeben, der sich nach dem Tod ihrer Mutter neu verheiratet hatte. Der Vater missbrauchte seine Tochter zwei Jahre lang sexuell, bis sie sich schließlich zur Wehr setzte. Als der Vater die Vorwürfe abstritt, wurde er seiner Tochter vor dem Staatsanwalt gegenübergestellt. Dabei kam es zu einem Wendepunkt, als der Staatsanwalt für kurze Zeit aufstand und aus dem Fenster blickte: »[...] ich schaue zum Vater in diesem Moment und er zu mir, und dann sehe ich seine Augen und die Hände, mit denen er schnell *Bittibätti* macht, und ich hatte das Gefühl, dieser Mensch leidet *wie lätz.* Und dann war es bei mir natürlich vorbei.« Clara Bärwart nahm alles zurück, denn: »[...] das andere war für mich viel stärker, das Gefühl, er leide. Weil ich wusste, was das heißt, wenn man leidet, gell.« Ab diesem Zeitpunkt ist ihr bewusst, dass ihr Leben unter dem Leitmotiv des Leidens steht, und sie interpretiert es vollständig danach; selbst Gefühle der Liebe sind für sie stets mit Leid verbunden. Aus dem Leiden entsteht zunächst ein Gefühl der Ohnmacht und Wehrlosigkeit, dann aber auch eine Überlebensstrategie, die ihr wieder Kraft gibt.[17]

Die Erzählung auswerten

Eine sinnvolle Methode besteht darin, das Interview in Einheiten aufzuteilen, ohne seinen Gesamtzusammenhang aus dem Auge zu verlieren.[18] Streng genommen folgen die Einheiten dem Textprotokoll und werden zunächst jeweils gesondert betrachtet. So bleiben verschiedene Deutungsmöglichkeiten offen und man interpretiert nicht vorschnell. Man kann die Gesprächseinheiten auch zu thematischen Blöcken zusammenfassen. Innerhalb der Gesprächseinheiten oder der Blöcke ist danach zu fragen, ob etwas Erlebtes geschildert wird, ob die damaligen Vorgänge derart beschrieben werden, dass spätere Einflüsse spürbar sind, oder ob argumentiert wird, um irgendetwas zu begründen, dem Geschehen also einen Sinn zu geben. Festzuhalten sind dabei weiterhin emotionale Erschütterungen und Einschnitte, die als Wendepunkte zu verstehen sind. Insgesamt sollte darauf geachtet werden, welche Bedeutung die jeweilige Gesprächseinheit für den Lebenslauf oder für die Selbstdarstellung hat. Im Einzelfall sind diese Ebenen oft schwer zu trennen. Vielfach hilft ein Rückbezug auf die gegenwärtige Situation der interviewten Person, um sich ihre Perspektive bewusst zu machen.

Nützlich ist darüber hinaus eine Untersuchung der sprachlichen Formulierungen:[19] Entspricht der Wortschatz dem Alter und dem Milieu, in dem sich die befragte Person zum Zeitpunkt der Erzählung befand, oder verwendet sie Begriffe und Sprachstrukturen, die einer späteren Zeit entnommen sind und eher der Erklärung des Sachverhaltes dienen? So antwortet Werner Bieri* (Jahrgang 1942) auf die Eingangsfrage, welche Umstände dazu geführt hätten, dass er als Verdingkind aufgewachsen sei, unter anderem, seine Eltern hätten sich scheiden lassen. »Mein Vater wurde natürlich dazu verdonnert, Alimente zu bezahlen. Er hat natürlich nie bezahlt, das ist klar, und wie gesagt, Kriegsjahre [...].« Der Begriff »Alimente« und der Hinweis auf die »Kriegsjahre« deuten darauf hin, dass Werner Bieri hier nicht berichtet, was er unmittelbar erlebt hat, sondern dass er spätere Erklärungen heranzieht, warum es der Familie materiell so schlecht ging, um sich die Gründe verständlich zu machen. An anderen Stellen erzählt er hingegen mit dem Wortschatz eines Kindes, direkt und emotional.[20] Die Einteilung der Aussagen in die einzelnen Ebenen wird einfacher, indem man Anhaltspunkte wie Körperreaktionen, Tonfall – der zum Beispiel Ironie, Wut, Abwertung, Enttäuschung zum Ausdruck bringen kann –, Pausen, Stocken oder immer wiederkehrende Redewendungen beachtet. Dies bedingt eine Videoaufzeichnung des Interviews oder eine sehr genaue Transkription.[21]

Das Geschehen interpretieren

Die Analyse der einzelnen thematischen Blöcke in den Interviews überprüft die eigene Interpretation Schritt für Schritt. Dabei werden die Sinngebung der interviewten Person, ihre Wahrnehmungen und Sichtweisen nachgezeichnet. Zudem werden die äußeren Einflüsse sowie diejenigen Schlüsselerlebnisse und Wendepunkte deutlich, die als entscheidend für das Leben empfunden wurden. Mit der Analyse können das Nicht-Erzählte, Leerstellen und Tabus in der Lebensgeschichte erkannt werden, über die zu reden den Gesprächspartnern schwerfällt. Wenn wir die äußeren Einflüsse bestimmen wollen, müssen wir das Umfeld kennen, in dem sich die Person befand. Wir müssen fragen, ob sie von Medienberichten, Publikationen und öffentlichen Diskussionen zum Thema gewusst hat. Etwas schwieriger wird die Interpretation, wenn es um die Verarbeitung konkreter Erlebnisse geht. Selbst wenn wir einigermaßen zuverlässig bestimmen können, dass die befragte Person sehr dicht am damaligen Geschehen berichtet, können wir nicht ausschließen, dass die Erinnerung trügt. Deshalb müssen wir den Zusammenhang einbeziehen: Erzählungen weiterer Fremdplatzierter zum entsprechenden Thema sowie Aussagen anderer Quellen – von den Behördenakten im Archiv über Zeitungen bis zu Selbstzeugnissen von Menschen, die in irgendeiner Weise mit den Vorgängen zu tun hatten.

Die oft sehr persönlichen Aussagen in einem Interview berühren die befragenden Personen emotional meistens stärker als eine nüchterne Notiz in einer Behördenakte. Deshalb ist hier – mehr als bei anderen Quellen – das kritische Nachdenken der Wissenschaftlerin oder des Wissenschaftlers über ihr oder sein Selbstverständnis gefordert. Auch Interpretationen suchen nach dem Sinn. Und jede Transkription ist bereits eine Interpretation. Damit diese den interviewten Personen und ihren Erzählungen gerecht wird, müssen das eigene Vorverständnis, die eigenen Assoziationen, »Bilder« und Erinnerungen sowie die verwendeten Theorien und Methoden kritisch geprüft werden.[22]

Wir streben ein möglichst umfassendes Verständnis der anderen Menschen an, wir versetzen uns in sie hinein und wollen ihren Bezugsrahmen nachvollziehen, was aber nur beschränkt möglich ist.[23] In einem solchen Prozess wiederholen wir die Erinnerungen der interviewten Person und setzen sie mit unseren Empfindungen und Überlegungen in Beziehung, führen sozusagen ein »Probehandeln« durch, das uns selbst verändert, in unseren Erinnerungsbestand eingeht und unser zukünftiges Handeln beeinflussen wird.[24]

Eine derartige Auswertung der Interviews erfüllt den Anspruch einer lebensweltlich und akteurzentriert orientierten Geschichtsschreibung: Die Wahrnehmungen und Sichtweisen einzelner Menschen, ihre Erfahrungen werden verbunden mit den Erfahrungen anderer Menschen und mit den gesellschaftlichen Verhältnissen. Durch den Blick des Akteurs, durch seine kulturelle Praxis, werden seine Lebensumstände ebenso wie übergreifende Zusammenhänge erfasst.

Dieses Buch mit den Porträts und Auszügen aus den Erinnerungen der Interviewten soll Lebenswelten vergegenwärtigen, welche die Geschichte der Schweiz wesentlich mitbestimmt haben. Selbstverständlich können wir dabei, wie bei jeder historischen und sozialwissenschaftlichen Forschung, lediglich Bruchstücke des Lebens der Verdingkinder erschließen. Aber diese Bruchstücke sind durch den Dialog mit denjenigen lebendig geworden, die die Geschichte bewusst oder unbewusst mitgestaltet und erlitten haben.[25]

Schlusswort

Loretta Seglias, Marco Leuenberger

Zwei Dinge – wie Johann Wolfgang von Goethe bereits vor rund zweihundert Jahren erkannte – sollten Kinder von ihren Eltern bekommen: Wurzeln und Flügel. Aus den vierzig Schicksalen geht hervor, dass vielen Verdingkindern ihre Wurzeln und ihre Flügel gehörig gestutzt oder gar entfernt worden sind. Verdingkinder, die C. A. Loosli nicht von ungefähr als »seelisch Heimatlose« bezeichnet hat, wurden nach der Schule mit schwierigen Startbedingungen in die Selbständigkeit entlassen.

Der Buchtitel »Versorgt und vergessen« weist auf die äußeren Umstände der Fremdplatzierung und das Schicksal vieler Kinder in der Schweiz hin. Weiter beschreibt er die damalige Geisteshaltung, bei der bedeutungsvolle Erziehungsgrundsätze einfach zur Seite gestellt wurden. Zahlreiche Verdingkinder wurden auf ihren Lebensweg geschickt, ohne richtig lesen und schreiben zu können, ohne den Umgang mit Geld und Eigentum gelernt zu haben und ohne die liebevolle Zuwendung und Geborgenheit einer Familie kennengelernt zu haben – das sind traurige Erkenntnisse. Die Folgen waren oft psychische und physische Leiden, gesellschaftliche Ächtung, Minderwertigkeits-, aber auch Schuldgefühle.

Wohlverstanden, es waren harte Zeiten; für viele Leute. Wir sprechen von einer Zeit, in der weite Teile der Schweizer Bevölkerung unter schwierigen wirtschaftlichen und sozialen Verhältnissen ihr Dasein fristeten. Erfreuliche Ausnahmen in Bezug auf die Behandlung von Verdingkindern hat es zu jeder Zeit und überall gegeben. Die Autorinnen und Autoren betonen, dass viele Pflegeeltern die ihnen anvertrauten Kinder verantwortungsbewusst, zeitgemäß und mit gutem Willen aufgenommen haben und die damaligen Verhältnisse nicht mit heute verglichen werden dürfen. Unter den Zeitzeugen gibt es auch solche, die diesen Lebensabschnitt positiv in Erinnerung haben und beispielsweise dauerhaft in Kontakt mit ihren Pflegefamilien stehen. Diese Beispiele zeigen, wie es auch hätte sein können. Dabei ist zu berücksichtigen, dass ein großer Teil der Verdingkinder mehrmals umplatziert wurde und sie ganz unterschiedlich behandelt wurden.

Aus den Lebensberichten wie auch aus amtlichen Quellen geht klar hervor, dass viele Kinder und insbesondere Verdingkinder mit verschiedenen Formen von Gewalt konfrontiert waren. Sie wurden überbeansprucht, missbraucht, ausgegrenzt oder diskriminiert. Bezeichnenderweise nässten viele Verdingkinder das Bett, was von den Pflegeeltern teils brutal bestraft wurde. Gleichzeitig wird deutlich, dass zahlreiche Kinder aus problematischen Verhältnissen stammten oder bei ihren eigenen Eltern unter ähnlichen Verhältnissen aufwuchsen wie Verdingkinder bei ihren Pflegefamilien.

Viele Missstände im Verdingkinderwesen sind darauf zurückzuführen, dass die Fürsorge für Kinder lange Zeit privaten oder kirchlichen Organisationen überlassen und nur wenig geregelt war. Zwar wurden in vielen Kantonen und Gemeinden mit der Zeit Verordnungen erlassen, die den Umgang mit Verdingkindern regeln sollten. Diese Bestimmungen wurden allerdings häufig nicht oder nur teilweise eingehalten; oft waren sie ganz einfach nicht bekannt. Es fehlte an der erforderlichen Kontrolle und an der unerlässlichen Zuwendung zum fremdplatzierten Kind; die materiellen Aspekte dominierten.

In den vergangenen zwei Jahrhunderten wurde dies immer wieder kritisiert. Erwähnt seien hier die Reportagen von Peter Surava mit Bildern von Paul Senn – von denen eine Auswahl auch in diesem Buch abgebildet ist (siehe S. 160 ff.) – aus den 1940er-Jahren. Auch C. A. Loosli war ein prominenter Kämpfer für die Heim- und Verdingkinder zu Beginn des letzten Jahrhunderts. Und bereits einige Jahrzehnte zuvor hatte Jeremias Gotthelf die Praxis des Verdingens angeprangert. Dennoch blieben die Kritiker rar.

Seit damals hat sich vieles gebessert und es gibt die Pflegekinderverordnung von 1978. Viele Abläufe und Verfahren sind aber nach wie vor recht undurchsichtig. Kathrin Barbara Zatti hielt 2005 in ihrem Expertenbericht im Auftrag des Bundesamtes für Justiz Folgendes fest: »Damit die Qualität des Pflegekinderwesens entwickelt werden und die notwendige Professionalisierung auf allen Ebenen stattfinden kann, ist es unumgänglich, dass die Geschichte des Pflegekinderwesens in der Schweiz möglichst rasch und umfassend aufgearbeitet wird.«[1] Dieser Empfehlung ist leider nicht Folge geleistet worden. Es ist höchste Zeit, dass die Geschichte des Pflegekinderwesens in der Schweiz geschrieben wird. Viele Betroffene haben bis heute keine Antwort auf die Frage »Warum?« erhalten. Viele Ungerechtigkeiten oder gar Verbrechen blieben ungesühnt. Etliche Fragen, zum Beispiel nach der eigenen Herkunft oder nach der Verwandtschaft, können möglicherweise nie mehr beantwortet werden.

Das Verdingkinderwesen gibt es seit Jahren nicht mehr. Aber für viele Betroffene und deren Nachkommen spielt das keine Rolle, denn für sie ist die Geschichte nicht vorbei. Viele Verdingkinder machten traumatische Erfahrungen und wurden stigmatisiert. Darunter leiden sie teilweise heute noch. Wissenschaftliche Studien belegen, dass Kindheitserfahrungen verschiedene Auswirkungen auf das spätere Leben haben. Es ist bekannt, dass die zweite und oft auch die dritte Generation darunter leidet, wenn die Familiengeschichte mit Verlust und Leid belastet war. Damit für die Betroffenen ein neuer Anfang möglich ist, muss die Geschichte aufgearbeitet werden.

Eine Gesellschaft oder ein Staat werden auch danach beurteilt, wie sie mit der eigenen Vergangenheit umgehen. Das Geschehene kann zwar nicht ungeschehen gemacht werden, aber an historisches Unrecht kann angemessen erinnert werden. Für tausende Betroffene geht es um die Anerkennung ihres Leids, die ihnen bisher verweigert worden ist.

Der Vater meiner Mutter

Ein Epilog von Franz Hohler

Er hatte als Kind seine Eltern verloren und erlebte eine geradezu Gotthelf'sche Jugendzeit als schlecht behandelter Verdingbub, hatte es aber geschafft, das Technikum zu absolvieren, um danach den Beruf eines Fernmeldetechnikers auszuüben. Er heiratete eine Frau, die ebenfalls als Waisenkind aufgewachsen war, es kamen vier Kinder zur Welt, und als sich das nun alles wohl angelassen hatte, hat sich mein Großvater offenbar eines heimlichen Credos erinnert. Dieses Credo, das er sich durch die harten Zeiten seines Lebens hindurch bewahrte, muss so etwas wie der Glaube an das Schöne gewesen sein, denn mein Großvater beschloss mit 41 Jahren, Cello spielen zu lernen.

Wie tat er das? Borgte er sich ein Cello? Ging er zu einem Cellolehrer? Nein, er ging zu einem Geigenbauer und bestellte sich bei ihm ein Cello. Erst, als er das Instrument hatte – und es konnte nicht billig gewesen sein, denn Herr Meinel aus Liestal hatte einen guten Namen –, suchte er einen Cellolehrer auf. Der sagte ihm aber nach der zweiten oder dritten Stunde, es habe keinen Zweck, denn seine Finger seien zu klein für die Griffe, die das Cello verlange.

An dieser Stelle seiner Erzählung pflegte mir mein Großvater seine linke Hand hinzuhalten und den kleinen Finger etwas abzuspreizen, was ihm eben kaum gelang. Und so stellte er das Instrument zur Seite und ging in einen Mandolinenclub; dort war es bestimmt auch lustiger als in der Cellostunde, und die Griffe waren weniger groß. Das Cello aber musste er noch jahrelang abzahlen; erst vor Kurzem habe ich in einer Familienschublade das Bündelchen Quittungen mit den monatlichen Ratenzahlungen gefunden. Seinen Töchtern ließ er Privatunterricht in Geige und Klavier geben – meine Mutter war ein Leben lang eine gute Geigerin –, aber sein Sohn interessierte sich nicht für das Cello.

Und schon kam die nächste Generation.

Mein älterer Bruder lernte auch Geige, und als mich meine Eltern fragten, welches Instrument ich lernen wolle, wir hätten ein Klavier und ein Cello im Haus, sagte ich als Zehnjähriger ohne zu zögern: Cello. Ich begann auf einem Dreiviertel-Instrument, aber schon bald waren meine Hände samt meinem kleinen Finger groß genug, dass ich auf das Cello meines Großvaters wechseln konnte, und auf diesem Cello spiele ich noch heute, und wenn ich meine Chansons singe, begleite ich mich darauf.

Ohne den hartnäckigen Glauben meines Großvaters an das Schöne hätte sein Instrument in unserer Familie nicht auf mich gewartet, und vielleicht konnte erst ich sein Credo verwirklichen, zwei Generationen später, auch ich hartnäckig genug, um an meinem Credo festzuhalten: Das, was du gut findest, musst du tun!

Anmerkungen

Einleitung

1 Frances Stonor Saunders, »The Vanishing«, in: *The Guardian Weekend,* 15. April 2000.

2 Gisela Widmer, »He, wer will diesen Buben?«, in: *Das Magazin,* 16/2002, 36–43.

3 Zum Projekt siehe: www.verdingkinder.ch. Ebenfalls auf dieser Homepage befindet sich eine erste quantitative Auswertung der im Rahmen der Gespräche erhobenen (anonymisierten) Daten.

4 Eine allgemeingültige Definition dieser Benennung gibt es bis heute nicht. Der Begriff »Verdingung« tritt in zahlreichen Zusammenhängen auf und umschreibt eine vertragliche Abmachung, die in gewissen Fällen eine Arbeitsleistung und deren Entschädigung beinhaltet. Dass man unter Verdingkindern vorwiegend bei Bauern platzierte Kinder versteht, hängt einerseits damit zusammen, dass die Kinder in erster Linie in ländlichen Gegenden platziert wurden und das Wort »dingen, verdingen« andererseits allgemein zum bäuerlichen Vokabular zählt. Die Bezeichnungen waren in der Schweiz regional unterschiedlich und veränderten sich zum Teil mit den Jahren. In verschiedenen Regionen und Kantonen waren auch Begriffe wie Kost-, Güter-, Hof-, Rast-, Hüte- oder Loskinder gängig. Eine klare Trennung der verschiedenen Ausdrücke lässt sich nicht immer durchführen. Die Altersgrenze lag eigentlich überall beim Ende der Schulpflicht.

5 Siehe: www.paulsenn.ch

»Armut und Kinderarbeit in der Schweiz«

1 Siehe Paul Hugger (Hrsg.), *Kind sein in der Schweiz. Eine Kulturgeschichte der frühen Jahre,* Schweizerische Gesellschaft für Volkskunde, Basel 1998.

2 Anne-Lise Head / Brigitte Schnegg (Hrsg.), *Armut in der Schweiz (17.–20. Jahrhundert),* Zürich 1989.

3 Heidi Witzig, »Bäuerlich-ländliche Kindheit«, in: Paul Hugger (Hrsg.), *Kind sein in der Schweiz*, 37–45.

4 Armin Schöni, *Was het mu andersch wele! Erinnerungen an eine Kindheit im Oberen Sensebezirk der Zehner- und Zwanziger-Jahre,* Freiburg 1989², 19. Anschaulich beschreibt auch Frida Köchli, wie sie als Kind einer armen Familie bei den Bauern arbeiten musste in: Frida Köchli, *Narben*, St. Gallen 1990², 20. Siehe auch: Hans Eggenberger, »Eine Jugend in den Jahren der Krise. Erinnerungen eines ehemaligen Grabserbergers« , in: Paul Hugger (Hrsg.), *Das war unser Leben. Autobiographische Texte,* Buchs 1986, 117–118.

5 Philipp Zinsli, *Kinderarbeit und Kinderschutz in der Schweiz,* Zürich 1914, 24–25.

6 Eugen Schwyzer, »Die jugendlichen Arbeitskräfte in Handwerk und Gewerbe, in der Hausindustrie und in den Fabriken. Schützende Massnahmen gegen Überanstrengung etc.«, Sonderdruck aus: *Schweizerische Zeitschrift für Gemeinnützigkeit. Organ der Schweizerischen Gemeinnützigen Gesellschaft,* Zürich 1900, 24.

7 Frauke Sassnick, *Armenpolitik zwischen Helfen und Strafen,* Winterthur 1989.

8 Nadja Ramsauer, *Verwahrlost. Kindswegnahmen und die Entstehung der Jugendfürsorge im schweizerischen Sozialstaat 1900–1945,* Zürich 2000, 12.

9 Julius Deutsch, *Die Kinderarbeit und ihre Bekämpfung,* Zürich 1907, 23.

10 Staatsarchiv Bern, Akten Fürsorgeinspektorat, Band 168. Siehe auch: Staatsarchiv Bern, Akten Fürsorgeinspektorat, Band 175; Protokoll der Bezirksarmeninspektoren-Konferenz Emmental, 5.9.1935.

11 Hans Weiss, »Kindliche Entwicklungsgefährdung im Kontext von Armut und Benachteiligung aus psychologischer und pädagogischer Sicht«, in: ders. (Hrsg.), *Frühförderung mit Kindern und Familien in Armutslagen,* München/Basel 2000, 60–61.

12 Eidgenössische Betriebszählung 22. August 1929, Bd. 7, Die Landwirtschaftsbetriebe in der Schweiz, in: *Statistische Quellenwerke der Schweiz*, Heft 36, Bern 1933, 186.

13 Eidgenössische Betriebszählung 24. August 1939, Bd. 6, Landwirtschaftsbetriebe nach Größenklassen, Kantonen und Gemeinden, in: *Statistische Quellenwerke der Schweiz*, Heft 151, Bern 1945, 162.

14 Siehe insbesondere die Reportagen von Paul Senn und Peter Surava, zum Beispiel: Nur ein Verdingbub, in: *Nation*, 22. Juni 1944, 10.

Schulbesuch und Berufslehre galten als Nebensache

1 Peter Gilg/Peter Hablützel, »Beschleunigter Wandel und neue Krisen (seit 1945)«, in: Ulrich Im Hof u.a.: *Geschichte der Schweiz – und der Schweizer,* Bd. 3, Basel/-Frankfurt a.M. 1983, 232f.

2 Hans Ulrich Jost, »Bedrohung und Enge (1914–1945)«, in: Ulrich Im Hof u.a., *Geschichte der Schweiz – und der Schweizer*, 151, 169.

3 Archiv für das schweizerische Unterrichtswesen. Konferenz der kantonalen Erziehungsdirektoren, Band 1942, 28. Jg., 66.

4 Archiv, Band 1951, 37. Jg., 72.

5 *Lesen Schreiben Rechnen. Die bernische Volksschule und ihre Geschichte. Katalog zur Ausstellung im bernischen Hist. Museum zum 150jährigen Bestehen des Staatsseminars,* Bern 1983, 61.

6 Martina Späni, »Umstrittene Fächer in der Pädagogik«, in: Hans-Ulrich Grunder/Hans Badertscher (Hrsg.), *Geschichte der Erziehung und Schule in der Schweiz im 19. und 20. Jahrhundert. Bd. 1,* Berlin/Stuttgart/Wien 1997, 34.

7 Martin Lengwiler, *Schule macht Geschichte: 175 Jahre Volksschule im Kanton Zürich. 1832–2007,* Zürich 2007, 178.

8 Marco Leuenberger, *Verdingkinder. Geschichte der armenrechtlichen Kinderfürsorge im Kanton Bern 1847–1945,* unv. Lizentiatsarbeit, Universität Freiburg (CH) 1991, 119.

9 Lucien Criblez, *Zwischen Pädagogik und Politik. Bildung und Erziehung in der deutschsprachigen Schweiz zwischen Krise und Krieg (1930–1945),* Bern u.a. 1995, 109, 379.

10 Pietro Scandola, »Lehrerschaft und Lehrerverein bis zum 2. Weltkrieg«, in: Pietro Scandola/Franziska Rogger/Jürg Gerber, *Jubiläumsband 100 Jahre BLV, Lehrerinnen und Lehrer zwischen Schule, Stand und Staat. Die Geschichte des bernischen Lehrerinnen- und Lehrervereins (BLV),* Münsingen 1992, 19–23.

11 Lucien Criblez, *Zwischen Pädagogik und Politik*, 108.

12 Pietro Scandola, »Lehrerschaft und Lehrerverein bis zum 2. Weltkrieg«, 22.

13 Martin Lengwiler, *Schule macht Geschichte*, 276.

14 Archiv, Band 1930, 16. Jg., 10 / Michel Binder, »Wie seltsam! Glaubt man denn die Frauen lernten so viel schneller?«, in: Claudia Crotti / Jürgen Oelkers, *Ein langer Weg – Die Ausbildung der bernischen Lehrkräfte von 1798 bis 2002,* Bern 2002, 308–309.
15 Pietro Scandola, »Lehrerschaft und Lehrerverein bis zum 2. Weltkrieg«, 92.
16 Franziska Rogger, »Vom zweiten Weltkrieg zur Gegenwart«, in: Pietro Scandola / Franziska Rogger / Jürg Gerber, *Jubiläumsband 100 Jahre BLV*, 368.
17 Ebd., 379.
18 Pietro Scandola, »Lehrerschaft und Lehrerverein bis zum 2. Weltkrieg«, 23.
19 Philipp Gonon, »Schule im Spannungsfeld zwischen Arbeit, elementarer Bildung und Beruf«, in: Hans-Ulrich Grunder / Hans Badertscher (Hrsg.), *Geschichte der Erziehung,* 58, 70.
20 Archiv, Band 1904, 26. Jg., 147–151.
21 Marco Leuenberger, *Verdingkinder. Geschichte der armenrechtlichen Kinderfürsorge im Kanton Bern 1847–1945*, 127f.
22 Linda Mantovani Vögeli, »Wie Mädchen lernen, Frau zu sein«, in: Hans-Ulrich Grunder/Hans Badertscher (Hrsg.), *Geschichte der Erziehung,* 424.

Gesetzliche Entwicklung des Pflegekinderwesens

1 Hannes Tanner, »Die außerfamiliäre Erziehung, von den Waisenhäusern und Rettungsanstalten zu den sozialpädagogischen Wohngemeinschaften der Moderne«, in: Paul Hugger (Hrsg.), *Kind sein in der Schweiz. Eine Kulturgeschichte der frühen Jahre,* Schweizerische Gesellschaft für Volkskunde, Basel 1998.
2 Verordnung über die Aufnahme von Kindern zur Pflege und zur Adoption (PAVO) vom 19. Oktober 1977 (Stand 1. Januar 2008).
3 Kathrin Barbara Zatti, *Das Pflegekinderwesen in der Schweiz. Analyse, Qualitätsentwicklung und Professionalisierung. Expertenbericht im Auftrag des Bundesamtes für Justiz vom Juni 2005.*
4 Jürg Schoch / Heinrich Tuggener / Daniel Wehrli, *Aufwachsen ohne Eltern, Verdingkinder, Heimkinder, Pflegekinder, Windenkinder. Zur außerfamiliären Erziehung in der deutschsprachigen Schweiz,* Zürich 1989, 44.
5 Verordnung betreffend die Verpflegung von Kostkindern vom 10. August 1893.
6 Gesetz betreffend die Versorgung armer Kinder und Waisen vom 28. Dezember 1896 und Verordnung betreffend die Kostkinder vom 3. Februar 1905.
7 Verordnung betreffend das Halten von Schlaf- und Kostgängern, Zimmermietern und Pflegkindern vom 25. August 1906. Vgl. dazu: Mirjam Häsler, *»Die irrige Auffassung, ein Pflegkind sei ein Verdienstobjekt.« Das Kost- und Pflegekinderwesen im Kanton Basel-Stadt im 19. und im frühen 20. Jahrhundert.* Lizentiatsarbeit Universität Basel 2005.
8 Hans Weiss, *Das Pflegekinderwesen in der Schweiz,* Dissertation Universität Zürich 1920, 25.
9 Weiss, *Das Pflegekinderwesen in der Schweiz,* 20–24, 82 und 34–35.
10 Walter Leimgruber / Thomas Meier / Roger Sablonier, *Das Hilfswerk für die Kinder der Landstrasse. Historische Studie aufgrund der Akten der Stiftung Pro Juventute im Schweizerischen Bundesarchiv,* Bern 1998.
11 Bundesgesetz betreffend Massnahmen gegen die Tuberkulose vom 13. Juni 1928.

12 Hans Bättig, *Die Pflegekinderaufsicht im Bund und in den Kantonen.* Dissertation Universität Fribourg, Zürich 1984, 3–4.
13 AI, GE, GL, GR, LU, NE, NW, OW, SH, SZ, TG, TI, UR, VD, VS und ZG.
14 Schätzung für das Jahr 1910, basierend auf: Albert Wild, »Das Kostkinderwesen in der Schweiz«, in: *Jugendwohlfahrt. Schweizerische Blätter für Schulgesundheitspflege, Kinder- und Frauenschutz*, Beilage zur *Schweizerischen Lehrer-Zeitung*, 14. Jahrgang (1916), 113–117, 129–134, 146–150.
15 PAVO, Abschnitt 2, Artikel 4.
16 Zatti, Expertenbericht, 5.
17 Mitteilung des Bundesrates vom 18. Mai 2005.
18 Medienmitteilung des EJPD vom 23. August 2006.
19 Medienmitteilung des EJPD vom 16. Januar 2008.

Kinderwegnahme und Fremplatzierung

1 Verwaltungsbericht der Direktion der sozialen Fürsorge der Stadt Bern 1934, 19.
2 August Egger, *Das Familienrecht des Schweizerischen Zivilgesetzbuches.* (Kommentar zum Schweizerischen Zivilgesetzbuch), Zürich 1914, 413.
3 Alfred Silbernagel, *Familienrecht.* 2. Abteilung: Die Verwandtschaft, Art. 252–359. (Kommentar zum Schweizerischen Zivilgesetzbuch, hg. von M. Gmür), Bern 1921, 388.
4 Vgl. dazu: Katharina Moser Lustenberger, *Kindswegnahmen und Fremdplatzierungen. Die Praxis der Vormundschafts- und Armenbehörde der Stadt Bern 1920–1940,* Lizentiatsarbeit Universität Bern, Bern 2006, Kap. 4.1.4.
5 Doris Schmid, *Uneheliche und Scheidungskinder in Pflegfamilien. Betrachtungen über Pflegkinderverhältnisse an Hand von 50 Akten der Amtsvormundschaft Bern,* unveröffentlichte Diplomarbeit der Schule für Soziale Arbeit, Zürich 1949, 4.
6 Bericht des städtischen Jugendamtes an das Regierungsstatthalteramt II betrf. die Pflegekinderaufsicht 1925–1926, Stadtarchiv Bern, E4 Direktionsakten 1910–1960, 3 Vormundschaftswesen und Jugendfürsorge, Schachtel 65, Pflegekinderaufsicht, Allgemeines.
7 Bericht über die Pflegekinderaufsicht in der Gemeinde Bern, erstattet vom städtischen Jugendamt für die Jahre 1918 und 1919, 4, Stadtarchiv Bern, E4 Direktionsakten 1910–1960, 3 Vormundschaftswesen und Jugendfürsorge, Schachtel 65, Pflegekinderaufsicht, Berichte.
8 Verwaltungsbericht der Direktion der sozialen Fürsorge der Stadt Bern 1932, 18.
9 Verwaltungsbericht der Direktion der sozialen Fürsorge der Stadt Bern 1928, 13.

Entwurzelung, Isolation und Schweigen

1 Die folgenden Aussagen beruhen auf den aus den Gesprächen gewonnenen Erfahrungswerten. Zur aktuellen wissenschaftlichen Diskussion zur heutigen Praxis der Fremdplatzierung siehe beispielsweise: Claudia Arnold u. a., *Pflegefamilien- und Heimplatzierungen. Eine empirische Studie über den Hilfeprozess und die Partizipation von Eltern und Kindern,* Zürich 2008. Des Weiteren: Werner Frieling, *Das Herz des Steines[...] Sozialarbeit mit traumatisierten Menschen. Arbeit für Pflegekinder. Ein Erfahrungsbericht über die Arbeit mit Pflegekindern,* Lage 2003 und Katja Nowa-

cki, *Aufwachsen in Pflegefamilie oder Heim: Bindungsrepräsentation, psychische Belastung und Persönlichkeit bei jungen Erwachsenen,* Hamburg 2007. Einen Überblick über den Stand der Entwicklungspsychologie bietet: Rolf Oerter, *Entwicklungspsychologie. Ein Lehrbuch,* Weinheim 2002[5].

2 Zur Bedeutung der Sprache für die kindliche Entwicklung siehe: Gisela Klann-Delius, »Bindung und Sprache in der Entwicklung«, in: Karl H. Brisch u. a. (Hrsg.): *Bindung und seelischer Entwicklungsweg. Grundlagen, Prävention und Klinische Praxis,* Stuttgart 2002, 87–100 und William Damon, Die soziale Entwicklung des Kindes, Stuttgart 1989.

Verdingt und erniedrigt – Formen der Diskriminierung

1 Philippe Ariès, *Geschichte der Kindheit,* München 1975.

2 Michel Foucault, *Die Anormalen,* Vorlesungen am Collège de France (1974–1975), Frankfurt am Main 2003, 424.

3 Arno Plack, *Die Gesellschaft und das Böse. Eine Kritik der herrschenden Moral,* München 1967, 105.

4 Gerhard Neuhäuser, »Kindliche Entwicklungsgefährdungen im Kontext von Armut, sozialer Benachteiligung und familiärer Vernachlässigung«, in: Hans Weiß (Hrsg.), *Frühförderung mit Kindern und Familien in Armutslagen,* München und Basel 2000, 34.

5 Reinhold Schone, »Vernachlässigung von Kindern – Basisfürsorge und Interventionskonzepte«, in: Weiß (Hrsg.), *Frühförderung mit Kindern und Familien in Armutslagen*, 75.

6 Karl August Chassé, »Armut in einer reichen Gesellschaft«, in: Weiß (Hrsg.), *Frühförderung mit Kindern und Familien in Armutslagen*, 20.

7 Lloyd deMause (Hrsg.), *Hört ihr die Kinder weinen? Eine psychogenetische Geschichte der Kindheit,* Frankfurt am Main 1994, 12.

Gewalt und Machtmissbrauch

1 Erwin Carigiet / Ueli Mäder / Jean-Michel Bonvin (Hrsg), *Wörterbuch der Sozialpolitik,* Zürich 2003.

2 Johan Galtung, *Strukturelle Gewalt. Beiträge zur Friedens- und Konfliktforschung,* Reinbek 1975.

3 Wilhelm Heitmeyer, *Internationales Handbuch der Gewaltforschung,* Wiesbaden 2002.

4 Trutz von Trotha, *Soziologie der Gewalt,* Opladen 1997.

5 Franz Josef Krafeld, *Praxis Akzeptierender Jugendarbeit,* Opladen 1996.

6 Walter Hollstein, *Männerdämmerung. Von Tätern, Opfern, Schurken und Helden,* Göttingen 1999.

7 Marianne Gronemeyer, *Motivation und politisches Handeln. Grundkategorien politischer Psychologie,* Hamburg 1976.

8 Arno Gruen, *Verrat am Selbst. Die Angst vor Autonomie bei Mann und Frau,* Stuttgart 1996, Orig. 1986.

9 Erich Fromm, *Die Furcht vor der Freiheit,* Stuttgart 1980, Orig. 1941.

10 Michel Foucault, *Überwachen und Strafen. Die Geburt des Gefängnisses,* Frankfurt a. M. 1977.

11 Pierre Bourdieu, »Sur le Pouvoir symbolique«, in: *Annales*, 32/3, 1977, 405–411.

Widerstand, Flucht und Momente des Glücks

1 Die folgenden Ausführungen basieren auf der übersichtlichen Zusammenfassung von Benjamin Shuler in: Mirjam Brunner, Nebojsa Scekic, Benjamin Shuler, Benedikta Spannring: *»O chönnti ume hei!«. Wie haben betroffene Kinder und Jugendliche ihre Verdingung bewältigt? Acht Falldarstellungen. Eine Teilstudie des Nationalfondsprojektes: Verdingkinder, Schwabengänger, Spazzacamini und andere Formen der Fremdplatzierung in der Schweiz im 19. und 20. Jahrhundert,* unveröffentlichter Praxisprojektbericht, Basel 2006. Shuler stützt sich dabei auf folgende Publikationen: Toni Faltermaier, »Notwendigkeit einer sozialwissenschaftlichen Belastungskonzeption«, in: Leokadia Brüderl (Hrsg.), *Theorien und Methoden der Bewältigungsforschung,* Weinheim und München 1988, 46–63; N. Impekoven, *Fragen – Antworten* (Kap. 11, »Stress und Coping«), unveröffentlicht 2006; Petra Katz und Andreas R. Schmidt, *Wenn der Alltag zum Problem wird: Belastende Alltagsprobleme und Bewältigungsmöglichkeiten,* Stuttgart 1991; Richard S. Lazarus, »Stress und Stressbewältigung – ein Paradigma«, in: Sigrun-Heide Filipp (Hrsg.), *Kritische Lebensereignisse,* München 1990, 198–229; Marita Rosch Inglehart, *Kritische Lebensereignisse – Eine sozialpsychologische Perspektive,* Stuttgart 1988; Hans Thomae, *Das Individuum und seine Welt: eine Persönlichkeitstheorie,* Göttingen 1996 und Rolf Dieter Trautmann-Sponsel, »Definition und Abgrenzung des Begriffs ›Bewältigung‹«, in: Brüderl (Hrsg.), *Theorien und Methoden der Bewältigungsforschung,* 14–79.

Erinnern und erzählen – Historisch-sozialwissenschaftliche Zugänge zu lebensgeschichtlichen Interviews

1 Transkription des Interviews von Simone Meier, 28. 6. 2006, 23, Zeilen 1145–1151.

2 Transkription des Interviews von Marco Leuenberger, 21.7. 2005, 34, Zeile 1720.

3 Ebd., 15, Zeilen 724–726, 740–745.

4 Gabriele Rosenthal, »Die erzählte Lebensgeschichte als historisch-soziale Realität. Methodologische Implikationen für die Analyse biographischer Texte«, in: *Alltagskultur, Subjektivität und Geschichte. Zur Theorie und Praxis von Alltagsgeschichte.* Hrsg. von der Berliner Geschichtswerkstatt. Münster 1994, 125–138; dies., *Erlebte und erzählte Lebensgeschichte. Gestalt und Struktur biographischer Selbstbeschreibungen,* Frankfurt a. M., New York 1995; Wolfram Fischer-Rosenthal / Gabriele Rosenthal, »Narrationsanalyse biographischer Selbstrepräsentation«, in: Ronald Hitzler/Anne Honer (Hrsg.), *Sozialwissenschaftliche Hermeneutik,* Opladen 1997, 133–165; Gabriele Rosenthal / Wolfram Fischer-Rosenthal, »Analyse narrativ-biographischer Interviews«, in: Uwe Flick u. a. (Hrsg.), *Qualitative Forschung. Ein Handbuch,* 5. Aufl., Reinbek 2007, 456–468; Roswitha Breckner, »Von den Zeitzeugen zu den Biographen. Methoden der Erhebung und Auswertung lebensgeschichtlicher Interviews«, in: *Alltagskultur,* 199–222. Die Methode des narrativen Interviews geht auf Fritz Schütze zurück: »Biographieforschung und narratives Interview«, in: *Neue Praxis 13* (1983), H. 3, 283–293.

5 Heiko Haumann, »Geschichte, Lebenswelt, Sinn. Über die Interpretation von Selbstzeugnissen«, in: Brigitte Hilmer u. a. (Hrsg.), *Anfang und Grenzen des Sinns. Für Emil Angehrn,* Weilerswist 2006, 41–54, hier 41.

6 Achim Hahn, »Narrative Pragmatik und Beispielhermeneutik. Zur soziologischen Beschreibung biographischer Situationen«, in: Gerd Jüttemann / Hans Thomae (Hrsg.), *Biographische Methoden in den Humanwissenschaften,* Weinheim, Basel 1999, 259–283, hier bes. 276–277.

7 Deshalb bedeutet unser Zugang keineswegs eine Privatisierung des Gesellschaftlichen, wie sie in individualistischen Tendenzen sichtbar wird. Im 19. Jahrhundert betonten bereits Karl Marx und Friedrich Engels die Notwendigkeit, subjektive Verarbeitungsprozesse einzubeziehen; vgl. z.B. Engels an Conrad Schmidt, 5.8.1890, in: Karl Marx/Friedrich Engels, *Werke*, Bd. 37, 436–437; Engels an Joseph Bloch, 21./22.9.1890. Ebd., Bd. 27, 463–464; Engels, Marx, *Die heilige Familie oder Kritik der kritischen Kritik.* Ebd., Bd. 2, 98; Marx, Engels: *Deutsche Ideologie*. Ebd., Bd. 3, 27, 37–38, 45.

8 Der »Symbolische Interaktionismus« thematisiert diese Problematik. Neben diesem Zugang und der Hermeneutik ist die Ethnomethodologie eine wesentliche Grundlage der qualitativen Forschung. Vgl. Hector Schmassmann, *Symbolischer Interaktionismus und Ethnomethodologie,* unveröffentl. Paper, Basel 2001. Für die Entwicklung der lebensweltlich orientierten Forschung spielte Alfred Schütz (1899–1959) eine wichtige Rolle, der auf der Phänomenologie Alfred Husserls (1859–1938) aufbaute. Schütz migrierte später aus Österreich in die USA, um der faschistischen Verfolgung zu entgehen. Vgl. Alfred Schütz / Thomas Luckmann, *Strukturen der Lebenswelt,* Frankfurt a. M. 1979, Neuausgabe Konstanz 2003.

9 Vgl. Carl C. Rogers, *Entwicklung der Persönlichkeit,* Stuttgart 1992, 221. Rogers plädiert für eine »Entwicklung zur Erfahrungsoffenheit« (ebd., 171).

10 Hilfreich sind hier die Arbeiten Erving Goffmans (1922–1982). Vgl. Martin Schaffner, »Verrückter Alltag. Ein Historiker liest Goffman«, in: *Österreichische Zeitschrift für Soziologie*, 32 (2007), H. 2, 72–89. Dass bei unseren Konzeptionen ebenso Methoden der Geschichtswissenschaft und der Ethnologie – etwa der Alltags- und Mikrogeschichte, der »dichten Beschreibung« oder der »teilnehmenden Beobachtung« – eine Rolle spielen, sei hier nur erwähnt.

11 Vgl. z. B. Johannes Fried, *Der Schleier der Erinnerung. Grundzüge einer historischen Memorik,* München 2004, 48; Aleida Assmann, *Erinnerungsräume. Formen und Wandlungen des kulturellen Gedächtnisses,* München 1999, 64.

12 Vgl. Heiko Haumann, »Lebensweltlich orientierte Geschichtsschreibung in den Jüdischen Studien: Das Basler Beispiel«, in: Klaus Hödl (Hrsg.), *Jüdische Studien. Reflexionen zu Theorie und Praxis eines wissenschaftlichen Feldes,* Innsbruck 2003, 105–122; ders., Geschichte. Auch: Ronald Hitzler / Thomas S. Eberle, »Phänomenologische Lebensweltanalyse«, in: *Qualitative Forschung,* 109–118; Anne Honer, »Lebensweltanalyse in der Ethnographie«, ebd., 194–204.

13 Zusammenfassungen bei Harald Welzer, *Das kommunikative Gedächtnis. Eine Theorie der Erinnerung*, München 2002; Harald Welzer (Hrsg.), *Das soziale Gedächtnis. Geschichte, Erinnerung, Tradierung*, Hamburg 2001.

14 Vgl. Haumann, *Geschichte*, 46–47.

15 Vgl. Rosenthal, *Erzählte Lebensgeschichte,* 130–135; dies., *Erlebte und erzählte Lebensgeschichte,* bes. 213–215; Fischer-Rosenthal / Rosenthal, *Narrationsanalyse.*

16 Vgl. Haumann, *Geschichte,* 47.

17 Transkription des Interviews von Flavia Grossmann, 22.6.2006, Zeile 76–80, 86–88, in: Flavia Grossmann / Martina Koch, *Erzählte Lebensgeschichten in der soziologischen Biographieforschung und der Oral History. Gemeinsamkeiten und Unterschiede verschiedener Ansätze und eine exemplarische Analyse eines narrativen Interviews mit einer ehemals fremdplatzierten Frau,* unveröffentl. Seminararbeit, Universität Basel 2007, hier Anhang, 62, vgl. Flavia Grossmanns und Martina Kochs Analyse, 40–51.

18 Zur »Sequenzanalyse« vgl. Rosenthal, *Erlebte und erzählte Lebensgeschichte*, 208–226, 240–241; Breckner, *Zeitzeugen*, 214–216; Gabriele Lucius-Hoene / Arnulf Deppermann, *Rekonstruktion narrativer Identität. Ein Arbeitsbuch zur Analyse narrativer Interviews,* Opladen 2002; Arnulf Deppermann, *Gespräche analysieren. Eine Einführung in konversationsanalytische Methoden,* Opladen 1999, 53–78. Die Methodik der Sequenzanalyse geht zurück auf ein Verfahren der Objektiven Hermeneutik: Ulrich Oevermann u. a., »Die Methodologie der ›objektiven Hermeneutik‹ und ihre allgemeine forschungslogische Bedeutung in den Sozialwissenschaften«, in: Hans-Georg Soeffner (Hrsg.), *Interpretative Verfahren in den Sozialwissenschaften*, Stuttgart 1979, 352–433; ders., »Die Struktur sozialer Deutungsmuster – Versuch einer Aktualisierung«, in: *Sozialer Sinn. Zeitschrift für hermeneutische Sozialforschung*, Nr. 1 (2001), 3583; Andreas Wernet, *Einführung in die Interpretationstechnik der Objektiven Hermeneutik,* Opladen 2000. Beispiele einer Sequenzanalyse bei Ilse M. Südmersen, »Hilfe, ich ersticke in Texten! – Eine Anleitung zur Aufarbeitung narrativer Interviews«, in: *Neue Praxis*, 13 (1983) H. 3, 294–306; Ronald Kurt, *Hermeneutik. Eine sozialwissenschaftliche Einführung,* Konstanz 2004, 238–257; Rosenthal / Fischer-Rosenthal, *Analyse*, 464–468.

19 Vgl. zur sprachpragmatischen Analyse Martin Schaffner, »Fragemethodik und Antwortspiel. Die Enquête von Lord Devon in Skibbereen, 10. September 1844«, in: *Historische Anthropologie,* 6 (1998), 55–75, hier bes. 62, 64–65, 70–71; ders., »›Missglückte Liebe‹ oder Mitteilungen aus Paranoia City. Eine Lektüre von Justiz- und Polizeiakten aus dem Staatsarchiv Basel, 1894 bis 1908«, in: Ingrid Bauer u. a. (Hrsg.), *Liebe und Widerstand. Ambivalenzen historischer Geschlechterbeziehungen,* Wien 2005, 243–254.

20 Sabina Mauron, *Interviewforschung. Der Erinnerungsprozess und die Narrationsanalyse am Beispiel der Selbstdarstellung eines ehemaligen Verdingkindes,* unveröffentl. Seminararbeit, Universität Basel 2007, 21; das Zitat aus dem am 13. 6. 2006 geführten Interview stammt aus der im Anhang abgedruckten Transkription, 32, Zeilen 23–24.

21 Auf die methodischen Probleme der Transkription gehen wir hier nicht näher ein. Eine phonetische Transkription, die zugleich noch sämtliche nicht-verbalen Reaktionen während des Interviews vermerkt, ist schon im Blick auf die Lesbarkeit in einer Publikation für einen größeren Leserkreis nicht möglich. Ohnehin folgt sie auch bereits den Wahrnehmungen des Interviewers oder der Interviewerin.

22 Darauf hat auch der französische Soziologe Pierre Bourdieu (1930–2002) eindringlich hingewiesen: »Verstehen«, in: ders., *Das Elend der Welt,* Konstanz 1997, 779–803, hier 781, 802; ebenso in seiner letzten Vorlesung: *Ein soziologischer Selbstversuch*, Frankfurt a. M. 2002.

23 Vgl. Pierre Bourdieu, *Die feinen Unterschiede. Kritik der gesellschaftlichen Urteilskraft*, Frankfurt a. M. 1987; ders., »Verstehen«, 786.

24 Vgl. Haumann: *Geschichte*, 51–52.

25 Vgl. Haumann: *Geschichte*, 48–51.

Schlusswort

1 Kathrin Barbara Zatti: *Das Pflegekinderwesen in der Schweiz. Analyse, Qualitätsentwicklung und Professionalisierung. Expertenbericht im Auftrag des Bundesamtes für Justiz,* 2005. http://www.bj.admin.ch/bj/home/dokumentation.html, 27.

Bildnachweise und Originallegenden

I: Die Buben vor dem Heimleiter, Knabenerziehungsheim Oberbipp, Kanton Bern, 1940.

Die Originallegende lautet: »Im Knabenerziehungsheim Oberbipp. Im Bureau wird mit dem Hausvater alles besprochen, was gerade am meisten beschäftigt.«
Paul Senn, »Die Welt der Verdingkinder. Hunger nach Liebe verhärtet die Herzen«, in: *Der Aufstieg,* 8. März 1940, S. 133.

II: Verdingbub während des Besuchs des Armeninspektors, Kanton Bern, 1940.

Dieses Foto wurde für die Reportage nicht verwendet. Zu einer anderen, die denselben Knaben mit dem Armeninspektor zeigt, lautet die Beschriftung: »Da besucht der Armeninspektor einen Jüngling, mit dem nun etwas geschehen muss; der Schule entlassen, muss ihm der Weg ins Leben bereitet werden. ›Wie wäre es, wenn du gelegentlich einen Versuch im Welschland machen würdest?‹«
Paul Senn, »Die Welt der Verdingkinder. Hunger nach Liebe verhärtet die Herzen«, in: *Der Aufstieg,* 8. März 1940, S. 134.

III: Knaben in der Erziehungsanstalt Sonnenberg bei der Arbeit, Kriens, 1944.

Die Originallegende lautet: »Es gibt viele und schwere Arbeit. Jeder, der den Betrieb überblickt, erkennt sofort, dass hier für wirkliche Erziehungsarbeit keine Zeit bleibt. Der Betrieb muss funktionieren. Daraus resultiert eine schamlose Ausnützung der Arbeitskraft sich im Wachstum befindlicher Knaben.«
Paul Senn/Peter Surava, »Ein gewisser Joseph Brunner. Unhaltbare Zustände in einer Erziehungsanstalt für Knaben«, in: *Die Nation,* 30. August 1944, S. 5.

IV: Verdingmädchen während des Besuchs des Armeninspektors, Kanton Bern, 1940.

Diese Aufnahme wurde nicht verwendet. Es handelt sich um dasselbe Mädchen wie bei Tafel XII.

V: Knaben beim Schweinehüten, Knabenerziehungsheim Oberbipp, Kanton Bern, 1940.

Dieses Foto wurde für die Reportage nicht verwendet. Zu einer anderen, die ebenfalls das Schweinehüten dokumentiert, lautet die Legende: »Das Hüten der Schweine bringt Abwechslung und oft ein Rennen um die Wette.«

Paul Senn, »Die Welt der Verdingkinder. Kinder ohne Elternhaus«, in: *Der Aufstieg,* 15. März 1940, S. 156.

VI: Schuhkontrolle bei einem Verdingmädchen durch den Armeninspektor, Kanton Bern, 1940.

Die Aufnahme diente bei einer der Reportagen von Paul Senn von 1940 als Titelbild. Die Legende lautet: »Der Armeninspektor auf einer Inspektionstour. Das Zimmer und das Bett ist bereits einer Kontrolle unterzogen worden, zum Schluss wird auch noch das Schuhwerk inspiziert.«

Paul Senn, »Die Welt der Verdingkinder«, in: *Der Aufstieg,* 8. März 1940, Titelseite.

VII: Knaben bei der Feldarbeit, Knabenerziehungsheim Oberbipp, Kanton Bern, 1940.

Die Aufnahme wurde bei den Reportagen Paul Senns über das Knabenerziehungsheim nicht verwendet.

VIII: Amtsvormund zu Besuch bei einer Pflegefamilie, Kanton Bern, 1946.

Diese Aufnahme entstand 1946 bei der Reportage über die Tätigkeit eines Amtsvormunds im Kanton Bern, wurde aber nicht verwendet.

Paul Senn, »Ein Amtsvormund sucht seine Mündel auf«, in: *Schweizer Illustrierte Zeitung,* 9. Januar 1946, S. 10–11, 13.

IX: Mutter und Pflegemutter mit zwei Kindern. Kanton Bern, 1946.

Die Aufnahme fand in keiner Reportage Senns Verwendung, entstand aber mit Sicherheit 1946. Den Milchkannen im Hintergrund und der Kleidung der Frau nach zu schließen, handelt es sich um eine Mutter, die in ihrer Familie Pflegekinder betreute.

X: Knabe beim Holzhacken, Knabenerziehungsheim Oberbipp, Kanton Bern, 1940.

Die Originallegende lautete: »Lieber träumt er in die Welt hinaus als richtig anzupacken.«

Paul Senn, »Die Welt der Verdingkinder. Hunger nach Liebe verhärtet die Herzen«, in: *Der Aufstieg,* 8. März 1940, S. 133.

XI: Knabe aus dem Knabenerziehungsheim Oberbipp, Kanton Bern, 1940.

Die Aufnahme wurde bei den Reportagen Paul Senns über das Knabenerziehungsheim nicht verwendet.

XII: Zahnkontrolle bei einem Verdingmädchen durch den Armeninspektor, Kanton Bern, 1940.

Die Originallegende lautete: »Wie der Armeninspektor sich um das seelische Wohlergehen seiner Schutzbefohlenen fortwährend zu bekümmern hat, so auch um das körperliche. ›Du musst die Zähne noch besser putzen, wenn die Schulzahnklinik in Bern nicht schimpfen soll.‹«

Paul Senn, »Die Welt der Verdingkinder. Hunger nach Liebe verhärtet die Herzen«, in: *Der Aufstieg,* 8. März 1940, S. 134.

XIII: Pflegekind auf dem Weg zu den Kaninchen, Kanton Bern, 1946.

Die Originallegende lautete: »Die Pflegeeltern sind stolz auf ›ihren‹ Bub. Er sei stets munter, schaffe gerne und habe Freude an seiner Kaninchenzucht – er geht hier eben die Kaninchen füttern. Die Lehrerin aber kann nicht loben. Er mache die Aufgaben nicht, habe stets Flausen im Kopf und führe ein loses Mundwerk. Wenn er sich nicht sehr anstrenge, so werde er im Frühjahr in der Klasse verbleiben. Vielleicht haben beide recht, Pflegeeltern und Lehrerin.«

Paul Senn, »Ein Amtsvormund sucht seine Mündel auf«, in: *Schweizer Illustrierte Zeitung,* 9. Januar 1946, S. 13.

XIV: Knabe in der Erziehungsanstalt Sonnenberg bei der Arbeit, Kriens, 1944.

Die Aufnahme dieses Heimknaben wurde in der Reportage von Paul Senn und Peter Surava über den Sonnenberg Kriens seitenfüllend wiedergegeben. Die Legende dazu war in Form eines Dialogs aufgebaut:

»›Warum bist du in der Anstalt?‹	›Ich habe gestohlen.‹
›Was hast du gestohlen?‹	›Zucker.‹
›Wo hast du Zucker gestohlen?‹	›Zu Hause in der Küche.‹
›Möchtest du gerne wieder heim?‹	›Ja, ja, zur Mutter.‹
›Wie lange bist du schon da?‹	›Bald ein Jahr.‹
›Wirst du geschlagen hier?‹	›Ja.‹

Wer von uns hat als Kind der Mutter nie Zucker gestohlen?«

Paul Senn/Peter Surava, »Ein gewisser Joseph Brunner. Unhaltbare Zustände in einer Erziehungsanstalt für Knaben«, in: *Die Nation,* 30. August 1944, S. 3.

XV: Knaben in der Erziehungsanstalt Sonnenberg bei der Arbeit, Kriens, 1944.

Die Aufnahme wurde in der Reportage von Paul Senn und Peter Surava über den Sonnenberg Kriens nicht verwendet, dafür Einzelporträts einer ganzen Anzahl von Knaben, darunter auch dasjenige des Buben rechts. Die Legenden dazu lauteten: »Was hier unter Flagge ›schwererziehbar und gefährdet‹ segelt, das sind Kinder, die

zum allergrößten Teil weder besser noch schlechter sind als andere Kinder. Es sind nur meistens arme Kinder. Verschupfte und überflüssige Opfer ihrer sozialen Umgebung.«
Oder:
»Die moderne Tierdressur verzichtet schon längst auf Schläge. Die Erziehung von Menschen aber scheint noch nicht davon abgekommen zu sein. Ein einigermaßen psychologisch gebildeter und gütiger Erzieher kann aus diesen Buben genau so normale Kinder machen wie andere Kinder auch.«
Paul Senn/Peter Surava, »Ein gewisser Joseph Brunner. Unhaltbare Zustände in einer Erziehungsanstalt für Knaben«, in: *Die Nation,* 30. August 1944, S. 5.

XVI: Mann mit einem Knaben, vermutlich ein Pflegevater mit seinem Pflegekind, Kanton Bern, 1946.
Die Aufnahme stammt mit großer Wahrscheinlichkeit aus der Reportage Paul Senns, »Ein Amtsvormund sucht seine Mündel auf«, in: *Schweizer Illustrierte Zeitung,* 9. Januar 1946, S. 10–11, 13.

XVII: Pflegemädchen beim Stricken, Kanton Bern, 1946.
Die Aufnahme wurde in der Reportage Paul Senns über die Tätigkeit eines Amtsvormunds verwendet. Die Legende dazu lautete: »Die zehnjährige Margareta fand ein Heim bei der Schwester ihrer Mutter, mit deren eigenem Kind sie ihr Zimmer teilt. Auch als Pflegekind wächst sie in einer recht bescheidenen Umwelt auf, denn der Pflegevater ist Melker. Die kleine Wohnung ist aber tadellos in Ordnung gehalten und die ganze Atmosphäre ist für das Gedeihen eines Kindes hier unvergleichlich besser als in der düsteren, schmutzigen Einzimmerwohnung der Eltern. ›Es ist willig und arbeitsam, unser Gritli‹, rühmt die Pflegemutter, die es ganz so hält, als ob es ihr eigenes Kind wäre.«
Paul Senn, »Ein Amtsvormund sucht seine Mündel auf«, in: *Schweizer Illustrierte Zeitung,* 9. Januar 1946, S. 11.

XVIII: Die Familie des Verdingbuben »Chrigel«, Seeberg, Kanton Bern, 1944.
Der Fall des sexuell missbrauchten Verdingbuben Chrigel erregte 1944 großes Aufsehen, nicht zuletzt wegen der Reportage von Paul Senn und Peter Surava. Die vorliegende Aufnahme zeigt die Familie von Chrigel, er selber war zu diesem Zeitpunkt an einem anderen Ort untergebracht. Zu einer anderen Fotografie mit den Geschwistern Chrigels lautete die Legende: »Die Geschwister Chrigels leben in einer unvorstellbaren Armut. Das scheinbare Idyll des Bildes ist in Wirklichkeit eine äußerst traurige Angelegenheit.«

Vgl. dazu: Paul Senn/Peter Surava, »›Nur ein Verdingbub‹. Die unbekannte Schweiz«, in: *Die Nation,* 22. Juni 1944, Titelseite, S. 10–11.

XIX: Familie im Kanton Bern, deren drei ältere Kinder bereits fremdplatziert sind, Kanton Bern, 1946 (eines davon ist das strickende Mädchen auf Tafel XVII).

Die Legende zu dieser Fotografie lautete: »Es geht um die Zukunft dieser Kinder. Die Mutter hat sie herausgeputzt, so gut es eben ging, denn sie wusste um den Besuch des Inspektors. Heinrich, der älteste der fünf, soll noch in Pflege gegeben werden. Nicht dass ihn die Eltern gern los wären, aber sie wissen, dass es zu seinem Nutzen geschieht. Die andern vier – den kleinen Hansrudi, die schüchterne Martha, die so ängstliche Rosmarie und Hedwig, die jüngste auf Mutters Arm – wollen sie dann selber ›zu wärchigen Menschen‹ erziehen, sobald sie das Pachtland bebauen können. ›Dann habe ich auch Brot, Kartoffeln, Gemüse und Milch für sie‹, plant zukunftsbejahend der Vater.«

Paul Senn, »Ein Amtsvormund sucht seine Mündel auf«, in: *Schweizer Illustrierte Zeitung,* 9. Januar 1946, S. 11.

XX: Knaben bei der Feldarbeit, Knabenerziehungsheim Oberbipp, Kanton Bern, 1940.

Diese Fotografie wurde in der Reportage Paul Senns über das Heim in Oberbipp verwendet. Die Legende dazu lautete: »Gruppenweise werden die Arbeiten in Angriff genommen. Früh schon leisten die Knaben wertvolle Arbeit, lernen einander unterstützen und der Segen der Hände Arbeit schafft Befriedigung. Hier amtet ein älterer Knabe als Gruppenleiter.«

Paul Senn, »Die Welt der Verdingkinder. Kinder ohne Elternhaus«, in: *Der Aufstieg,* 15. März 1940, S. 156.

Umschlagfoto: Verdingmädchen beim Besuch des Armeninspektors, Kanton Bern, 1940.

Das selbe Mädchen, das bei der ersten der beiden Reportagen im Aufstieg 1940 auf dem Titelbild bei der Schuhkontrolle durch den Armeninspektor gezeigt wird (Tafel VI), erscheint in der nächsten, eine Woche später in einem schlichten Porträt. Die Legende dazu lautet: »Die Konfirmation rückt näher. Das Mädchen wird vorläufig seinen Pflegplatz für ein Jahr verlassen, um ins Welschland zu gehen.«

Paul Senn, »Die Welt der Verdingkinder, Kinder ohne Elternhaus«, in: *Der Aufstieg,* 15. März 1940, S. 157

Literaturverzeichnis

(Es handelt sich hier um eine Auswahl der Literatur zum Thema. Eine ausführliche Zusammenstellung findet sich unter: www.verdingkinder.ch.)

Erinnerungen / Monografien / Romane

Fritz Aerni, *Wie es ist, ein Verdingkind zu sein.* Ein Bericht, Waldshut-Tiengen 2004.

Niklaus Amacker, *Die Lebensgeschichte eines armen Bergbuben aus dem Toggenburg,* Frauenfeld 2004.

Roland M. Begert, *Lange Jahre fremd. Biographischer Roman,* Bern 2008.

Louisette Buchard, *Le tour de suisse en cage. L'enfance de Louisette,* Yens 1995.

Elvira Frei-Germann, *Die verlorene Kindheit,* Norderstedt 2003.

Franziska Frohofer, Kathrin Barbara Zatti, Vanessa. *Pflegekinder in der Schweiz,* Frauenfeld 2008.

Maria Gremel, *Verdingt: mein Leben als Bauernmagd 1900–1930,* Bern 1986.

Walter Hess-Kyburz, *Die Buchstaben – mein Leben,* Dachsen 1995.

Walter Hiltbrunner, *Aus meinem Leben,* Riedtwil 1987.

Arthur Honegger, *Die Fertigmacher,* Frauenfeld, Neuausgabe 2004.

Walter Iseli, *Abgeschoben und verachtet. Die Karriere eines Verdingbuben,* Biberstein 2007.

Anna Jakob-Pozsar, *Pannika oder Änneli: Eine Lebensgeschichte,* Schüpfheim 1999.

Rosa Jakob, *Vom goldenen Futternapf. Eine Biographie aus dem Emmental,* Zürich 1999.

Fritz Käser-Maurer, Franz: *Verdingbub und Fremdenlegionär,* Kirchberg 1995.

Jakob Krähenbühl, *Zivilstand ungenügend,* Huttwil 2006.

Kasy Kunz, *Der Verdingbub. Bearbeitet von Anton Bucher,* Willisau 1996.

Elena Lappin, *Der Mann mit zwei Köpfen,* Zürich 2000.

Katharina Lenggenhager, *»z'Verdingmeitschi«, e Zyt i mim Läbe,* Gais 2000.

Walter Loder-Frutiger, *Das Leben von Otto Ferdinand Loder: wie aus einem verdingten Kind ein sozial engagierter Mensch wurde.* Nach autobiographischen Aufzeichnungen von Otto Ferdinand Loder-Gasser (1894–1980), verfasst von seinem Sohn Walter Loder-Frutiger, Spiegel bei Bern, 2003.

Carl Albert Loosli, *Anstaltsleben. Werke Band 1: Verdingkinder und Jugendrecht,* hrsg. von Fredi Lerch und Erwin Marti, Zürich 2006.

Franz Meier, *Der wahre Lebenslauf eines Verding-Buben: Autobiographie,* Luzern 2000.

Werner Mooser, »Meine Lebensgeschichte«, in: Alfred Messerli [Hrsg.], Flausen im Kopf. Schweizer Autobiografien aus drei Jahrhunderten, Zürich 1984, 255–284.

Beat Niederberger, *Sarah – warum gerade ich?: Ein Pflegekind-Geschichte,* Bottenwil 2000.

Hans Oppliger (Renate Gerlach), *Der Makel – Geschichte eines Verdingkinds,* Frankfurt 2007.

Hermann Portmann, *Die andere Armut – vom Verdingbub zum Unternehmer KMU (Fleischwirtschaft),* Hamburg 2005.

Frieda Pfäffli, *Schweigende Kindheit,* Thun 1995.

Eugen Roth, *»Hans-Ueli«, der Verdingbub: eine wahre Appenzellergeschichte für jung und alt,* Beinwil am See 1980.

Beate Rothmaier, *Caspar,* Zürich 2005.
Pierre-Alain Savary, *Hymne à l'amour,* Lausanne 2002.
Rudolf Schenda [Hrsg.], *Lebzeiten. Autobiographien der Pro Senectute-Aktion,* Zürich 1982.
Dora Stettler, *Im Stillen klagte ich die Welt an. Als »Pflegekind« im Emmental,* Zürich 2004.
»Peter Surava, Knecht und Verdingbub. Sozialreportagen aus der Zeit des Zweiten Weltkriegs«, in: *Jahrbuch des Oberaargaus,* Langenthal, Jg. 38, 1995.
Vereinigung »Verdingkinder suchen ihre Spur«, *Bericht zur Tagung ehemaliger Verdingkinder, Heimkinder und Pflegekinder am 28. November 2004 in Glattbrugg bei Zürich,* Zürich 2005.
Elisabeth Wenger, *Lisa, ein Kind auf Heimatsuche. Ein wahre Geschichte,* München 2004.
Rosalia Wenger, *Rosalia G. Ein Leben,* Bern 1978.
Ernst Wessner, »Bruno Rüdisühli (Aufzeichnung)«, in: *Toggenburger Jahrbuch 2006,* Wattwil 2006, 117–128.
Lotty Wohlwend, Arthur Honegger, *Gestohlene Seelen. Verdingkinder in der Schweiz,* Frauenfeld 2004.

Wissenschaftliche Untersuchungen

Martin Akeret, *Über die Forderung nach obligatorischer Arbeit für Staat und Gemeinschaft im 20. Jahrhundert,* Lizentiatsarbeit Universität Zürich, Zürich 2005.
Martina Akermann, *Meerrohrstock, Karzer und Fluchring. Anstaltskritik und Strafpraxis im Erziehungsheim Rathausen in den 1940er-Jahren (bis 1953),* Lizentiatsarbeit Universität Zürich, Luzern 2004.
Sandra C. Andres, *»L'institution cantonale en faveur de l'Enfance malheureuse et abandonnée«. Rechtliche und soziale Aspekte des Verdingwesens im Kanton Waadt 1888–1939,* Lizentiatsarbeit Universität Zürich, Zürich 2005.
Yuri Ballestri, *Die Neue Sozialpolitik in der Schweiz. Eine Analyse des Entscheidungsprozesses im Fall des Impulsprogramms für die Betreuungsplätze für Kinder,* Lizentiatsarbeit Universität Bern, Bern 2002.
Brigitte Balz, *Kinder ehemaliger Verdingkinder. Umgang mit Mangel,* Lizentiatsarbeit Universität Basel, Basel 2007.
Hans Bättig, *Die Pflegekinderaufsicht im Bund und in den Kantonen.* Schriftenreihe Jugend, Familie und Recht; 2 (zugleich Diss. Universität Freiburg), Zürich 1984.
Matthias Baumer, *»Du, der nicht an Mangel leidet, habe Erbarmen mit deinem Nothleidenden Nächsten, einen freudigen Geber hat Gott lieb.«* Private, freiwillige und nichtstaatliche Fürsorgeinstitutionen in Worb im 19. Jahrhundert, Lizentiatsarbeit Universität Bern, Bern 2004.
Sabine Bitter, *Die »Richter-Linder'sche Anstalt« in Basel von 1853–1906. Die Entwicklung der ersten industriellen Armenerziehungsanstalt der Schweiz und die sozialpolitischen Massnahmen des Staates am Ende des 19. Jahrhunderts,* Lizentiatsarbeit Universität Basel, Basel 1989.
Sandra Böhlen-Fries, *Vom »Notbehelf« zur pädagogisch wertvollen Institution. Die Bewertung öffentlicher Kleinkindererziehung in der Schweiz zwischen 1945 und 2004,* Lizentiatsarbeit Universität Bern, Bern 2006.

Sarah Brian, *Fabrikgesetz Aarau 1892,* Dissertation Universität Basel, Basel 2004.

Sibylle Katja Bossart, »Kost- und Pflegekinder im Spannungsfeld zwischen Behörden, Pflegeeltern und Fürsorgerinnen in Herisau und Speicher 1907–1943«, in: Appenzellische Gemeinnützige Gesellschaft AGG (Hrsg.): *Appenzellische Jahrbücher 2006/134,* Herisau 2007, 44–69.

Linus Bühler, »I giovani spazzacamini ticinesi«, in: *Quaderni Grigoni italiani,* 3–4/1984, 330–342.

Maria Crespo, *Die Entwicklung des Waisenhauses von Zürich vom 17. bis in die erste Hälfte des 19. Jahrhunderts,* Dissertation Universität Zürich, Zürich 2000.

Guadench Dazzi u. a., *Puur und Kessler. Sesshafte und Fahrende in Graubünden.* Hrsg. vom Institut für Kulturforschung Graubünden, hier + jetzt, Baden 2008.

Marco Finsterwald, *Kindswegnahmen durch das Jugendamt Bern in den 1950er-Jahren,* Lizentiatsarbeit Universität Bern, Bern 2005.

Rudolf Gadient, Bettler, Frevler, *Armenhäusler. Die Armen von Flums im 19. Jahrhundert,* Zürich 1991.

Gerrendina Gerber-Visser, *»[...] dan mein mutter wot nicht muter sein, und der vatter nicht vatter [...]«. Findelkinder in Bern im 18. Jahrhundert,* Lizentiatsarbeit Universität Bern, Bern 2003.

Ernst Guggisberg, *Private Jugendfürsorge im Kanton Aargau 1920–1940. Eine Studie über den Armenerziehungsverein des Bezirks Baden und seiner Pflegekinder,* Lizentiatsarbeit Universität Basel, Fislisbach 2007.

Christoph Häfeli, *Die Pflegekindergesetzgebung als Teil des zivilrechtlichen Kinderschutzes,* Luzern 1997. (Beitrag für die Zeitschrift Netz, 1/1996; 3/1997).

Mirjam Häsler, *In fremden Händen. Die Lebensumstände von Kost- und Pflegekindern in Basel vom Mittelalter bis heute.* Neujahrsblatt der Gesellschaft für das Gute und Gemeinnützige (GGG), Basel 2008.

Anne Hehli, *Le paupérisme rural en Gruyère 1880–1930. Hospice et assistance au quotidien: les cas d'Avry-devant-Pont,* Fribourg, Lizentiatsarbeit Universität Fribourg, Fribourg 2005.

Kevin Heiniger, *»Man konnte nicht irgendwohin gehen, ohne dass es jemand gesehen hat.« Spurensuche und Erinnerungskonstruktionen: Die Lebensgeschichte des »Fremdplatzierten« und »Nacktgängers« W. H. F.,* Lizentiatsarbeit Universität Basel, Basel 2006.

Geneviève Heller, Pierre Avvanzino und Cécile Lacharme, *Enfance sacrifiée. Témoignages d'enfants placés entre 1930 et 1970,* Lausanne 2005.

Geneviève Heller u. a., *Le traitement des orphelins et les placements d'enfants en 20e siècle. Rapport à l'office fédéral de l'éducation et de la science Berne,* Lausanne 2004.

Colla Herbert u. a., *Handbuch Heimerziehung und Pflegekinderwesen in Europa,* Neuwied 1999.

Paul Hugger [Hrsg.], *Kind sein in der Schweiz. Eine Kulturgeschichte der frühen Jahre,* Basel 1998.

Thomas Huonker, *Anstaltseinweisungen, Kindswegnahmen, Eheverbote, Sterilisationen, Kastrationen. Fürsorge, Zwangsmassnahmen, »Eugenik« und Psychiatrie in Zürich zwischen 1890 und 1970. Bericht des Sozialdepartements Zürich mit einem Vorwort von Stadträtin Monika Stocker,* Zürich 2002.

Gisela Hürlimann, *Versorgte Kinder. Kindswegnahme und Kindsversorgung 1912–1947 am Beispiel des Kinderheims Marianum Menzingen,* Lizentiatsarbeit Universität Zürich, Zürich 2002.

Myriam Isenring, *Zwischen Gesetzen, der Kostenfrage und guten Absichten. Die gesetzliche und praktische Entwicklung des Kost- und Pflegekinderwesens im Kanton St. Gallen in der ersten Hälfte des 20. Jahrhunderts,* Lizentiatsarbeit Universität Zürich, Zuzwil 2008.

Sabine Jenzer, *»Solche Mädchen sollen gebessert, geändert, erzogen werden.« Das Zürcher Erziehungsheim Pilgerbrunnen für »sittlich gefährdete« und »gefallene« Frauen um 1900,* Lizentiatsarbeit Universität Zürich, Zürich 2005.

Marc Kiener, *Le placement des orphelines dans l'Asile de Vevry de 1828 à 1900,* Lizentiatsarbeit Universität Lausanne, Lausanne 2004.

Marco Leuenberger, *Verdingkinder. Geschichte der armenrechtlichen Kinderfürsorge im Kanton Bern 1845–1945,* Lizentiatsarbeit Universität Fribourg, Fribourg 1991.

Walter Leimgruber, Thomas Meier und Roger Sablonier, *Das Hilfswerk für die Kinder der Landstrasse: historische Studie aufgrund der Akten der Stiftung Pro Juventute im Schweizerischen Bundesarchiv, Bundesarchiv Dossier 9. Erstellt durch die Beratungsstelle für Landesgeschichte im Auftrag des Eidgenössischen Departements des Innern.* Schweizerisches Bundesarchiv (Hrsg.), Bern 1998.

Sabine Lippuner, *Bessern und Verwahren. Die Praxis der administrativen Versorgung von »Liederlichen« und »Arbeitsscheuen« in der thurgauischen Zwangsarbeitsanstalt Kalchrain (19. und frühes 20. Jahrhundert),* Frauenfeld 2005.

Christel Marmy, *Le paupérisme rural dans la Broye aux XIX–XX siècles. Soulager, ériadiquer ou ignorer la misère? L'exemple des communes de Montagny-les-Monts et Montagny-la-Ville,* Lizentiatsarbeit Universität Fribourg, Fribourg 2004.

Katharina Moser, *Kindswegnahmen und Fremdplatzierungen. Die Praxis der Vormundschafts- und Armenbehörde der Stadt Bern 1920–1940,* Lizentiatsarbeit Universität Bern, Bern 2006.

Josef Martin Niederberger, *Kinder in Heimen und Pflegefamilien. Fremdplatzierung in Geschichte und Gesellschaft,* Bielefeld 1997.

Nicole Oelhafen, *Die freiwillige Armenpflege im Kanton Aargau und das Konzept der Christlichen Nächstenliebe. Die freiwillige Armenpflege als Ergänzung zum öffentlich-rechtlichen Armenwesen im 19. Jahrhundert. Am Beispiel des Armenerziehungsvereins Bezirk Baden (1862),* Lizentiatsarbeit Universität Zürich, Zürich 2007.

Dominique Piérart, *L'Orphelinat bourgeoisial de la Ville de Fribourg (1868–1914). Un exemple de la prise en charge de l'enfance abandonnée au XIXe,* Lizentiatsarbeit Universität Fribourg, Fribourg, 2001.

Anne-Françoise Praz, *De l'enfant utile à l'enfant précieux. Analyse comparative des modifications du statut de l'enfant dans quatre villages fribourgeois et vaudois au cours de la première transition de fécondité (1860–1930),* Dissertation Universität Fribourg, Fribourg 2003.

Nadja Ramsauer, Verwahrlost. *Kindswegnahmen und die Entstehung der Jugendfürsorge im schweizerischen Sozialstaat 1900–1945,* Zürich 2000.

Barbara Remi, *Die katholischen Erziehungsheime im 19. Jahrhundert in der deutschsprachigen Schweiz,* Brugg 1987.

Martine Ruchat, *L'oiseau et le cachot. Naissance de l'éducation correctionnelle en Suisse romande 1800–1913,* Genf 1993.
Raphael Schläpfer, *Kantonale Armenreform und kommunale Fürsorgepolitik. Eine Untersuchung über Armenfürsorge im Kanton Bern im 19. Jahrhundert mit dem Schwerpunkt der Einwohnergemeinde Worb,* Lizentiatsarbeit Universität Bern, Bern 2003.
Anna Schneider, *»Sie dringend ermahnt, dass mit mehr Geld & weniger Schlägen zu erziehen« – Die Kinderschutztätigkeit der »St. Gallischen Vereinigung für Kinder- und Frauenschutz« in den 1930er-Jahren,* Lizentiatsarbeit Universität Zürich, Zürich 2007.
Jürg Schoch, Heinrich Tuggener und Daniel Wehrli [Hrsg.], *Aufwachsen ohne Eltern. Verdingkinder – Heimkinder – Pflegekinder – Windenkinder. Zur ausserfamiliären Erziehung in der deutschen Schweiz,* Zürich 1989.
Loretta Seglias, *Die Schwabengänger aus Graubünden. Saisonale Kinderemigration nach Oberschwaben,* Chur 2007[2].
Gabriela Suter, *Die transparenten Armen. Generierung von Wissen über Bedürftige am Beispiel der Freiwilligen und Einwohnerarmenpflege der Stadt Zürich 1895–1928,* Lizentiatsarbeit Universität Zürich, Zürich 2005.
Hannes Tanner, »Pflegekinderwesen und Heimerziehung in der Schweiz«, in: *Handbuch Heimerziehung und Pflegekinderwesen in Europa,* Neuwiedl 1999, 95–102.
Ueli Tecklenburg und Yves Ecoeur, *Décisions de placements de mineurs dans le canton de Vaud,* Lausanne 1996.
Claudia Töngi, »Erziehung, Vernachlässigung, Missbrauch: häusliche Gewalt gegen Kinder und Pflegekinder in Uri im 19. Jahrhundert«, in: *Traverse,* 2005, 101–118.
Otto Uhlig, *Die Schwabenkinder aus Tirol und Vorarlberg,* Innsbruck 1998[3].
Karin von Wartburg, *»Caritas Christi urget nos!« Das Seraphische Liebeswerk im Dienst des göttlichen Kinderfreundes,* Lizentiatsarbeit Universität Basel, Basel 2004.
Elisabeth Wenger, *I ragazzi del camino. Einer vergessenen Vergangenheit auf der Spur,* Basel 2007.
Kathrin Barbara Zatti, *Das Pflegekinderwesen in der Schweiz. Analyse, Qualitätsentwicklung und Professionalisierung.* Expertenbericht im Auftrag des Bundesamtes für Justiz, 2005. http://www.bj.admin.ch/bj/home/dokumentation.html

Artikel in Zeitungen und Zeitschriften

Carl Albert Loosli, »Verdingkinder«, in: *Tages-Anzeiger,* 6. März 1945 (Beginn einer 16-teiligen Artikelserie Looslis zum Verdingkinderproblem im *Tages-Anzeiger,* abgeschlossen im Frühjahr 1949). Nachzulesen in: Carl Albert Loosli, *Anstaltsleben. Werke Band 1: Verdingkinder und Jugendrecht,* hrsg. von Fredi Lerch und Erwin Marti, Zürich 2006.
Franziska Ramser, »›Ich war halt nur der Verdingbub‹. Eine Kindheit im Emmental: Die Geschichte von Paul H.«, in: *Der Bund,* 13. April 2004.
Christine Brand, »Der Verdingbub«, in: *NZZ am Sonntag,* 25. Juli 2004.
Reto Anklin und Regula Wenger, »Man wusste: ›Es si armi Cheibe‹«, in: Basellandschaftliche Zeitung, Serie ab 27. Juli 2004.
Markus Zahno und Dominik Balmer, »Die Schicksale der Verdingkinder«, in: *Berner Zeitung,* Serie ab 25./26. September 2004.

Erwin Marti, »Auf der Spur der Verdingkinder: Ein düsteres Kapitel Schweizergeschichte«, in: *Soziale Medizin,* 3/2004.
Christoph Schilling, »Wie Sklaven gehalten. Ehemalige Verdingkinder fordern Aufklärung und offizielle Entschuldigung«, in: *Beobachter,* 29. Oktober 2004.
Annegret Honegger, »Auch die Spurensuche tut noch weh«, in: *Zeitlupe,* 4/2006.
Sibylle Bossart, »Kinder ›an die Kost gegeben‹«, in: *St. Galler Tagblatt,* 6. Oktober 2006.
Ruth Frei, »Er hatte keinen Namen«, in: *Nova,* 12/2006.
Walter Däpp, »Ich war dazu bestimmt, ein Sklave zu sein«, in: *Der kleine Bund,* 20. Januar 2007.
Jakob Hofstetter, »›Du bisch hie häre cho zum Wärche, nid zum Bäbele‹. Wie ehemalige Verdingkinder ihre Vergangenheit verarbeiten«, in: *Wochen-Zeitung für das Emmental und Entlebuch,* 27. März 2008.

Sendungen in Radio und Fernsehen / Spielfilme / Veranstaltungen

»Quer«, Röbi Koller im Gespräch mit Robert Wenger, *SF DRS 1,* 26. November 1999.
»Input«, »Verkauft, verdingt, verbraucht – vom Verdingkinderwesen in der Schweiz«, *SR DRS 3,* 8. Dezember 2002, *SR DRS 1,* 3. April 2003.
»Kontext«, »Von Liebe keine Spur – in die Fremde verdingt«, *SR DRS 2,* 3. November 2003.
»DOK – Spuren der Zeit«, »Verdingkinder«, *SF DRS 1,* 29. Dezember 2003.
»Schweiz aktuell«, »Verdingkinder« (Serie von insgesamt sechs Beiträgen, *SF DRS 1,* Januar–März 2004).
Verarmt, verdingt, gering geschätzt, Gotthelfs »Bauernspiegel«: Lebensbilder, Sonderausstellung im Regionalmuseum Langnau, 3. April 2004–31. Oktober 2004.
»Schatten über Heidiland«, *3Sat,* 20. Juni 2004.
Lotty Wohlwend und Renato Müller, »Turi« – Ein Film über Arthur Honegger 2004.
»Vom Verdingbub zum Pfarrer«, *Radio Emme,* 26. August 2004.
»Rendez-vous: Tagesgespräch«, Sonja Hasler im Gespräch mit Marco Leuenberger, *SR DRS 1,* 26. November 2004.
»Temps présents«, »Enfances brisées«, *TSR I,* 6. Januar 2005.
»Europamagazin«, »Verdingkinder«, *ARD, 15.* Januar 2005.
»Verdingkinderwesen im Emmental«, *Radio Emme,* 27. Januar 2005.
»Europa«, »Verdingkinder«, *ARTE, 11.* Februar 2005.
»Auslandsreporter«, »Verkauft, missbraucht, vergessen. Schweizer Verdingkinder als Arbeitssklaven«, *SWR,* 20. Februar 2005.
»Auslandsreporter«, »Was kost' das Büebli?«, 3Sat, 20. Februar 2005.
»Aeschbacher«, Gespräch mit Dora Stettler, *SF DRS 1,* 31. März 2005.
»Zeitlupe«, »Verdingkinder« (Beitrag von und mit Franz Hohler), *SR DRS 1,* 16. April 2005.
»Rendez-vous am Mittag«, Alexander Grass im Gespräch mit Elisabeth Wenger und Thomas Huonker über den Bundesratsbeschluss, *SR DRS 1,* 10. Juni 2005.
»Menschen, die Pflegekinder begleiten«, *Radio Emme,* 30. Juni 2005.
»Leben im Kinderheim«, *Radio Emme,* 9. Februar 2006.
»Kontext«, »Verdingkinder«, *SR DRS 2,* 10. Februar 2006.
»Passage«, »Verdingkinder. Wir waren immer nur Aussenseiter«, *SR DRS 2,* 7. April 2006.
»Verdingkindwesen in der Schweiz«, *Radio Emme,* 22. Februar 2007.
»Kontext«, »Besserer Schutz für Pflegekinder«, *SR DRS 2,* 9. Juni 2008.

Autorinnen und Autoren

Sabine Bitter: lic.phil. I, Historikerin (Universität Basel); Journalistin beim Schweizer Radio DRS 2, Basel.

Mirjam Häsler: lic.phil. I, Historikerin (Universität Basel); Arbeitet zur Zeit in der Privatwirtschaft in Basel.

Heiko Haumann: Prof. Dr., Historiker, Ordinarius für Osteuropäische Geschichte, Universität Basel.

Liselotte Lüscher: Dr. phil., Erziehungswissenschafterin (Universität Bern), Mitarbeiterin Forschungsprojekt zu diesem Buch, Bern.

Marco Leuenberger: lic.phil. I, Historiker (Universität Freiburg), Wissenschaftlicher Mitarbeiter am Soziologischen Institut, Universität Basel und des Bundesamtes für Migration.

Ueli Mäder: Prof. Dr., Soziologe, Ordinarius für Soziologie, Universität Basel.

Katharina Moser Lustenberger: Primarlehrerin und lic.phil. I, Historikerin (Universität Bern), Mitarbeiterin Forschungsprojekt zu diesem Buch, Bern.

Loretta Seglias: lic.phil. I, Historikerin (Universität Zürich), Wissenschaftliche Mitarbeiterin am Soziologischen Institut, Universität Basel und freischaffende Historikerin.

Glossar

Ämtli	Aufgabe
Ätti	Kosewort für Vater
Ausgang, haben	ausgehen
Babeli	Haupttreffer, alle neun Kegel umwerfen
Bachfischete	gemeinsames Fischen im Bach
bari Sau, tue wien e	sich barbarisch benehmen, toben wie ein Wilder
Bärnerwägeli	Pferdegespann
Batzen	Geldstück
Berggang	gehen wie ein Bergler
Bettseicherin	Bettnässerin
Billett	Fahrkarte
Bittibätti	die Hände falten, wie zum Gebet
Bretzeli	Bretzel, Gebäck
Burgerpräsident	Präsident der Burgergemeinde
Cervelat	Schweizer Wurst
Chläpf	Ohrfeigen, Schläge
chlöpfen	knallen, Ohrfeigen verteilen
chrampfen	hart arbeiten
Chrüsch	Kleie
duresieche	durchstehen, durchhalten, erleiden
Estrich	Dachstock, Dachkammer
Fünfeinhalb	zweitbeste Note auf der Skala von 1 bis 6
Fünfliber	Fünffrankenstück
Gaden	Kammer
Gestrählte, besser	besser Gestellte
Glätterin	Büglerin
gopferdoori	Schimpfwort, etwa: verdammt
Götti	Taufpate, Patenonkel
Grasen	Gras mähen und aufladen
Grasmahd	gemähtes Gras
Grind, uf de	Kopf, Schläge bekommen
Grümpelchammere	Abstellkammer
Gschwellti	gekochte Kartoffeln
häb chläb	halbwegs
Hämpfeli	Handvoll, hier: kleiner, dünner Mensch
hässig	wütend
Heftli	Zeitschrift
Heimetli	kleiner (Bauern)Hof
Holzböden, Houzböde	Holzschuhe
Insti	Abkürzung für (Töchter-)Institut, Internat
Kegelbub	Helfer auf der Kegelbahn, der die Kegel wieder aufstellt

keinen guten Faden an jemandem lassen	jemanden schlecht machen
korben	Körbe flechten
Chuchischtübli	kleine Kammer neben der Küche
Länderböde	Holzschuhe
Luftibus	unsteter Mensch
Maienzug	Aargauer Feiertag, Kinder- und Jugendumzug im Juli
Meitschiköchi	Köchin, Küchenhilfe
Räf	harte und bösartige Frau
Ranze, ligge uf em	Bauch, faulenzen
Röschtiraffel	Kartoffelreibe
rüsten	putzen, schälen
Saaltochter	Kellnerin, Serviertochter
schaurig	sehr, stark
Schenkeli	Gebäck, Krapfen
Schnägg	Schnecke, Gebäck aus Hefeteig
Schoggischtängeli	Schokoriegel
Schuelschätzeli	Jugendfreund, Jugendfreundin
Siech, en fuule	fauler Kerl
Spazzacamini	Kaminfeger-Kinder aus dem Tessin
Stör, auf die	mit Dienstleistung (Schnaps brennen, schneidern, metzgen) von Hof zu Hof gehen
strub	schlimm
Stubenbuffet	Wohnzimmerschrank
Stündeler	strenggläubige Christen, die sich auch unter der Woche zu Bibelstunden trafen
Süffu	Säufer
Tenne	Aufbewahrungsort für Heu oder Getreide im Stall, oberhalb des Viehs
Tolggen	Fleck
Träll	einfältiger Mensch
tschäderen	knallen, Schläge austeilen
Tschinggemeitli	abschätzig für Tochter eines Italieners
Tschumpel	Trottel; einfältiger Mensch; einer, der ausgenutzt wird
verdonnern	hier: verprügeln
versorgen	unterbringen, einweisen
Wagner	Wagenbauer
Wähe	Frucht- oder Gemüsekuchen, Quiche
Währschaftes	nahrhaftes Essen
Welschland	französische Schweiz
Welschlandjahr	Aufenthalt in der Westschweiz, um Französisch zu lernen
wie lätz	enorm, wahnsinnig
Znacht	Abendessen
Zuber	Waschkessel
zusammenstauchen	schelten
Zwiesel	Rute